Kohlhammer

Religion im kulturellen Kontext

Band 2

Friedrich Johannsen (Hrsg.)

Die Menschenrechte im interreligiösen Dialog

Konflikt- oder Integrationspotential?

Verlag W. Kohlhammer

Umschlag: Gestaltungskonzept Peter Horlacher
Gesamtherstellung:
W. Kohlhammer Druckerei GmbH + Co. KG, Stuttgart
Printed in Germany

ISBN 978-3-17-022240-3

Inhalt

Vorwort

Mit diesem Band legt das hannoversche Forschungsforum „Religion im kulturellen Kontext“ seine zweite Veröffentlichung vor. Wissenschaftler unterschiedlicher Disziplinen sowie Vertreter verschiedener Religionen widmen sich dem Thema „Menschenrechte“ aus ihrer je eigenen Perspektive und erörtern die Frage nach Gemeinsamkeiten und Unterschieden in Bezug auf ihre Bedeutung für den interreligiösen Dialog. Aufbauend auf zwei grundsätzlichen Beiträgen, nämlich zum Verhältnis von Menschenrechten und interreligiösem Dialog einerseits und zum Verhältnis von Menschenrechten und Religionen andererseits, wird das gesamte Spektrum des Themas ausgeleuchtet. So kommen neben den unterschiedlichen christlichen Konfessionen auch islamische und jüdische Vertreter zu Wort. Darüber hinaus wird das Thema aus asiatischer (chinesischer) Sicht entfaltet, aber auch im Kontext der biomedizinischen Ethik. Alles in allem bietet dieser Band einen umfassenden, interessanten und z.T. überraschenden Einblick in den interdisziplinären und interkulturellen Diskurs über den Stellenwert der Menschenrechte im Kontext des interreligiösen Dialogs.

Der größere Teil der Beiträge wurde auf dem 2. Symposion des Forschungsschwerpunktes im Herbst 2010 vorgetragen und für die Drucklegung aufbereitet.

Im Forschungsforum „Religion im kulturellen Kontext“ haben sich Kolleginnen und Kollegen aus den Fächern Soziologie, Evangelische Theologie, Katholische Theologie, Religionswissenschaft und Philosophie der Leibniz Universität Hannover, der Universität Hildesheim, der Fachhochschule Hannover u.a. zur Stärkung eines gleichnamigen interdisziplinären Masterstudiengangs zusammengefunden. Sie sind sich einig in der Auffassung, dass das vielschichtige Phänomen Religion/Religiosität heute angemessen nur durch interdisziplinäre wissenschaftliche Zusammenarbeit erforscht werden kann.

Für die Vorbereitung der Drucklegung danke ich Frau Lena Pankau und Herrn Jörn Neier.

Hannover, November 2012
Friedrich Johannsen

Die Menschenrechte im interreligiösen Dialog[1]

Friedrich Johannsen

1 Vorbemerkungen

Als Gegenstand des interreligiösen Dialogs ist die Menschenrechtsthematik relativ neu: 1978 kam es zu einer ersten interreligiösen Konsultation zum Verständnis der Menschenrechte.[2] Diese Konsultation hat Vorläufer in interkonfessionellen Dialogen christlicher Denominationen. Angeregt wurde die christlich-theologische Klärung der Menschenrechte innerhalb der (protestantischen) Konfessionen 1970 durch die Generalversammlung des Reformierten Bundes und die fünfte Vollversammlung des Lutherischen Weltbundes in Evian. [3]

In der deutschsprachigen theologischen Literatur wird die Thematik ab Mitte 1970er sichtbar. Auch die katholische Seite befasste sich in dieser Zeit nicht mehr nur mit der naturrechtlichen, sondern auch mit der theologischen Würdigung der Menschenrechte.[4] Die Aufarbeitung der früheren theologischen Vorbehalte gegen die Menschenrechte war Teil des neueren Interesses.

Im Blick auf Fragen des interreligiösen Dialogs ist daran zu erinnern, dass die Geschichte der Grundrechte ihren Ursprung in Europa im Recht auf Religionsfreiheit hatte. Nicht geringere Relevanz hat die Feststellung, dass „Menschenrechte" ihren konkreten Ursprungsort im Protest gegen Unrechts- und Leiderfahrung haben.[5]

Bewahrung und Stärkung der Religionsfreiheit und zur Verhinderung bzw. zumindest Verminderung von Unrechts- und Leiderfahrung beizutragen, sind m.E. zugleich hinreichende Dialogmotive. Zwei Dialogbewegungen nach dem 2. Weltkrieg verweisen darauf, dass eine neue Dialogkultur zu produktiven Lernprozessen zwischen Religionen bzw. Konfessionen führen kann: Der jüdisch-christliche Dialog und die Geschichte des Ökumenischen Rates der Kirchen. Führte der christlich-jüdische Dialog zu Aufklärung und Überwindung der verhängnisvollen antijudaistischen Tradition in Kirche und christlicher Theologie,

---

1 Überarbeitete Fassung eines Vortrags im Rahmen einer Ringvorlesung des interdisziplinären Masterstudiengangs „Religion im kulturellen Kontext" (07.12. 2010)

2 DOKUMENTATION: Alan D. Falconer (Hg.): Understanding Human Rights, Dublin 1980

3 Das Verhältnis von christlichem Glauben und Menschenrechte war Thema einer interkonfessionellen Arbeitstagung im Mai 1980 in Genf. Hier wurden die theologischen Grundlagen der Menschenrechte aus lutherischer, reformierter und orthodoxer Perspektive behandelt. DOKUMENTATION: Lorenz, Eckehart: „...erkämpft das Menschenrecht". Wie christlich sind die Menschenrechte, Hamburg 1981

4 Vgl. Lorenz 1981, 11

5 Vgl. Bielefeldt, Heiner: Moderne Menschenrechte als Aufgabe für Christen und Muslime. 1996, 362f

kam es im ÖRK neben dem Verständigungsprozess zwischen den Konfessionen auch zu einer Erweiterung von Menschenrechten.

Stand von der Gründung des ÖRK 1948 an bis 1960 die Frage der Religionsfreiheit im Mittelpunkt, wurde in den folgenden Jahren unter dem zunehmenden Einfluss von Stimmen aus der Dritten Welt die aus westlicher Perspektive Dominanz der individuellen Freiheitsrechte relativiert.[6] In der IV. Vollversammlung des ÖRK in Upsalla 1968 rückten wirtschaftliche, soziale und kulturelle Menschenrechte in den Focus. Es drang die Erkenntnis durch, dass die bürgerlichen Menschenrechte ohne wirtschaftliche und soziale Rechte Makulatur bleiben.[7]

2 Einige Orientierungen zum Verständnis von „Dialog"

Es gehört zu den gängigen Erfahrungen mit interreligiösen Gesprächen, dass das Wahrheitsbewusstsein die Teilnehmerinnen und Teilnehmer dazu drängt, das Gegenüber für die je eigene Überzeugung zu gewinnen. *Ein häufig praktiziertes Grundmodell religiöser Auseinandersetzung ist durch den Versuch charakterisiert, das Gegenüber zu überzeugen, in dem ein Konsens auf angeblich gemeinsamen Grundlagen suggestiv unterstellt wird, z.B. durch die Feststellung: Wir glauben doch alle an denselben Gott. Vereinnahmende Überzeugungsversuche* sind nicht nur ein beliebtes Mittel von spezifischen religiösen Gruppen wie Zeugen Jehovas, Mormonen, fundamentalistischen Muslimen, sondern prägen auch vielfach Gespräche über konfessionelle Streitfragen. Wahrscheinlich sind sie sogar typisch für [religiöse] Auseinandersetzungen zwischen verschiedenen Standpunkten.

Ein Spezificum solcher Kommunikationsansätze ist, dass die Kommunikationspartner ihre Position nicht als subjektive, sondern als objektive Position präsentieren. Sie sprechen nicht mit den Worten „ich oder wir sehen und verstehen das so", sondern konstituieren mit Formulierungen wie „so ist das" Allgemeingültigkeit. In der klassischen griechischen Philosophie wurde dieses Gesprächsverhalten dem *sophistischen* Modell zugeordnet, das sich signifikant vom *sokratischen (bzw. platonischen) Dialogverständnis* unterschied. Das *sophistische Verständnis* wird so beschrieben, dass es darum geht, ohne zimperlich zu sein, den Gegner mit allen (verbalen) Mitteln zu widerlegen. Der *sokratische Dialog* ist dadurch gekennzeichnet, dass das Gegenüber nicht durch scharfe Argumente angegriffen, sondern durch den Gesprächspartner angeregt wird, die Wahrheit selbst zu entdecken. Durch entsprechende Argumentationsstruktur wird dem Dialogpartner geholfen, Irrtümer bei sich wahrzunehmen und selbst zu wahrer Erkenntnis zu gelangen. Die literarischen Dialoge Platons haben die Intention, von falschen Ansichten zu befreien und wahre Erkenntnis zu vermitteln.[8] Durch

---

6 Vgl. Moltmann, Jürgen: Christlicher Glaube und Menschenrechte 1984, 18f

7 Vgl. a.a.O., 19

8 Vgl. Pollmann, Karla: Art. Dialog. Literaturgeschichtlich (Alte Kirche), in: RGG[4] (1999) Bd. 2, Sp.815

das „Mäeutik“ (Hebammenkunst) genannte Verfahren wird in den sokratischen Dialogen durch eine Kette richtiger Hinweise die Wahrheit gewissermaßen beim Gesprächspartner entbunden.

Das mäeutische Dialogverfahren erscheint zunächst fairer als das sophistische und hat seine Bedeutung darin, dass diese Dialogform geeignet ist, Verständnis zu erwecken. Wechselseitige Verständigung liegt jedoch nicht im Blick. Das mäeutische Verfahren beruht auf der in der Postmoderne strittigen Prämisse einer für alle gültigen allgemeinen Wahrheit, zu deren Erkenntnis dem Dialogpartner verholfen werden kann (und muss). An den Dialogen Platons wie „Symposion“ oder „Phaidon“ orientierten sich auch die apologetischen und antihäretischen Schriften der Alten Kirche.

Eine bedenkenswerte dritte Dialogvariante findet sich in der Bibel im Buch Hiob/Job: Die literarischen Dialoge des Hiobbuches, zwischen Hiob und seinen Freunden sind Beispiele misslingender Dialoge. Das Misslingen hat seinen Grund in den ungeklärten Voraussetzungen der Beteiligten. Hiob und seine Freunde argumentieren jeweils auf dem Boden einer allgemein anerkannten Lehrposition. Inhalt dieser Lehre ist der sogenannte Tun-Ergehen-Zusammenhang. Dieser impliziert den Grundsatz, dass negative Widerfahrnisse im Leben wie Krankheit, Leiden und Not grundsätzlich Ursachen in einem frevelhaften Tun dessen haben, dem das Negative widerfährt. Hiob ist sich mit seinen Freunden einig, dass Bosheit nicht ungesühnt bleiben darf, weiß aber, dass er leidet, obwohl er nichts Böses begangen hat. In den Dialogen verstärkt sich bei den Freunden Hiobs die Ansicht, dass auch bei Hiob die Ursache des Leidens in einer vorangegangenen bösen Tat liegen muss. Weil Hiob weiß, dass das nicht stimmt, klagt er angesichts seiner Lage gegen eine Realität, die mit der theologischen Lehre nicht übereinstimmt. Die Freunde behaupten gegen die Empirie des schuldlosen Leidens Hiobs die Wahrheit der Lehre.

Das Modell Hiob weist mit Nachdruck darauf hin, dass ein Dialog scheitern muss, wenn die konkrete Lage der Dialogpartner nicht beachtet und konstitutiv einbezogen wird.

Das will u.a. in der Differenz von arm und reich, von frei und unfrei, von fremd und einheimisch und den damit verbundenen unterschiedlichen Erfahrungen bedacht sein.

So plädiert Bassam Tibi für eine realistische Wahrnehmung der geschichtlichen Belastungen, die einem neuen Verhältnis der Religionen zugrunde liegen.[9] Zudem fordert er eine klare und verbindliche Bestimmung der Grundlagen für Pluralismus und Dialog[10] (vgl. a.a.O. 97).

Erinnern die genannten klassischen Beispiele an Dialogmuster, die einer wirklichen Verständigung abträglich sind, versuchen neuere Dialogtheorien dieses Defizit produktiv zu überwinden. Mit den Namen von Martin Buber, Franz Rosenzweig und Ferdinand Ebner verbunden sind dialogphilosophische Ansätze des 20. Jahrhunderts, die im Dialog gewissermaßen eine schöpferische Kraft sehen. Sie wurzeln in der anthropologischen Prämisse, dass die Bezogen-

---

9 Vgl. Tibi, Basam: Der neue Totalitarismus. “Heiliger Krieg“ und westliche Sicherheit, Darmstadt 2004, 96f

10 Vgl. a.a.O., 97

heit des Menschen auf ein Du für die menschliche Existenz konstitutiv ist. Im wahrhaft dialogischen Gespräch konstituiert sich ein interpersonaler, gemeinsamer Sinnbestand. In der Sprache Bubers klingt dies wie folgt:

> „Wo [aber] das Gespräch sich in seinem Wesen erfüllt, zwischen Partnern, die sich einander in Wahrheit zugewandt haben, sich rückhaltlos äußern und vom Scheinvollen frei sind, vollzieht sich eine denkwürdige, nirgendwo sonst sich einstellende gemeinschaftliche Fruchtbarkeit. Das Wort entsteht Mal um Mal substantiell zwischen den Menschen, die von der Dynamik eines elementaren Mitsammenseins in der Tiefe ergriffen und erschlossen werden. Das Zwischenmenschliche erschließt das sonst Unerschlossene."[11]

Dialogphilosophien wie die Bubers implizieren sowohl die unbedingte Achtung des anderen als auch Toleranz in der Gestalt, dass alle Dialogteilnehmer die mögliche Fehlbarkeit der eigenen Position anerkennen müssen.[12]

Diese Grundhaltung ist gerade unter postmodernen Bedingungen bedeutungsvoll für den Ausgleich miteinander konkurrierender Interessen und für das Zusammenleben weltanschaulich und religiös divergierender Gruppen in der Gesellschaft. Gerade die Ich-Du-Philosophie kann für die Qualifizierung von Dialogen wichtige Anregungen geben. Dies gilt auch für den interreligiösen Dialog, den man in seiner allgemeinsten Bedeutung beschreiben kann als die Kommunikation zwischen zwei oder mehr Personen, die unterschiedlichen religiösen Traditionen angehören und diese für sich als je verbindlich anerkennen.[13]

Dennoch kann uns ein Rückgriff auf unterschiedliche Dialogverständnisse bei der Klärung der Menschenrechte im Dialog der Religionen bzw. im interreligiösen Dialog allein nicht weiterhelfen.

Für den interreligiösen Dialog gilt, dass er schwerpunktmäßig nicht zwischen Einzelpersonen geführt wird, sondern zwischen Personen, die Institutionen und Gruppen repräsentieren.

Da bei diesen Dialogen kollektiv geltende Werte und Glaubensvorstellungen im Kommunikationsprozess aufeinanderstoßen, gelten hier andere Regeln.

3 Anmerkungen zu Geschichte und Problemen des interreligiösen Dialogs

Es lassen sich geschichtlich Formen bzw. Vorformen institutioneller interreligiöser Dialoge konstatieren: Als ein signifikanter Meilenstein in der Moderne gilt das Weltparlament der Religionen, das gegen Ende des 19. Jahrhunderts (1893) in Chicago zusammengetreten war.

Entscheidende Impulse sind aber erst im 20. Jahrhundert im Kontext zunehmender Globalisierung von den großen christlichen Konfessionen ausgegan-

11 Buber, Martin: Das Dialogische Prinzip. Ich und Du, Heidelberg 1962, 295

12 Vgl. Lange, Dietz: Art. Dialog. Ethisch, in RGG^4 (1999) Bd. 2, Sp.819

13 Vgl. Hock, Klaus: Interreligiöser Dialog- religionswissenschaftliche und theologische Perspektiven, in: JRP 21 (2005), 228

gen: ab 1948 durch die Dialogarbeit des neu gegründeten ÖRK und 1962–65 durch das Zweite Vatikanische Konzil. Dessen Texte: „Lumen gentium" und „Nostra Aetate" beschreiben Anders- und Nichtglaubende als auf Gottes Wahrheit hingeordnet und erkennen an, dass „Strahlen der Wahrheit" auch in anderen Religionen zu finden sind.

Der ÖRK initiierte verschiedene Dialoganstöße durch bilaterale und multilaterale Konferenzen (z.B. christlich-jüdischer; christlich-islamischer Dialog). Diesbezüglich ist zu vermerken, dass der Dialog selbst schon als eine Gestalt von Ökumene verstanden werden muss.[14]

Die Dialoginitiativen fanden keine ungeteilte Zustimmung: Besonders in den protestantischen Kirchen gab bzw. gibt es z. T. erhebliche Widerstände gegen Dialogprogramme, weil Verwässerung der Glaubensgrundsätze und Synkretismus (Religionsvermischung) befürchtet werden. Und weil die wesentlichen Initiativen für den interreligiösen Dialog aus dem Christentum hervorgingen, kam auf nichtchristlicher Seite der Verdacht auf, ein solcher Dialog sei der Versuch von Mission mit anderen Mitteln.

Ein Beispiel ökumenischer Initiative ist die „Bewegung für Glaube und Kirchenverfassung" im Ökumenischen Rat der Kirchen mit dem Ziel der Überwindung kirchentrennender Differenzen (Limaerklärung von 1982 über Taufe, Eucharistie und Amt).

Die Gespräche zwischen christlichen Gemeinschaften werden auch mit dem Ziel geführt, historisch zu verortende Trennungen zu überwinden. Ein Beispiel ist die Leuenberger Konkordie, eine Erklärung zur Kirchengemeinschaft zwischen Lutheranern und Calvinisten.

Das interreligiöse Gespräch hingegen intendiert die Verbesserung des wechselseitigen Verständnisses und gelingendes Zusammenleben. Paradigmatisch lässt sich das am christlich-jüdischen Dialog zeigen.

Der christlich-jüdische Dialog begann als Bewegung in den 1960er Jahren und führte zu Erklärungen in beiden großen Kirchen. Er lässt sich zugleich als Ort und Weg der Verständigung charakterisieren. Nach der Shoa/dem Holocaust als Gipfel antijudaistischer und antisemitischer Tradition markierte der christlich-jüdische Dialog einen Neuanfang im Verhältnis der beiden Religionen. Ausgangspunkt dieses Dialogs war nicht eine Auseinandersetzung um die rechte Lehre, sondern die Begegnung von Menschen, die mit ihrer konkreten Existenz in Judentum bzw. Christentum verwurzelt waren und sich mit den Ursachen der fast zweitausend Jahre währenden Feindschaft auseinandersetzen wollten, um so um eine neue Basis des Miteinanders zu ringen. Der Dialog diente und dient zugleich der Aufarbeitung der Schuldgeschichte, dem wechselseitigen Verstehen und einem gemeinsamen Lernprozess der Dialogpartner. Ein wesentlicher Erfolg dieses Dialogs, der wesentlich von den Gesellschaften für christlich-jüdische Zusammenarbeit und der 1961 gegründeten Arbeitsgemeinschaft Juden und Christen beim Deutschen Evangelischen Kirchentag getragen wurde, liegt in der theologischen Neubestimmung des Verhältnisses zu Israel und dem Judentum. Dieses war traditionell durch die Lehre von der Substitution, der Verwer-

---

14 Vgl. Neuner, Peter: Art. Dialog. Ökumenisch, in RGG[4] (1999) Bd. 2, Sp.821

fung Israels und seiner Beerbung durch die Kirche sowie der wechselseitigen Exkommunikation in urchristlicher Zeit bestimmt.

Wesentliche Dokumente der Neubestimmung des Verhältnisses sind auf katholischer Seite die Erklärung „Nostra aetate" von 1965 und die EKD-Studien „Christen und Juden I-III" (1975, 1991 u. 2000). Kernpunkte dieser Dokumente sind Auseinandersetzungen mit der antijudaistischen Tradition, die das christliche Selbstverständnis geprägt hat. Ein entscheidender theologischer Lernschritt im Rahmen dieses Dialogs ist die Anerkennung der bleibenden Erwählung Israels als Volk Gottes, die die verhängnisvolle Vorstellung von der Ablösung Israels durch die Kirche revidiert.

Trotz seiner Besonderheit kann der christlich-jüdische Dialog als paradigmatisch für andere Dialoginitiativen gelten. Anlass der Dialoge ist die Notwendigkeit, das multi-kulturell-religiöse Zusammenleben auf informeller und formeller, institutioneller Ebene zu gestalten.[15]

4 Wahrheit und Dialog

Ein spezifisches Problem interreligiöser Dialoge ist das Verhältnis von friedlicher Verständigung und Wahrheit der Glaubenslehre. In diesem Zusammenhang sind auch die Eigenart des Religiösen und die Intention der Dialogpartner zu beachten.

Dazu zunächst eine Anekdote, die vordergründig nichts mit dem Thema „interreligiöser Dialog" zu tun hat: Papst Benedikt XIV. hält in einem Bologneser Frauenkloster, dem seine Schwester als Äbtissin vorsteht, am Patrozinium das Hochamt. Die Nonnen singen dazu die schönste Messe, lang ausgedehnt mit ihren süßesten Stimmen, und werden mit dem Credo nicht fertig, immer wieder wiederholen sie „genitum, non factum". Schließlich wird der Papst ungeduldig, er möchte zum Offertorium übergehen. So dreht er sich am Altar um und unterbricht den Gesang mit den Worten: „Sive genitum, sive factum, pax vobiscum!"[16]

Quintessenz: Der Friede ist unendlich wichtiger als theologische Auseinandersetzungen um den rechten Glauben. Diese Aussage findet meist schnell Zustimmung.

Allein die Frage nach der friedlichen Gestaltung des Zusammenlebens kann lebens- bis überlebensnotwendig sein. Und so ist der interreligiöse Dialog angesichts des faktischen Nebeneinanders von unterschiedlichen religiösen Traditionen mit ihrer je gewachsenen Religionspraxis schon zur konstruktiven Klärung eines gedeihlichen Miteinanders geboten.

Und doch greift ein „pax vobiscum" zu kurz und ist letztlich auch dem verbindenden Interesse am Frieden abträglich, wenn die Differenzen in der Lehre dabei gleichsam ignoriert oder überrannt werden.

---

15 Vgl. Küster, Volker: Art. Dialog. Dialog und Mission, in: RGG^4 (1999) Bd.2, Sp.821

16 Vgl. Gilg, Arnold: Weg und Bedeutung der altkirchlichen Christologie, München 1966, 7

Meine These lautet daher: Ein interreligiöser Dialog lässt sich nicht auf der Basis der Relativierung der Positionen führen, weil diese grundlegender Bestandteil der jeweiligen religiösen Identität sind. Das gilt in besonderem Maße auch für die das Menschenrechtsverständnis prägende Menschenbild. Zugleich gilt aber, dass gerade innerhalb der religiösen Gemeinschaften und zwischen ihnen die Dialogkultur gefördert werden muss, um das jeder religiösen Tradition innewohnende negative Potential zu relativieren.

> „Religion ist ein faszinierendes Medium der Weltdeutung und Weltgestaltung", schreibt F.W. Graf. „Sie vermag Konkurrenten in Brüder zu verwandeln, Solidarität mit den Schwächeren zu stiften und immer neu zur Akkumulierung des ‚sozialen Kapitals' beizutragen. Sie kann aber auch aus Gegnern Todfeinde machen und selbst die Entfaltung der zerstörerischen, dämonischen Kräften des Menschen als Gehorsam gegenüber Gottes Willen verklären. Religion kann den Menschen gleichermaßen zivilisieren wie barbarisieren. Darin liegt die hohe Ambivalenz religiöser Symbolsprachen. Diese Ambivalenz prägt alle Religionen."[17]

Der interreligiöse Dialog gelingt, wenn er wechselseitig das Interesse aneinander stärkt und zur Klärung der jeweiligen Positionen, zur Deutung und Bedeutung von Glaubenslehre und Glaubenspraxis sowie zur die Deutung und Praxis des Lebens beiträgt. Viel ist aber schon dann gewonnen, wenn gemeinsame Interessen artikuliert und vertreten werden.

Dass ein Dialog geradezu davon profitiert, dass Religion für die Dialogpartner relevant ist, spiegelt eine im Religionsmonitor 2008 berichtete Untersuchung: Hier zeigt Volker Krech in einem empirischen Beitrag, wie die Deutschen mit religiöser Vielfalt umgehen. Er unterscheidet Exklusivität, Bricolage und Dialogbereitschaft. Grundfrage ist, wie sich Menschen mit unterschiedlich stark entwickelter Religiosität zur Vielfalt des Religiösen verhalten. Als Vorannahmen wurden zwei Möglichkeiten aufgestellt: 1. im Kontakt mit anderen religiösen Überzeugungen über die eigene Religiosität nachzudenken oder 2. sich gegenüber ihnen zu verschließen und nicht infrage stellen zu lassen. Eine interessantes Ergebnis ist, dass Menschen, für die Religiosität im Denken, Fühlen und Handeln zentral ist, eine vergleichsweise hohe Bereitschaft zeigen, diese zu hinterfragen (63%), während diejenigen, für die Religion nur eine untergeordnete Rolle spielt, das weniger tun (36%).

Zur Exklusivität bekannten sich 60% der „Hochreligiösen", während diese Position von der überwiegenden Mehrheit der Nichtreligiösen oder Religiösen abgelehnt wurde.

Religiöse zeigen sich eher offen für andere Religionen als Nichtreligiöse, d.h. Religiosität korreliert also nicht mit Intoleranz. Nur 28% praktizieren allerdings eine sog. Patchwork-Religiosität. D.h. es ist in hohem Maße die Bereitschaft vorhanden, mit anderen Religionen in einen Dialog einzutreten, ohne Elemente für die eigene Religiosität zu übernehmen. Reflexion und Religiosität fördern sich demnach gegenseitig.

Religiöse sind eher bereit, die mit anderer Lebensweisen verbundenen Überzeugungen zu akzeptieren, während die ganz überwiegende Mehrheit der An-

---

17 Graf, Friedrich Wilhelm: Die Wiederkehr der Götter. Religion in der modernen Kultur, München ^{3}2004, 225

sicht ist, Ausländer sollten sich in der Lebensweise den hiesigen Verhältnissen anpassen.[18]

5 Zum Religionsverständnis

Für den Dialog von Religionen ist nicht zuletzt der Versuch einer Klärung des Verständnisses von Religion relevant. Wie der Begriff „Dialog" ist auch „Religion" nicht eindeutig. Religion als allgemeiner Begriff ist ein Produkt des Diskurses der Moderne. In der Antike stand Religion (religio) für kultisch einwandfreies Verhalten.

Die *systemtheoretische Sicht* versteht Religion als eines der globalen gesellschaftlichen Subsysteme. Es entwickelte sich dadurch, dass das abendländische Paradigma von Religion leitendes Modell für die Konstituierung außereuropäischer Religionen wurde. Klaus Hock beschreibt das so, dass es „im Zuge dieses Prozesses […] zur (Selbst- und Fremd-) Konstruktion von Buddhismus, Hinduismus, Jainismus etc. [kam]."[19] Diese im Kontext der Globalisierung erfolgte Systembildung ermöglicht den Religionen, sich im interreligiösen Dialog miteinander in Beziehung setzen und stellt somit auch die Bedingung der Möglichkeit interreligöser Dialoge bereit.

Diskurstheoretische Ansätze untersuchen den Aspekt der Konstruktion kollektiver religiöser Identitäten in Gestalt von Religionen. In Anlehnung etwa an die Foucaultsche Diskurstheorie steht die besondere „Sprechweise" von Religion im Zentrum. Relevant ist hier die Feststellung, dass Religionen keine starren Gebilde sind, sondern sich in Korrelation zu gesellschaftliche Entwicklungen verändern. Wie in der systemischen Betrachtung ist Religion auch hier ein Allgemeinbegriff der Moderne. Der Sache nach lässt sich aber feststellen, dass etliche historische Religionen sich im Verhältnis zu anderen definiert haben (z.B. Buddhismus im Gegenüber zum Hinduismus, Christentum im Gegenüber zum Judentum).

Für die Verhältnisbestimmung der Religionen zueinander werden meist sehr verallgemeinert drei Kategorien verwendet:

1. Exklusivismus: Die eigene Religion ist allein wahr und notwendig für Heil und Rettung.
2. Inklusivismus: Auch anderen Religionen wird Anteil an Wahrheit und Erkenntnis konzediert, die Kriterien werden aber der eigenen Tradition entnommen.
3. Plurale Position: Keine positive Religion kann letzte Wahrheit beanspruchen, es geht in unterschiedlichen Formen und Akzenten um dieselbe Sache, man kann voneinander lernen.

---

18 Vgl. Krech, Volker: Exklusivität, Bricolage und Dialogbereitschaft, in: Religionsmonitor 2008, 41

19 Hock 2005, 225

1. geht auf der Basis der ausschließlichen Wahrheit des geoffenbarten christlichen Glaubens von der Unterscheidung von wahrer und falscher Religion aus. In der klassischen christlichen Dogmatik wird die Differenzerfahrung von Christen gegenüber anderen Religionen mit Hilfe der Unterscheidung von allen Menschen zugänglicher allgemeiner und der besonderen Offenbarung in Jesus Christus begründet. D.h. Gotteserfahrung ist allen Menschen zugänglich, Heilserfahrung nicht.
2. rechnet mit Elementen von Wahrheit und Heil in anderen Religionen, sieht die eigentliche Fülle des Heils aber allein in Christus. Diese Position vertritt z.B. die katholische Theologie seit dem 2. vatikanischen Konzil. Tillich spricht in seiner Systematischen Theologie von einer „latenten Geistgemeinschaft" die überall in der Menschheit zu finden ist.[20]
3. geht davon aus, dass alle Religionen zugleich subjektiv wahr und objektiv partikular sind. Christian Danz hat an der Theologie Tillichs aufgezeigt, dass sie sich nicht in diese Modelle einordnen lässt und stellt den Wert dieser Kategorien generell in Frage.[21]

Meines Erachtens ist dieses Dreierschema insgesamt zu abstrakt und pauschal, so dass es für interreligiöse Dialoge nicht nur wenig Orientierungshilfe bietet, sondern u. U. durch schematische Zuordnungen kontraproduktiv ist. Am pluralistischen Modell, das sich scheinbar gut für eine Verständigung eignet, ist zu kritisieren, dass es wie die anderen Modelle „ebenfalls das Anderssein des Anderen in Frage stellt" und „einer höchst problematischen Relativierung der Wahrheitsfrage Vorschub" leistet.[22]

Zur Bestimmung des Verhältnisses der Religionen als Grundlage einer Dialogtheologie werden in der Regel zwei konkurrierende Modelle verwendet:

1. Alle Religionen sind Repräsentanten des vom Absoluten (Gott) für die Menschen bestimmten Heilswegs (Pluralistische Religionstheologie – Vertreter: Paul F. Knitter, John Hick; Perry Schmidt-Leukel).
2. Differenztheoretisches Modell: Ziel des Dialogs ist in diesem Modell ein Verständnis für Fremdes und Differentes, ohne Transformation der eigenen religiösen Identität. Man kann das Modell als weiterentwickelte Form des Inklusivismus verstehen. Vertreter sind u.a.: Reinhold Bernhard, Michael von Brück, Jürgen Werbick, Gerhard Gäde.[23]

Trotz der Unterschiede liegt die Gemeinsamkeit der differenztheoretischen Modelle darin, dass sie die konstruktiven Alternativen zum religionstheologischen Pluralismus verbinden. Diese liegt in der Rückbindung der Religionstheorie an eine binnentheologische Beschreibung christlicher Religion.

---

[20] Vgl. Tillich, Paul: Systematische Theologie Bd. 1, Stuttgart 1956, 181f.

[21] Vgl. Danz, Christian: Theologie der Religionen als Differenzhermeneutik. Ihre religionstheoretischen und systematischen Voraussetzungen, in: Danz, Christian u. Ulrich H.J. Körtner (Hg.): Theologie der Religionen. Positionen und Perspektiven evangelischer Theologie, Neukirchen-Vluyn 2005, 100

[22] Körtner, Ulrich H.J.: Wiederkehr der Religion? Das Christentum zwischen neuer Spiritualität und Gottvergessenheit, Gütersloh 2006, 124

[23] Vgl. Scheliha, Arnulf von: Theorie der Religionen und moderner Synkretismus, in: Danz, Christian u. Ulrich H.J. Körtner (Hg.): Theologie der Religionen. Positionen und Perspektiven evangelischer Theologie, Neukirchen-Vluyn 2005, 43

Zu 1. Obwohl die Theorie Allgemeingültigkeit postuliert, ist sie ein akademisches Konstrukt und hat einen partikularen und milieugebundenen Ort. Eine religionstheologische Metaperspektive steht nicht zur Verfügung, auch sog. Universaltheorien sind an bestimmte Perspektiven zurückgebunden.

Zu 2. Die differenzhermeneutische Konzeption von Religionstheologie nimmt diesen Sachverhalt konstitutiv auf, indem das religiös Eigene im Unterschied zum religiös Fremden thematisiert wird.

D.h. theologische Identitätsbestimmung ist eine Selbstbeschreibung, die durch Grenzziehung zwischen dem Eigenen und Fremden zustande kommt. Umgekehrt sollte die Beschreibung der anderen Religion nicht im Rückgriff auf Modelle der eigenen Selbstbeschreibung erfolgen (z.B. Trinität/ Rechtfertigung).

Daher komme ich zu folgender These: Nur einer neben der Binnenperspektive theologisch zu entwickelnde Außenperspektive ist es möglich, religiöse und kulturelle Traditionen miteinander zu vergleichen.

Die Selbstklärung des Eigenen im Verhältnis zu anderen Religionen ist zu unterscheiden von der Notwendigkeit der Auskunft über das spezifisch Christliche im interreligiösen Dialog. Letztere ist zugleich aber eine wichtige Voraussetzung.

Der Religionsbegriff ist eine solche Kategorie zur Bestimmung des je Spezifischen. Das Christentum versteht sich dabei als eine Religion unter anderen geschichtlichen Religionen. Die Anerkennung anderer Religionen im Rahmen von Religionstheorien bedeutet nicht, sie der Kritik zu entheben. Gleichwohl ist der Bezug auf die Anderen zur Selbstbeschreibung in der multireligiösen Gesellschaft unhintergehbar.

6 Die Menschenrechte im interreligiösen Dialog

Weder die christlichen Kirchen noch der säkulare Humanismus können ein Urheberrecht an den Menschenrechten reklamieren. Die Kirchen haben jedoch in den letzten Jahrzehnten nicht nur die Ablehnung überwunden, sondern auch ein positives Verhältnis dazu gewonnen, indem eine Affinität zur eigenen Menschenbildtradition entdeckt und entfaltet wurde.

Im Interesse eines produktiven interreligiösen Dialogs ist davor zu warnen, diese historische Entwicklung zu ignorieren und die Menschenrechte nach vorgängiger Distanzierung nun gleichsam als exklusive christliche Werte zu reklamieren. In dieser Intention fordert Heiner Bielefeldt die christlichen Dialogpartner auf, auf Exklusivansprüche zu verzichten:

> „Die Universalität der Menschenrechte ernst zu nehmen, verlangt von den christlichen Kirchen daher den bewussten Verzicht auf Exklusivitätsansprüche hinsichtlich der Menschenrechte, die sich als ‚Erbe der gesamten Menschheit' gegen jede ausschließliche Vereinnahmung in eine bestimmte religiöse oder kulturelle Tradition sperren.“ [24]

---

24 Vgl. Bielfeldt 1996, 368; s. auch den Beitrag von Noormann in diesem Bd.

Mit dieser Forderung werden „Menschenrechte" gleichsam zum Paradigma für andere Dialogthemen. Als Basis des interreligiösen und interkulturellen Dialogs sind insbesondere bei diesem zentralen Paradigma sowohl die Unterstellung grundlegender Dichotomien wie die Unterstellung eines vorgängigen Konsenses problematisch.

Ein bekanntes Beispiel für die Unterstellung einer unauflösbaren Dichotomie ist die 1993 vom US-amerikanischen Politikwissenschaftler Samuel Phillips Huntington vertretene Position vom „Zusammenprall der Kulturen" (*Clash of Civilizations and the Remaking of World Order*). Der Titel dieses Werkes wurde unter der nicht ganz richtigen Übersetzung *„Kampf der Kulturen"* ein populäres Schlagwort für den Konflikt zwischen verschiedenen Kulturkreisen, insbesondere für Konflikte des westlichen Kulturkreises mit dem chinesischen und dem islamischen. Huntington stellte darin die These auf, dass die Weltpolitik des 21. Jahrhunderts nicht von Auseinandersetzungen politischer, ideologischer oder wirtschaftlicher Natur, sondern von Konflikten zwischen Angehörigen unterschiedlicher Kulturkreise bestimmt sein werde.

Der Münchener Systematische Theologe Friedrich Wilhelm Graf wirft Huntington vor, dass er die Debatte um die Menschenrechte ausschließlich als „einen Ausdruck der wachsenden religiös-kulturellen Gegensätze zwischen den Zivilisationen" wahrnimmt. Graf ist zuzustimmen, wenn er Huntingtons Verständnis von religiösen und kulturellen Differenzen als statisch charakterisiert.[25]

Einen vorgängigen Konsens unterstellt das von Hans Küng initiierte Projekt „Weltethos" mit der Unterstellung eines alle Religionen verbindenden ethischen Minimalkonsenses.

Das Projekt hat dieser Vorgabe entsprechend eine Schnittmenge der ethischen Maximen der einzelnen Religionen ermittelt und versucht, auf dieser Grundlage ein allgemeines „Weltethos" zu konstituieren. Seine Initiative führte in einem Parlament der Weltreligionen (Chicago 1993) zu einem Ratschlag für ein Weltethos und mündet ein in einen Appell an alle Weltbewohner, sich dem formulierten Weltethos anzuschließen. Küng sieht die Chance, aus den Ressourcen von Traditionen und Religionen zu weltweit akzeptierten Handlungsmaximen zu kommen.

> „Heute ist bei vielen ein Bewusstseinprozess im Gang, dass die Religionen aus ihren eigenen Quellen heraus die Traditionen der Intoleranz überwinden können, ja sogar mehr anstreben müssen als bloße ‚Toleranz'."[26]

Der Wiener Systematische Theologe Ulrich Körtner hält die „Idee eines Weltethos als solche" für „höchst problematisch."[27] Er verweist darauf, dass gerade „die zwischen den Religionen bestehenden Differenzen in der Menschenrechtsfrage" deutlich zeigen, dass das Projekt Weltethos an seine Grenzen stößt, sobald es um ethische Konkretionen geht.[28] Zudem wurzle der Humanitätsbegriff

---

25 Vgl. Graf ^{3}2004, 222

26 Küng, Hans: Religionsfriede und Weltethos, in: Küng, Hans u. Walter Homolka (Hg.): Weltethos aus den Quellen des Judentums, Freiburg i. Brsg. 2008, 198

27 Körtner, Ulrich H.J.: Evangelische Sozialethik, Göttingen 1999, 168

28 A.a.O., 94

in den Idealen der Französischen Revolution, deren Konsensfähigkeit bezweifelt werden müsse.[29]

Körtner begründet seine These mit dem Zweifel, ob es überhaupt ein universalreligiös begründbares Ethos geben kann und ob es bei Küngs Projekt nicht mehr um Menschenpflichten als um Rechte geht. Der Gedanke universaler menschlicher Pflichten stehe jedoch zu den Menschenrechten in Spannung.[30] Der Schein interreligiöser Konvergenz, verflüchtigt sich, so Körtner, „sobald man fragt wie diese Maximen von den einzelnen Religionen im ethischen Konfliktfall materialiter interpretiert werden."[31]

Körner schlägt vor, im interreligiösen Dialog vom Projekt Weltethos Abstand zu nehmen, jedoch gleichwohl „pragmatische Annäherungen und Übereinstimmungen anzustreben."[32]

Es muss m. E. auch bezweifelt werden, dass sich der Vorschlag von Hans Joas, dass der Mensch „heilig" sein sollte als Basis einer Verständigung über Menschenrechte eignet.

Joas[33] fordert in seinem jüngsten Beitrag zur Menschenrechtthematik, dass die Menschenrechte als Folge eines Sakralisierungsprozesses zu betrachten seien, der durch kulturelle Transformation zur „Heiligkeit" der menschlichen Person geführt habe. Er nimmt dabei Bezug auf Georg Jellineks Buch „Die Erklärung der Menschen -und Bürgerrechte" von 1895:

> „Die Idee, unveräußerliche, angeborene geheiligte Rechte des Individuums gesetzlich festzustellen, ist nicht politischen, sondern religiösen Ursprungs. Was man bisher für ein Werk der Revolution gehalten hat, ist in Wahrheit ein Werk der Reformation und ihrer Kämpfe."

Joas weist zudem mit Bezug auf die interkulturelle Zusammensetzung des Komitees darauf hin, dass die Erklärung der Menschenrechte von 1948 keineswegs ein westliches Konstrukt gewesen sei, dass der „übrigen Welt übergestülpt worden sei."[34]

Ob diese Feststellung im interreligiösen Diskurs hilfreich ist, kann bezweifelt werden. Zudem ist die Kategorie der „Heiligkeit" im Blick auf den Menschen gerade in religiösen Diskursen nicht unproblematisch. Warum reichen Würde und Unverfügbarkeit nicht?

Wie bereits angedeutet, kann das Ziel des interreligiösen Dialogs über die Menschenrechte nicht eine Verständigung über Glaubensfragen sein, sondern eine kulturübergreifende Verständigung über ein produktives Miteinander in der pluralen (Welt-) Gesellschaft. Hinsichtlich des Zieles verdient die „Theorie vom relativen Universalismus" des US-amerikanischen Politologen Jack Donnelly besondere Aufmerksamkeit. Grundlegend für Jack Donnelly ist die Erkenntnis, dass die Begründung der Menschenrechte offen ist und nicht nur durch die christlich geprägte europäische Naturrechtstradition vollzogen werden kann.

---

29 Vgl. a.a.O., 94f
30 Vgl. a.a.O., 169
31 A.a.O.
32 A.a.O.
33 Vgl. Joas, Hans: Der Mensch muss uns heilig sein, in: Die Zeit 52/2010, 49f
34 A.a.O., 50

Daher kann das, was für alle gelten soll, jeder durchaus auf seine besondere – auch religiöse – Weise rechtfertigen und so innerhalb seiner eigenen Gruppe zustimmungsfähig machen.[35] D.h. Donnelly geht von der Hypothese aus, dass ethische Minimalverständigung aus den Ressourcen unterschiedlicher Kulturen möglich ist. Er schlägt vor, bei erkennbaren Defiziten in den Quellen anderer Kulturen nach funktionalen Äquivalenten zu suchen, die den Menschenrechten entsprechende Schutzrechte beinhalten.

F. Graf ist zuzustimmen, dass Donnellys Ansatz im Unterschied zum Weltethosprojekt von Küng weniger harmonisierend und angesichts der Weltlage realistischer ist. Intellektuelle Aufrichtigkeit zwinge dazu, von allzu harmonistischen Visionen Abschied zu nehmen und die tiefen Unterschiede zwischen den Kulturen wahrzunehmen. Darin liege ein Wahrheitselement der Huntingtschen Sicht der gegenwärtigen Weltlage.[36] Graf erachtet Donnellys Ansatz einer universalistischen Position als unverzichtbar und weist darauf hin, dass sich in der Debatte über Ideen der Würde und Rechte des Menschen unterschiedliche religiöse Überlieferungen finden. Sie können ein „kommunikatives Interface", eine Schnittstelle bilden für einen Dialog zwischen christlichen und nichtchristlichen Ethikkonzepten. Wenn religiös-kulturelle Unterschiede für tiefere Ursachen von politischen Konflikten gehalten werden, müssen die Elemente von Religionen und Kulturen identifiziert werden, die heute zu diesen Konflikten treiben.[37]

Auch wenn der Gegensatz zwischen den Modellen Donnellys und Küngs relativ gering erscheint, geht es bei Donnelly nicht um eine „ethische Schnittmenge", sondern um das Anzapfen der je authentischen Ressourcen. Die gewachsenen Kulturen und Religionen, mit je eigenen Traditionen, werden im Blick auf Menschrechte und Sicherung der Permanenz ins Gespräch über eine Verständigung im Blick auf gemeinsame Handlungsorientierung gebracht, ohne die je eigenen Position zur gemeinsamen Grundlage zu machen.

Es wird dem Sachverhalt Rechnung getragen, dass ohne lebendige Erfahrungs- und Erzählgemeinschaften, die Leiden und Opfer erinnern, sich ein Ethos nicht authentisch tradieren lässt. Einer abstrakten Lehre fehlt die Erinnerung an die Bedeutung des Rechts. Diese Erkenntnis sollte für interkulturelle bzw. interreligiöse Dialoge fundamental sein. Dann ergeben sich die Chancen der Verständigung durch das gemeinsame Bemühen um Unterbrechung der Leidgeschichten.

Im Dialog der Religionen kann es nicht um einen Konsens in der Wahrheitsfrage gegen, sondern um wechselseitiges Verständnis und einen Konsens im Blick auf einen gemeinsamen Willen und gemeinsame Handlungsoption im Blick auf die Rechte des Menschen und eine bewohnbare Welt. Dieser gemeinsame Wille kann nicht vorausgesetzt, sondern muss im Dialog generiert werden. Religionen können je aus ihren Quellen etwas in den Dialog über das Verständnis der Menschenrechte beitragen. Welche Rechte gemeinsame Anerkennung finden sollen, darum muss gleichermaßen in interreligiösen Dialogen wie im

---

35 Vgl. Donelly zit. nach Graf [3]2004, 223
36 Vgl. Graf [3]2004, 223f
37 Vgl. a.a.O., 222

politischen Streit gerungen werden. Im Blick auf den christlich-islamischen Dialog weist Bielefeldt darauf hin, dass eine affirmative Rezeption der Menschenrechtsidee aus unterschiedlichen Gründen für Muslime schwieriger ist als für Christen.[38]

Der Beitrag von Al-Hassan Diaw in diesem Band zeigt, dass der Weg dahin beschritten wird.

Literatur

Bielefeld, Heiner: Moderne Menschenrechte als Aufgabe für Christen und Muslime, in: Missionswissenschaftliches Institut Missio e.V. (Hg.), Ein Glaube in vielen Kulturen. Theologische und sozialpastorale Perspektiven für ein neues Miteinander von Kirche und Gesellschaft in der einen Welt, Frankfurt a.M 1996, S. 361–373. Online im Internet: http://www.flw.ugent.be/cie/bielefeldt3.htm [27.07.2011]

Buber, Martin: Das Dialogische Prinzip. Ich und Du, Heidelberg 1962.

Danz, Christian: Theologie der Religionen als Differenzhermeneutik. Ihre religionstheoretischen und systematischen Voraussetzungen, in: Danz, Christian u. Ulrich H.J. Körtner (Hg.): Theologie der Religionen. Positionen und Perspektiven evangelischer Theologie, Neukirchen-Vluyn 2005, 77–103.

Graf, Friedrich Wilhelm: Die Wiederkehr der Götter. Religion in der modernen Kultur, München ^{3}2004.

Hock, Klaus: Interreligiöser Dialog – religionswissenschaftliche und theologische Perspektiven, in: JRP 21 (2005), 218–235.

Joas, Hans: Weder Kirche noch Revolution erfanden die Menschenrechte. In Die Zeit [22.12.2010, 49]. Online im Internet: http://mekkasdermoderne.wordpress.com/2011/01/03/hans-joas-in-die-zeit-weder-kirche-noch-revolution-erfanden-die-menschenrechte/ [15.08.2011]

Joas, Hans: Der Mensch muss uns heilig sein, in: Die Zeit 52/2010, 49f

Körtner, Ulrich H.J.: Evangelische Sozialethik, Göttingen 1999

Körtner, Ulrich H.J.: Wiederkehr der Religion? Das Christentum zwischen neuer Spiritualität und Gottvergessenheit, Gütersloh 2006.

Krech, Volker: Exklusivität, Bricolage und Dialogbereitschaft, in: Religionsmonitor 2008, 33–43.

Küng, Hans: Religionsfriede und Weltethos, in: Küng, Hans und Walter Homolka (Hg.): Weltethos aus den Quellen des Judentums, Freiburg i. Brsg. 2008, 195–199.

Küster, Volker: Art. Dialog. Dialog und Mission, in: RGG^{4} (1999) Bd. 2, Sp. 821.

Lange, Dietz: Art. Dialog. Ethisch, in: RGG^{4} (1999) Bd. 2, Sp. 819f.

Lorenz, Eckehart: „… erkämpft das Menschenrecht". Wie christlich sind die Menschenrechte, Hamburg 1981, 15–35

Moltmann, Jürgen: Christlicher Glaube und Menschenrechte, in: Neuner, Peter: Art. Dialog. Ökumenisch, in: RGG^{4} (1999) Bd. 2, Sp. 820f.

Ökumenischer Rat: Lima-Papier von 1982. Zusammenwachsen in Taufe, Eucharistie und Amt, in: http://www.theology.de/downloads/limapapier.pdf [Stand: 10.10.2010].

Pollmann, Karla: Art. Dialog. Literaturgeschichtlich (Alte Kirche), in: RGG^{4} (1999) Bd. 2, Sp. 815f

Scheliha, Arnulf von: Theorie der Religionen und moderner Synkretismus, in: Danz, Christian u. Ulrich H.J. Körtner (Hg.): Theologie der Religionen. Positionen und Perspektiven evangelischer Theologie, Neukirchen-Vluyn 2005, 43–56.

---

38 Vgl. Bielefeldt 1996, 368

Tillich, Paul: Systematische Theologie Bd. I, Stuttgart 1956.
Tibi, Basam: Der neue Totalitarismus. „Heiliger Krieg“ und westliche Sicherheit, Darmstadt 2004.

Menschenrechte und die Religion/en[1]

Harry Noormann

Zwischen dem Starken und Schwachen
ist es die Freiheit, die unterdrückt, und es ist
das Gesetz, was befreit.
Jean Baptiste Henri Lacordaire

1 Problemanzeigen

Als in Ruanda 1994 innerhalb von 100 Tagen nahezu 1 Million Menschen der Tutsi-Minderheit auf bestialische Weise vor den Augen der Weltöffentlichkeit von den herrschenden Hutu umgebracht wurde, geschah dies in einem Land, das gemeinhin als die am stärksten christianisierte Region Afrikas gilt: 2/3 Drittel der Bevölkerung waren seinerzeit katholisch. Katholische Hutu massakrierten katholische Tutsi. Erdrückende Zeugnisse dokumentieren, dass führende Persönlichkeiten der Religion der Nächstenliebe kräftig Öl ins Feuer des Hasses und der Gewaltexzesse gegossen haben. Der ethnische Genozid war getränkt auch mit religiösem Eifer; umso erstaunlicher der Schleier der Unwissenheit und des Schweigens über die Rolle der kleinen, 10%igen Minderheit der Muslime im Land. Wer hat von der „Sensibilisierungskampagne" an muslimischen Schulen gegen die Gewalteskalation erfahren, die unter Berufung auf den Koran das Tötungsverbot und die islamischen Werte der Gleichheit aller ungeachtet ihrer Religion oder Ethnie eingeschärft hat? Das Eintreten muslimischer Autoritäten und Gemeinschaften für das Lebensrecht aller, für aktive Gewaltlosigkeit und für den Schutz von Verfolgten hat vielen Bedrohten das Leben gerettet und ein mutiges Zeugnis religiös motivierter Menschlichkeit hinterlassen[2] – gleichermaßen verstörend für das stereotype Bild „des" Islam und „des" Christentums in der medialen Öffentlichkeit.

Das Beispiel zeigt auf drastische Weise die Fahrlässigkeit der Redeweise über das vermeintliche Verhältnis dieser oder jener Religion zur Menschenrechtsbewegung, wie sie der Titel auch dieses Beitrags suggeriert. Andererseits wird niemand der ganz allgemeinen Behauptung widersprechen wollen, dass eine kannibalistische Religion es schwerer hat, einen Zugang zur Idee der Menschenwürde zu finden als jene, deren Schriften die Gläubigen auf die Heiligkeit allen Lebens verpflichtet. Die methodologische Aporie ist unauflösbar, aber heuristisch zu wenden: Die abstrakte Rede von „der" Religion arbeitet mit vor-

---

1 Wir danken dem Verlag Brandes & Apsel für die freundliche Abdruckgenehmigung.

2 Vgl. Weingardt, Markus A.: Religion macht Frieden. Das Friedenspotenzial von Religionen in politischen Gewaltkonflikten, Stuttgart 2007, S. 310ff.

läufigen Annahmen, die offen bleiben müssen für widersprechende Phänomene und umgekehrt.

Für die großen Religionen stellt die Menschenrechtstradition eine vierfache Herausforderung dar. Zum einen haben die begründungsoffenen und säkularen Prinzipien der Menschenrechtskonventionen eine normativ-ethische und rechtliche Dynamik entfaltet, deren Zustimmungsfähigkeit weiter reicht als die der einzelnen Religionen – so wenig wie Staaten können sich Religionen ihnen entziehen. Sie müssen ihnen ihre – wenn auch kritische – Referenz erweisen. Seit der Allgemeinen Erklärung der Menschenrechte (AEMR) 1948, über die Menschenrechtspakte von 1966 (in Kraft seit 1976) bis zur „dritten Generation der Menschenrechte" (Wien 1993) und der UN-Milleniumserklärung im Jahre 2000 haben sich die Menschenrechte (MR) zum normativen Horizont für die „menschliche Entwicklung" (UNPD) im weltweiten Maßstab entwickelt.[3] Trotz massiver Kritik und Vorbehalte haben sie eine transkulturelle und transnationale Revolution in der Völkergemeinschaft bewirkt, deren moralische Autorität von eklatanten Missachtungen der Menschenrechte immer wieder schwer beschädigt, aber nicht widerlegt worden ist und wird.

Zweitens werden die Religionen durch den Menschenrechtskodex an ihrem Beitrag zur gesellschaftlichen Humanisierung behaftet. Es ist an ihnen, Ängste zu widerlegen, die mit der „Wiederkehr der Religion" in der politischen Arena vielfach verbunden sind. Die MR fordern drittens dazu heraus, den interreligiösen Dialog auf ethische Schlüsselprobleme auszurichten. Dieser „Dialog der Lebens" für die Verwirklichung der MR bildet gleichsam ein tertium comparationis, das die Gemeinsamkeiten für ein globales menschenrechtliches Ethos leichter zu erkennen geben kann als schwer überbrückbare Differenzen in den fundamentalen theologischen und weltanschaulichen Überzeugungen.

Ein besonders diffiziles Problem stellt die prinzipielle Ambivalenz von religiöser Weltdeutung und Lebensführung gegenüber den Menschenrechten dar. Religion ist mehr als Ethik. Religionen versprechen auf je eigene Weise, dass Menschsein und menschliche Würde nicht in der Verfügbarkeit über Menschenrechte aufgeht. Abgesehen vom basalen Recht auf Leben behaupten sie: Menschenrechte zu *haben*, entscheidet letztendlich nicht darüber, Mensch zu *sein*. Andererseits gibt es keine Religion ohne Ethik. Religionen müssen daher ihr Konzept von „Heil" oder „Erlösung" ins Verhältnis setzen zum Stellenwert menschenrechtlicher Forderungen.

---

3 Gegenläufige, teils antagonistische Entwicklungen kennzeichnen die Dynamik bei der Verwirklichung der MR am Beginn des 21. Jh.s: Universalisierung versus Instrumentalisierung: MR als das globale Diskursfeld für Nachhaltige Entwicklung einerseits – Kampf und Krieg um Einflusssphären und Hegemonie im Namen der MR andererseits; Kontextualisierung: Regionale Bemühungen, die MR in Aufnahme autochtoner Traditionen zu adaptieren und zu transformieren (z.B. die Afrikanische Charta [1986], die Arabische Charta [1994] die ASEAN-Charta [2007]; Prekarisierung: Mit den Chancen auf Verwirklichung von MR geht auf breiter Front eine Steigerung der Gefährdung des elementarsten Rechts auf Leben in Würde einher (Verfehlung der Milleniumsziele in verschiedenen Weltregionen, Ökokatastrophen, Flüchtlings- und Asylpolitik in der EU, BVG-Urteil zu Hartz IV, Biotechnologie u.a.).

Der folgende Beitrag diskutiert daher zunächst den auf den ersten Blick überraschenden Sachverhalt, dass die christlichen Kirchen erst in der Mitte des letzten Jahrhunderts ihre entschiedene Gegnerschaft gegenüber dem Menschenrechtsethos aufgeben haben und einen radikalen Kurswechsel einleiten konnten. Diesem ersten, ökumenisch inspirierten Transformations-prozess folgte in den 1990er Jahren ein zweiter mit der Herausforderung, christliche Perspektiven im globalen Diskurs um die Verwirklichung von Menschenrechten auf Augenhöhe und in der Polyphonie religiöser Traditionen und Lebenspraxen zu entwickeln. Dieser historische Exkurs soll Einsichten vermitteln, die vorsichtige Analogien für historische Transformationsprozesse in anderen Religionen zulassen - namentlich in Richtung Islam, der sich in der Unterscheidung und Anerkennung von (säkularem) Recht und religiöser Wahrheit schwer tut.

Den Verdiensten und Grenzen des „Projektes Weltethos", das als eine frühzeitige und weltweit beachtete interreligiöse Reaktion auf weltgesellschaft-liche Verflechtungen interpretiert werden kann, wird in einem zweiten Abschnitt nachgegangen.

Gegenüber der Dialogstrategie eines universalistischen, ethischen Minimalkonsenses zwischen den Religionen wird in Anknüpfung an Lessings Nathan abschließend die These begründet, dass ein authentischer und konstruktiver Beitrag der Religionen zur Dynamik der Menschenrechte aus ihren eigenen, kontextspezifischen Leidens-, Unrechts- und Befreiungserfahrungen gewonnen werden muss.

2 Die menschenrechtliche Konversion der christlichen Kirchen – 170 Jahre Ringen mit den freiheitlichen Prinzipien der Moderne

Die Kirchen der evangelischen Ökumene und die römisch-katholische Kirche – voran ihre großen Hilfswerke – verstehen sich heute als entschiedene, weltweit operierende Anwälte der Menschenrechte.[4] Die Nähe zwischen der christlichen Botschaft von der Gleichheit aller Menschengeschöpfe als Ebenbilder Gottes und der unveräußerlichen Würde des Menschen erscheint so selbstverständlich, dass die Feststellung verblüffen und irritieren muss, die Kirchen hierzulande hätten erst in den 1960er und 1970er Jahren des letzten Jh.s ihren Frieden mit den Menschenrechten gemacht. Eine lehramtlich verbindliche, positive Aufnahme haben die Menschenrechtserklärungen auf katholischer Seite (nach Vorarbeiten von Papst Johannes XXIII. in seiner Enzyklika „Pacem in terris" von

4 Dass die Kirchen – voran die katholische mit dem zentralistischen Lehramt – sich immer wieder mit kritischen Rückfragen konfrontiert sehen nach deren Verwirklichung in der Kirche selbst, ist ein eigenes Problemkapitel, das hier nicht bearbeitet werden kann. Die Kritik an der kirchlichen Glaubwürdigkeit in der Menschenrechtsarbeit richtet sich auf Fragen wie die nach der Stellung der Frau, dem eigenen Tarifrecht und nicht zuletzt nach der innerkirchlichen Meinungs- und Gewissensfreiheit.

1963) durch die Dekrete des 2. Vatikanischen Konzils 1965 erfahren. Die Erklärung Dignitas humanae personae bekennt sich erstmals zur Religionsfreiheit in Respekt vor der Würde des Menschen, die auch eine demokratische Ordnung für die aktive Beteiligung des Einzelnen am Gemeinwesen verlange.[5] Die Pastoralkonstitution „Gaudium et spes" über die Kirche in der modernen Welt bezieht sich ebenfalls positiv auf elementare MR.
Auf evangelischer Seite ist die Menschenrechtsdebatte vom Ökumenischen Rat der Kirchen (ÖRK) angestoßen worden.[6] Die Gründungsversammlung des ÖRK bekannte sich 1948 in Amsterdam unter dem Eindruck der schrecklichen jüngsten Vergangenheit nachdrücklich dazu, die Wahrung der Menschenrechte unter internationalen Schutz zu stellen und hielt dafür, über eine unverbindliche Charta hinaus die Annahme eines internationalen Gesetzes anzustreben, „das die Anerkennung und Durchsetzung aller wesentlichen Freiheiten, der persönlichen, politischen oder sozialen, im nationalen und internationalen Rahmen vorsieht" (Die erste Vollversammlung, 1948, S. 128f; 139f; die Diskussion darüber wurde 1974 auf der Konsultation des ÖRK über die Frage der Menschenrechte in St. Pölten fortgesetzt.) Die EKD hat die Menschenrechtsfrage in einer offiziellen Stellungnahme erst 1975 aufgegriffen.[7]

Wie lässt sich verständlich machen, dass die Kirchen nahezu 170 Jahre gebraucht haben, um die Menschenrechtstradition als ihre genuin eigene Sache anzunehmen? Und wie steht es um die Polemik des Philosophen Herbert Schnädelbach, die Aufklärung habe „die Idee des nichtrelativen Naturrechts gegen den erbitterten Widerstand der Amtskirche beider Konfessionen durchsetzen" müssen und der sich gegen das „gern geglaubte Märchen" zur Wehr setzt, die Prinzipien von Menschenwürde und Menschenrechten hätten christliche Wurzeln?[8]

Historische und sachliche Argumente sind zu unterscheiden. Was den *historischen* Entstehungszusammenhang angeht, wird das Urteil des evangelischen Sozialethikers Martin Honecker von den meisten Theologen unwidersprochen bleiben: „Die Menschenrechte im heutigen Verständnis sind keine Errungenschaft des Christentums, sondern Ergebnis der Freiheits-, Liberalisierungs- und Demokratisierungsbewegung der Aufklärung"[9], wenngleich auch diese eingängige These den komplexen Aufklärungsströmen nicht gerecht werden kann. Im angelsächsischen Bereich waren es bekanntlich verfolgte Puritaner, die in der „Neuen Welt" die Freiheit ihres Glaubens erstritten. Auch „'für Juden, Heiden und Türken' wollte Roger Williams diese Glaubensfreiheit etablieren, als er 1636 aus Massachusetts auszog und in der Kolonie Rhode Island zum ersten

---

5 Vgl. Rahner, Karl/ Vorgrimler, Herbert: Kleines Konzilskompendium. Sämtliche Texte des Zweiten Vatikanums, Neuausgabe Stuttgart [29]2002, S. 655 – 676.

6 Vgl. Vögele, Wolfgang: Menschenwürde zwischen Recht und Theologie, München 2000. S. 204ff.

7 Vgl. EKD: Die Menschenrechte im ökumenischen Gespräch, in: Kirchenkanzlei der EKD (Hg.): Die Denkschriften der EKD, Bd.1/2, Gütersloh 1978, S. 87 – 105.

8 Vgl. Schnädelbach, Herbert: Religion in der modernen Welt, Frankfurt/M. 2009, bes. S. 153 – 176.

9 Vgl. Honecker, Martin: Das Recht des Menschen. Einführung in die evangelische Sozialethik, Gütersloh 1978. S. 70.

Mal in der Geschichte ein Gemeinwesen gründete, in dem religiöse Freiheit für alle Individuen verbrieft war“[10]. Joas hält es gar für „eindeutig“, dass „an vielen Knotenpunkten der modernen Freiheitsgeschichte die Freiheit nicht gegen die Religion erkämpft wurde, sondern von ihr“.[11]

Die entschiedene Ablehnung der Menschenrechtsidee durch die Großkirchen auf dem Kontinent verdankt sich zuerst dem historischen Umstand, dass diese als Garanten eines göttlich sanktionierten Rechts der sozialen Ungleichheit und ihrer feudalen Strukturen in eine unvermeidliche Gegnerschaft zu den Kämpfern von Freiheitsrechten gerieten. Zu Thomas Jeffersons Formulierung in der „Virginia Bill of Rights“ von 1776, nach der alle Menschen „vor ihrem Schöpfer gleich sind“, gibt es keine Analogie in der französischen Menschenrechtserklärung. Rechte wie Freiheit, Eigentum, Sicherheit und Gleichheit vor dem Gesetz gelten hier als Ausfluss eines allgemeinen, *rationalen und profanen Naturrechts*, das einer transzendentalen Letztbegründung nicht mehr bedarf. „Die französische Aufklärung und Revolution gab dem Naturrecht geradezu eine antichristliche und religionsfeindliche Prägung. Das Naturrecht wird enttheologisiert. D.h. … das Naturrecht wird begründet auf die Vernunft und die sittliche Autonomie des Menschen, nicht auf ein Gebot Gottes. Das Naturrecht wurzelt im menschlichen Willen und gründet auf menschlicher Vernunft“.[12]

Es reicht demnach nicht aus, die kulturkämpferische Gegnerschaft der Großkirchen mit historischen Umständen zu begründen: dem Schock der Französischen Revolution, dem jakobinischen Terror, der napoleonischen Expansion und die Selbstwahrnehmung, deren Opfer zu sein, ihrer staatskirchlichen Stellung und der Furcht vor ihrer revolutionären Gefährdung, ihrer Ablehnung der Menschenrechte im Kampf gegen deren liberale und sozialistische Anwälte, ihrer obrigkeitsstaatlichen Grundhaltung, in der die republikanische Idee, Demokratie und Rechte des Einzelnen gegenüber dem Staat keinen Platz hatten.[13]

In den epochalen historischen Umständen tobte ein abgründiger Weltanschauungskampf, der die anhaltende Feindseligkeit der Kirchen gegenüber den Menschenrechtsforderungen immer wieder anfachte. Der tiefe weltanschauliche Dissens zwischen dem postulierten *säkularen Recht der Gleichheit* und dem mit der Aura göttlicher Offenbarung autoritativ verteidigten Sittengesetz natürlicher sozialer Ungleichheit fand seinen schärfsten Ausdruck 1864 im lehramtlichen „Syllabus errorum“ von Papst Pius IX., der Menschenrechte und Demokratie neben anderen Zeitgeistirrtümern in den Katalog akuter Bedrohungen der christlichen Ordnung und Lehre aufführte. Die antimodernistische Polemik des päpstlichen Lehramtes seit dem Ende des 18. Jh.s („Antimodernismusstreit“) und der Antimodernismuseid (Pius X., 1910), beendet bzw. abgeschafft 1967, bestimm-

---

10 Vgl. Joas, Hans: Braucht der Mensch Religion? Über Erfahrungen der Selbsttranszendenz, Freiburg i.Brsg. ²2006. S. 127.

11 Vgl. ebd.

12 Vgl. Honecker, Martin: Das Recht des Menschen. Einführung in die evangelische Sozialethik, Gütersloh 1978. S. 67f.

13 Vgl. Ballestrem, Karl Graf: Katholische Kirche und Menschenrechte (2008), verfügbar unter: http://www.kbwn.de/html/menschenrechte/html.

ten mehr als eineinhalb Jahrhunderte die Beziehungen der katholischen Kirche zur Menschenrechtsbewegung.

Auf evangelischer Seite wurden für die „positive Theologie“ und das evangelische Staatskirchentum mit zunehmender gesellschaftlicher Zerklüftung in der zweiten Hälfte des 19. Jahrhunderts die Menschenrechte zu einem Synonym für den „Geist von 1789“, mit dessen Emanzipationsparolen, gleich ob im aufgeklärten, liberalen oder sozialistischen Gewand, auch christliche Sozialreformer unterschiedslos jene zersetzenden Mächte am Werke sahen, die mit der gottgewollten Ständeordnung auch das Christentum hinwegzufegen angetreten waren. Ein Jahr nach der 1848er Märzrevolution heißt es in einer gemeinsamen Erklärung vom „Centralausschuss für Innere Mission“ und der Evangelischen Gesellschaft:

> „Nur das Evangelium Jesu Christi kann das deutsche Volk vom Abgrund des Verderbens, an dessen Rand es steht, retten. Die hohen communistischen Versprechen und Verheißungen der Menschenrechte sind lügenhaft; sie können nur zu Lüsternheit und allverschlingender Begehrlichkeit reizen; aber die Macht, Brod zu reichen für die Arbeit, haben alle Menschenmächte auf Erden nicht; diese Macht hat allein Gott der Herr im Himmel, er ist's der nach seinem heilgen Willen Überfluss oder Mangel schickt, fruchtbare Zeiten oder Hungerjahre; hier haben Menschenrechte keine Geltung, hier sind nur Gnadenrechte, die nur das Kind, der kindliche Glaube empfängt, die sich der Herr von keiner Faustgewalt der Hilfdirselbstmenschen abtrotzen lässt“ (zit. nach Greschat, 1980, S. 131).

Die im Zitat anklingenden *Sachdifferenzen* zwischen der aufgeklärten Menschenrechtsphilosophie und (damaligen) theologischen Grundanschauungen hat M. Honecker holzschnittartig zusammengefasst:

> „Die Aufklärung beruft sich auf die *Vernunftnatur des Menschen*. Das ist ihr so genannter Rationalismus. Christlicher Glaube beurteilt hingegen den *Menschen als Geschöpf* und kann ihn nicht aus sich heraus verstehen und erklären, auch nicht nur aus seiner ‚Vernunft'. Nach der Aufklärung kann das Individuum Rechtsansprüche geltend machen (*Individualismus*). Der christliche Glaube betont hingegen die *Gemeinschaftsverbundenheit* des Menschen und lässt deswegen die Pflichten gegenüber anderen den eigenen Rechten übergeordnet sein. Schließlich ist die Aufklärung von der *Güte des Menschen* überzeugt, die nur durch menschenunwürdige Verhältnisse beeinträchtigt ist. Hingegen versteht christlicher Glaube den *Menschen als Sünder*, der der Rechtfertigung bedarf. Im Namen einer ‚realistischen' Auffassung vom Menschen erhoben darum Theologen Einspruch *gegen den Optimismus* der Aufklärung. Zudem werden mit Hilfe der Menschenrechte Mensch und Gesellschaft *radikal diesseitig* bestimmt, ‚weltlich', säkular ohne jede religiöse Deutung. Die Schlagworte Rationalismus, Individualismus, Optimismus, Säkularismus … machen in der Tat auf sachliche Differenzen zwischen einer christlichen Sicht des Menschen und den Grundlagen der Menschenrechtsidee aufmerksam“ (Honecker, 1978, S. 71, Hervorh. H.N.).

Dass „eine christliche Sicht“ und die „Grundlagen der Menschenrechtsidee“ konstruktiver aufeinander bezogen werden können, ist nicht erst eine Einsicht der jüngeren Theologiegeschichte (etwa im Modell von Differenz und Entsprechung).[14] Der Streit um die Menschenrechte war immer auch ein innerchristli-

---

14 Vgl. Huber, Wolfgang / Tödt, Heinz Eduard: Menschenrechte – Perspektiven einer humanen Welt, Stuttgart ^{2}1978. / Huber Wolfgang: Artikel Menschenrechte, TRE 22, Ber-

cher Konflikt, auf protestantischer Seite von den Freireligiösen um Robert Blum und Johannes Ronge in der Paulskirchenversammlung, Teilen des liberalen und sozialen Protestantismus und Katholizismus im letzten Drittel des 19. Jh.s, über die Volkskirchenbewegung und Religiösen Sozialisten nach 1918 bis zum linken Flügel der Bekennenden Kirche. Im christlichen Mainstream aber blieb die Menschenrechtstradition mit dem Odium behaftet, ein Kind linker Freiheitsbewegungen und menschlicher Selbstermächtigung zu sein. Aber während des Zweiten Weltkrieges noch wird das Thema Gegenstand theologischer Reflexion.[15] Um dieselbe Zeit notierte Dietrich Bonhoeffer in seinen Ethikfragmenten prophetisch, Leid und Barbarei hätten Christen und säkulare Vertreter der Humanitas in einer überraschenden, neuen Bundesgenossenschaft zusammengeführt.[16] Wenige Jahre später beteiligten sich Vertreter der Ökumene an der Vorbereitung der UN-Menschenrechtserklärung vom Dezember 1948.

Im Jahr 2008 hat sich erstmals auch die Russisch-Orthodoxe Kirche zur Menschenwürde, Freiheit und die Menschenrechte positioniert.[17] Diese Doktrin weist derart grundlegende Differenzen zur Haltung der Ökumene und der katholischen Kirche auf, dass sie einen steinigen interkonfessionellen Dialog erwarten lassen.[18]

Die historischen Erfahrungen der katholischen und evangelischen Kirchen in Westeuropa können trotz unvergleichbarer historischer, kultureller und religionsgeschichtlicher Kontexte fruchtbare Hinweise bieten, wenn es darum geht, die Beziehungen anderer Religionen zur Menschenrechtstradition angemessen zu würdigen. So bleibt festzuhalten,

- dass die Kirchen kein positives Verhältnis zu Menschenrechten gewinnen konnten, solange sie sich selbst als Garanten der religiösen Legitimation von Rechtsverhältnissen sozialer Ungleichheit verstanden haben, m.a.W., solange „Recht“ und „religiöse Wahrheit“ nicht unterschieden wurden;

---

lin/ New York 1992, S. 577–602. / Körtner, Ulrich: Evangelische Sozialethik (UTB 2107), Göttingen 1999. S. 141ff.

15 Der reformierte Theologe Emil Brunner widmet den Freiheitsrechten in seinem Werk „Gerechtigkeit“ (Zürich 1943) ein eigenes Kapitel, während Karl Barth, der Mitbegründer der Dialektischen Theologie, noch 1938 schreiben kann, die Bibel sei am „Lob jener (…) Würde (…) des Menschen“ „nicht beteiligt“ (Kirchliche Dogmatik I/2, Zürich ^{6}1975, S. 445), nicht, weil sie keine Menschenwürde kenne, sondern nur jene, die durch Christus wieder hergestellt worden sei. Die „Politische Ethik“ von Friedrich Gogarten aus dem Jahre 1932 ordnete die Idee der Menschenrechte noch einem ungehemmten Individualismus zu (Lienemann 1990, 309).

16 Vgl. Bonhoeffer, Dietrich: Ethik, hgg. von Ilse Tödt, Heinz Eduard Tödt(†), Ernst Feil und Clifford Green (Bonhoeffer Werke, Bd. 6) (KTB 161), München 1998. S. 342–344.

17 Vgl. Uertz, Rudolf, Schmidt, Lars Peter (Hg.): Die Grundlagen der Lehre der Russischen Orthodoxen Kirche über die Würde, die Freiheit und die Menschenrechte, Moskau 2008.

18 Vgl. z.B. die Stellungnahme der Gemeinschaft der evangelischen Kirchen in Europa (GEKE), verfügbar unter: http://www.leuenberg.eu/daten/File/Upload/doc-9805–2.pdf . Die „Church and Society Commission“ der „Conference of European Churches” hat daraufhin eine Konsultation über Menschenrechte und die Kirchen Anfang Mai 2010 in Hildesheim durchgeführt und die Texte eines geplanten “Human Rights Manuals” diskutiert, vgl. http://csc.ceceurope.org/issues/human-rights (abgerufen am 23.4.2010).

- dass „die Fesseln der Macht“ und die Nähe zur Staatsmacht eine Sensibilisierung für die Menschenrechtsidee erschwerten und blockierten;
- dass sie einen mehr als eineinhalb Jahrhunderte währenden Transformationsprozess der Adaption demokratischer und menschenrechtlicher Forderungen der Moderne durchlaufen haben. Da Religionen in den sensiblen Tiefenschichten der jeweiligen Kultur eingelassen sind und Grundfragen menschlicher Existenz berühren, stellen sich Transformationsprozesse ihrer Symbolwelt als besonders langwierig und komplex dar;
- dass sie zu keiner Zeit als monolithische Blöcke agiert haben, in denen nicht Minderheiten und Einzelpersönlichkeiten um eine menschenrechtsbezogene Neuorientierung gerungen hätten und
- dass letztlich die Verstrickung in Schuld und die Ungeheuerlichkeit von Verbrechen gegen die Menschlichkeit eine Neubesinnung hervorgerufen haben. Heiner Bielefelds unscheinbare These ist höchst voraussetzungsvoll und folgenreich: Die Triebkraft der Menschenrechte sind Erfahrungen von Leid und Ungerechtigkeit.[19]

3 Abschied vom kulturgenetischen, westlichen Ursprungsmythos der Menschenrechtsidee

1979 versicherte Papst Paul II. bei einem Besuch in Frankreich, „dass die Ideale der Französischen Revolution von Freiheit, Gleichheit und Brüderlichkeit christliche Ideen darstellen“.[20]

Die These von den „christlichen Wurzeln“, korrekter: den jüdisch-christlichen Wurzeln, ist der zweite neuralgische Punkt im Verhältnis von Christentum und MR (mit polemischer Pointe folgte der Bekämpfung der MR ihre christliche Vereinnahmung).

> „Auch wenn die Menschenrechte kein direktes Erzeugnis des Christentums, sondern der Aufklärung sind, hat doch das christliche Verständnis des Menschen sie indirekt beeinflusst. Das Bekenntnis zu ‚unverletzlichen und unveräußerlichen Menschenrechten als Grundlage jeder echten Gemeinschaft, des Friedens und der Gerechtigkeit in der Welt gründet im christlichen Verständnis des Menschen als Gottes Ebenbild (imago dei). Auf dem Schöpfungsgedanken beruht die Unverfügbarkeit der Person, die Gleichheit aller Menschen vor Gott, die Respektierung der Würde, Verantwortung und Freiheit des Menschen“ (Honecker 1978, S. 70).

---

19 Vgl. Bielefeld, Heiner: Menschenrechte als Antwort auf historische Unrechtserfahrungen, in: Unterrichtsmagazin Menschenrechte, hgg. vom SPIEGEL-Verlag u.a., Hamburg/Leipzig 2008, S. 13–17.

20 Lienemann, Wolfgang: Theologische Begründung der Menschenrechte, in: Ökumenische Rundschau, 39. Jg. (1990), H. 3, 308.

Auch Bonhoeffer hat dies so gesehen. Freiheit, Toleranz, Menschenrechte, Vernunft, Recht, Bildung seien im Angesicht entsetzlicher Barbarei wie selbständig gewordene und entlaufene Kinder der Kirche zu ihrer Mutter zurückgekehrt, *zurückgekehrt* zu ihrem *Ursprung.*[21]

Das war kein exklusives, sondern ein an die Kirche adressiertes, appellatives Diktum, sich die säkulare Freiheitsgeschichte zueigen zu machen im Sinne der neuen „Bundesgenossenschaft" (s.o.). Der bestehende Common sense, dass „der Strom aufgeklärt-westlichen Menschenrechtsdenkens .. sich aus vielen Zuflüssen und Bächen und … aus fast unübersehbar zahlreichen Quellen gespeist" hat,[22] bedient sich gewöhnlich einer schematischen ideengeschichtlichen Konstruktion: Neben den jüdisch-christlichen Wurzeln ist das antike Naturrecht zu nennen, mit dem Römer und Griechen die Privilegien der Vollbürger begründeten (gegenüber Sklaven, Frauen und Kindern). Doch schon die Stoa leitete aus dem Gedanken an eine gleiche Natur der Spezies Mensch Humanität und Gerechtigkeit für alle ab. Der philosophisch wie theologisch begründete Gleichheitsgedanke wirkte in der abendländischen Geschichte weiter als Stachel gegen gesellschaftliche Ungleichheit – in der englischen Magna Charta (1215), die die Rechte der freien Männer gegenüber dem König festschrieb (nicht aber Rechte von Leibeigenen und anderen Abhängigen), in der Bill of Rights (1689), in der nordamerikanischen Unabhängigkeitserklärung (1776), die von „allen Menschen" sprach, nicht aber Sklaven galt, bis zur universellen französischen Menschenrechtserklärung (1789), die aber ebenfalls de facto Frauen, Juden, Protestanten und Kolonialbewohner ausschloss. Am Ende dieser Entwicklungsgeschichte proklamiert der Artikel 1 der AEMR 1948: „Alle Menschen sind frei und gleich an Würde und Rechten geboren".[23]

Heiner Bielefeld (2008) sieht in dieser Art Darstellung eine *teleologische Geschichtskonstruktion* mit höchst problematischen methodischen Implikationen und Folgen. In ihr werden erstens aus heutiger Perspektive ausgewählte Dokumente und Geschehnisse vergangener Zeiten auf eine Entwicklungslinie „getrimmt" – als führe ein roter Faden menschenrechtlichen Denkens vom ersten Blatt der Bibel (Gen 1,26) bis zur Menschenwürde der AEMR. Zweitens berge dieses Entwicklungsschema die Gefahr, moderne menschenrechtliche Denkkategorien ahistorisch auf Epochen zu projizieren und „Plausibilitäten der Gegenwart" in historische Quellen hineinzulesen, die diesen noch völlig fremd waren (z.B. eine menschenrechtliche Kritik an der Übernahme der Folter in Inquisitionsprozesse des 13. Jh.s). Schwerer noch wögen die damit einhergehenden systematische Verkürzungen der Menschenrechtsphilosophie, wenn diese dann, wie vielfach belegbar, als das „exklusive Produkt" der „abendländischen kulturellen Entwicklung in Beschlag genommen" wird. Bielefeld verweist in diesem Zusammenhang auf die dabei zumeist verwendete, suggestive biologische Metaphorik. Da ist von ideengeschichtlichen „Wurzeln" die Rede, die Triebe hervorbringen und schließlich zu einem „Stammbaum" der Menschenrechtsgeschichte

---

21 Vgl. Bonhoeffer, Dietrich: Ethik. S. 342–344.

22 Honecker, Martin: Das Recht des Menschen. S. 64 u.a.

23 Dokumente. Vgl. Fritzsche, Karl-Peter: Menschenrechte: Eine Einführung mit Dokumenten, Paderborn 2004. S. 206ff.

heranwachsen. Ihre Entwicklung im Wortsinne nimmt ihren Ausgang in kulturgenetischen Anlagen, die nach einem „historischen Reifeprozess“ als „reife Frucht“ zu Boden fallen. Die biologische Metaphorik hat eine weitere, heikle Facette: Wurzelwerk und Triebe gedeihen in einem geografisch lokalisierbaren Nährboden – in kulturgenetischer Betrachtung in der christlich-abendländischen Zivilisation (Bielefeld erspart sich nicht den süffisanten Hinweis, dass „der Nahe Osten als Ursprungsregion der Bibel meist nicht dem Westen zugeschlagen wird“ [S. 15]). Der Schritt zu einem imperialistischen Verständnis der Menschenrechte, deren Durchsetzung einer globalen „Verwestlichung“ gleichkommt und anderen Kulturkreisen „aufgepfropft“ (!) wird, ist nur ein kleiner (vgl. Wolgast 2009, 287).

Bielefeld schlägt anstelle des kulturgenetischen Konstrukts vor, die Menschenrechtsgeschichte als kulturhistorische Lernprozesse und Lernergebnisse *aus Unrechts- und Leidenserfahrungen* zu fassen, die in allen Kulturen und Religionen stattfinden und die nicht gradlinig verlaufen, sondern in widersprüchlichen, oft schmerzlichen und konfliktvollen, ungleichzeitigen Prozessen mit Rückschlägen und Fortschritten, Widerständen und Zuspruch, Konsens und Kampf sich zutragen. Ähnlich argumentiert Dieter Senghaas, wenn er die Vorstellung zurückweist, die Menschenrechte seien Europa „in die Wiege gelegt“, bis es das Stadium des Erwachsenseins erreicht hatte. Die Menschenrechte waren vielmehr das Ergebnis „öffentlicher Erregungen auf Massenbasis: das Werk von Umstürzlern in Geist und Tat und von sozialrevolutionären Bewegungen, einst des Bürgertums, dann der Arbeiterbewegung an ihrer Spitze. Frauen und Randgruppen folgten“.[24]

Eva Kalny unterfüttert und erweitert Bielefelds Ideologiekritik an einer selektiven, kulturgenetischen Vereinnahmung der Menschenrechtsgeschichte („Geschenk des Westens an den Rest der Welt“, Kalny 2008, 218f) in einem bemerkenswerten Aufsatz über den fälligen Abschied vom „westlichen Ursprungsmythos einer Idee“. Nach ihren Befunden ist es erstens historisch nicht stichhaltig, die Verabschiedung der AEMR als „eine ausschließliche Antwort auf den Holocaust“ zu deuten, wie dieses gemeinhin geschieht (S.206f). „Akte der Barbarei“ (Präambel der AEMR) konnotierten mit Leidensgeschichten auch in anderen Teilen der Welt – z.B. in China mit der zweitgrößten Zahl der Opfer im 2. Weltkrieg, in Indien und Pakistan mit Millionen vertriebener und verfolgter Menschen während des blutigen Bürgerkriegs, mit Massakern in Kolonialgebieten und den vergessenen Kolonialsoldaten. Zeitgleiche Erinnerungen an Verbrechen, Tragödien und Unrechtserfahrungen verstärkten die Bereitschaft zu internationalen Konventionen für den Schutz elementarer Rechte, so dass Kalny die AEMR angemessener als ein „fragiles Produkt eines besonders tragischen und gleichzeitig glücklichen Moments denn als logisches Ergebnis einer geradlinigen Entwicklung“ interpretieren möchte (S. 210).

Zweitens können ihre Befunde über die Verhandlungen im Vorfeld der Verabschiedung auch eine westliche Urheberschaft des Erfolgs in keiner Weise bestätigen. So war das durch Bürgerkrieg zerrissene China „die einzige Groß-

---

24 Senghaas: Der aufhaltbare Sieg der Menschenrechte, zit. nach Fritzsche, Karl-Peter: Menschenrechte. S. 28.

macht“, die – anders als die USA, Großbritannien und die UDSSR – „gänzlich hinter der Idee stand, die UNO möge sich mit Menschenrechten befassen“ und dafür auch bereit war, souveräne Macht im erforderlichen Maße abzutreten (S. 202). Eine prominente und konstruktive Rolle spielten die stark vertretenen lateinamerikanischen Staaten. Es waren Delegierte aus dem Süden, die auf einer geschlechtergerechten Sprache insistierten (statt „men“ „all human beings“, S.207). Und während Saudi Arabien und die UDSSR Vorbehalte gegen den Artikel zur Religionsfreiheit vortrugen, der auch das Recht auf Religionswechsel einschloss, verteidigte ihn der pakistanische Delegierte unter Berufung auf den Koran.

Drittens kann Kalnys Analyse der Diskurse von Menschenrechtsaktivist(inn)en in verschiedenen Regionen der Erde darüber hinaus zeigen, dass nicht „westliches Menschenrechtsbewusstsein“, sondern „familiäre Kontexte, persönliches Erleben und Leid“ deren Engagement antreibt, inspiriert von je eigenen kulturellen und religiösen Motiven und Überzeugungen (S. 212). „Der längst überfällige Verzicht auf das Pochen auf die westliche Urheberschaft der Menschenrechte bedeutet, schlicht anzuerkennen, das im „Westen“ genauso wie überall anders historische und aktuelle spezifische menschenrechtliche Zugänge, Probleme, Erfolge und Defizite bestehen und dass diejenigen, die gegen menschenrechtliche Defizite arbeiten, sich weltweit meist in der Minderheit befinden“ (S. 219).

Diese Einsichten sind für den menschenrechtlichen Beitrag der Religionen so überaus bedeutsam, weil sie sich umstandslos auf den interreligiösen Dialog übertragen lassen. Sie machen sensibel gegenüber einem christlichen Dominanzhabitus und geben den Blick frei für *Menschen* verschiedener Religionszugehörigkeit, die, gleichermaßen zumeist aus einer Minderheitenposition, ihre Glaubenstraditionen und ethischen Prinzipien ins Licht ihrer menschenrechtlichen Ausstrahlungskraft rücken.

4 Die Menschenrechte und die Religionen – welcher Weg führt zur Annäherung?

Mit dem Verdacht der christlicher Selbstprofilierung und westlicher Kultur sah sich auch Hans Küng konfrontiert, als er auf dem UNESCO-Kolloquium 1989 unter dem Thema „Weltreligionen – Menschenrechte – Weltfrieden“ sein Basispapier mit der Zentralthese „Kein Weltfriede ohne Religionsfriede“ zur Diskussion stellte.[25] Küngs Vision von einem interreligiösen Weltethos wurde zu einer ersten, weltweit beachteten Initiative für einen aktiven Beitrag der Religionen

[25] Stockinger, Paulina: Weltreligionen – Menschenrechte – Weltethos, München 2010. S. 122ff.

zur Menschenrechtsbewegung in der just beginnenden Boomzeit des Begriffs „Globalisierung“.[26]

> „Sollte es nicht möglich sein, mit Berufung auf die gemeinsame Menschlichkeit aller Menschen ein allgemein-ethisches, ein wahrhaft ökumenisches Grundkriterium zu formulieren, das auf dem Humanum, dem wahrhaft Menschlichen, konkret auf der Menschenwürde und den ihr zugeordneten Grundwerten, beruht? Die kriteriologische ethische Grundfrage lautet ja: Was ist gut für den Menschen? Antworten: Was ihm hilft, das zu sein, was gar nicht selbstverständlich ist: wahrhaft Mensch! “(Küng 1990, S. 119).

Das „Programm Weltethos“ sollte die Religionen nicht auf einen ethischen Minimalismus reduzieren, sondern das Minimum dessen herausstellen, „was den Religionen der Welt schon jetzt im Ethos gemeinsam ist“.[27] Ausgehend vom transreligiösen Erbe der Goldenen Regel hat erstmals in der Geschichte das „Weltparlament der Religionen“ 1993 in Chicago mit 6500 Beteiligten die „vier unverrückbaren Weisungen“ verabschiedet, die sich als „uralte Richtlinien in den meisten Religionen dieser Welt finden“:[28]

- die Verpflichtung auf eine Kultur der Gewaltlosigkeit und Ehrfurcht vor allem Leben
- die Verpflichtung auf eine Kultur der Solidarität und eine gerechte Wirtschaftsordnung
- die Verpflichtung auf eine Kultur der Toleranz und ein Leben in Wahrhaftigkeit
- die Verpflichtung auf eine Kultur der Gleichberechtigung und die Partnerschaft von Mann und Frau.

Das Weltethosprogramm hat leidenschaftliche Resonanz hervorgerufen – von Vertretern aller namhaften Religionen, in Theologie[29] und Religionspädagogik[30], in der publizistischen Öffentlichkeit und der internationalen Politik. Die UN hat sich in mehreren Resolutionen explizit darauf bezogen und 2001 (nach dem 3. Weltparlament in Kapstadt 1999) mit der Annahme des Berichts zum „Dialog der Kulturen“ unter dem Titel „Brücken in die Zukunft“ der Weltethosthematik „auf höchster politischer Ebene“ zum Durchbruch verholfen.[31] Dieser Erfolg verdankt sich zweifellos u.a. der ursprünglichen Intention, ein gemeinsames planetarisches Ethos nicht allein als Herausforderung des interreligiösen Dialogs zu verstehen, sondern ihm in Sprache und Inhalt eine politische Schubkraft zu verleihen – Küng hat von Anfang an die Allianz auch mit

---

26 Der Begriff Globalisierung stand 1980 in 50 Titeln von Veröffentlichungen, 1990 tauchte er in 670 Titel auf!

27 Küng, Hans/ Kuschel, Karl-Joseph: Erklärung zum Weltethos. Die Deklaration des Parlamentes der Weltreligionen, München 1993. S. 10.

28 Ebd. S. 28.

29 Vgl. Rehm, Johannes (Hg.): Verantwortlich leben in der Weltgemeinschaft. Zur Auseinandersetzung um das „Projekt Weltethos“, Gütersloh 1994.

30 Vgl. Lähnemann, Johannes: „Das Projekt Weltethos“ in der Erziehung, Hamburg 1995.

31 Vgl. Schlensog, Stephan: Weltethos bei den Vereinten Nationen. In. Küng, Hans (Hg.): Dokumentation zum Weltethos, München/ Zürich 2002, S. 264 / Stockinger, Paulina: Weltreligionen – Menschenrechte – Weltethos. S. 148ff.

der säkularen Vernunft gesucht, wenngleich das moralische Pathos der Deklarationen nicht jedem religiös Distanzierten zugänglich sein mag.

Das positiven Echo wurde immer auch von grundsätzlicher Skepsis und Kritik am Weltethosprogramm begleitet. Körtner[32] fasst sie zusammen, indem er zunächst darauf aufmerksam macht, dass im Zentrum des Weltethosprogramms nicht die Idee universaler Menschen*rechte* stehe, sondern die Idee universaler Menschen*pflichten* (wie sie der InterAction Council früherer Spitzenpolitiker unter Beteiligung Küngs 1997 in einer heftig umstrittenen Erklärung proklamiert hat).

Körtner bezieht sich sodann auf Küngs eingängige These, es komme in der Ethik nicht auf die theoretischen Bezugssysteme der Religionen an, sondern ganz praktisch auf Regeln des Handelns oder Unterlassens – ob einem gequälten Menschen aus jüdischen, islamischen oder einfach humanitären Motiven geholfen werde, dürfte dem Betroffenen einerlei sein. Die Hauptsache sei das konkrete Handeln. Körtner wendet ein, Küng rede einer individualistischen Gebots- und Pflichtenethik das Wort (S. 94), die den komplizierten Konstellationen ethischer Menschenrechtsdilemmata in Fragen des Friedens, der Gerechtigkeit und der Mitwelt in keiner Weise gerecht werden könne. So wie diese wissenschaftliche und sozialethische Analysen verlangten, um zu wirkungsvollen Strategien der Problemlösung vorzudringen, könnten auf der anderen Seite „Maximen elementarer Menschlichkeit“ nicht aus den jeweiligen religiösen Kontexten herausgelöst werden, wenn sie im Konfliktfall inhaltlich konkretisiert werden müssten. Was meint Ehrfurcht vor dem Leben in islamischer, buddhistischer oder christlicher Lesart angesichts schmelzender Polkappen? Wie buchstabieren der Imam in Ghaza und der israelische Friedensaktivist das geteilte Prinzip der Gewaltlosigkeit? Gleichberechtigung und Partnerschaft haben in hinduistischer, afrikanischer oder evangelikaler Tradition grundverschiedene Konnotationen, die tief imprägniert sind vom Menschenbild, der Sicht auf Leben, Individuum und Gemeinschaft, Natur und Kosmos. In Körtners Urteil erzeugt das Weltethos „lediglich den Schein einer Konvergenz“ (S. 93), die an der Wirklichkeit abprallt, in der häufig nicht nur die ethischen Normen (trotz geteilter Werte), sondern schon die Wahrnehmung, die Beschreibung und Bewertung von Konflikten strittig sind. Körtner hält das Weltethosprogramm daher für einen sozialethischen „Holzweg“, dessen Konstruktionsfehler darin liege, aus interreligiös vermeintlich fixen Gewissheiten „rigorose ethische Ansprüche zu deduzieren“ statt umgekehrt „von den Ungewissheiten auszugehen, die zur ethischen Reflexion herausfordern“.[33]

Die systematische Kritik am Projekt Weltethos, es werde weder „den vorhandenen weltanschaulichen und ethischen Divergenzen [der Religionen] noch der Komplexheit globaler Probleme und gesellschaftlicher Konflikte gerecht“ (S. 168f), schmälert indes nicht sein historisches Verdienst, eine globale Aufmerksamkeit für den menschenrechtlichen Reichtum in den Religionen geweckt

---

32 Vgl. Körtner, Ulrich: Evangelische Sozialethik (UTB 2107), Göttingen 1999. S. 89ff., S. 167ff.

33 Honecker, Martin: Das Recht des Menschen. Zit. nach Körtner, Ulrich: Evangelische Sozialethik. S. 95.

und einen Diskurs über deren humanisierendes „Potenzial“ (George Carey) in Gang gesetzt zu haben.

Konrad Raiser, seinerzeit Generalsekretär des Ökumenischen Rates der Kirchen in Genf, hat daher vorgeschlagen, statt von der normativen Geltung der „unverrückbaren“ Weisungen von deren „regulativer“ Funktion zu sprechen (auch die AEMR hatte *Empfehlungs*charakter und wirkte als „regulative Idee“ für *Rechtssetzungen*). Die Gültigkeit und Verbindlichkeit der Prinzipien ließen sich nur in den je konkreten Traditionszusammenhängen und Konflikten begründen und konkretisieren und so einen Prozess gegenseitigen Erkennens und Verstehens befördern.[34] Der Vorschlag zielte auf einen strategischen Perspektivenwechsel – nämlich das transreligiöse Destillat ethischer Abstracta „in luftiger Höhe“ zu erden in der autochtonen Tradition und Weisheit religiöser Kulturen und ihrer spezifischen Konfrontation mit den Prinzipien der Menschenrechte und deren Missachtung.

Was das bedeutet, sei mit dem Kunstgriff einer metaphorischen Abkürzung über Lessings „Nathan“ wenigstens angerissen. Seine berühmte Ringparabel lässt sich mühelos auf das Projekt Weltethos münzen: Die um den „echten Ring“ der Wahrheit streitenden Söhne, die Religionen, werden vom Richter aufgefordert, die Wahrheit ihrer Religion im Wettstreit von Taten der Toleranz und Menschlichkeit zu erweisen, bis am Ende der Zeit Gott über sie richten wird: „Es eifre jeder seiner unbestochnen, Von Vorurteilen freien Liebe nach! Es strebe von euch jeder um die Wette, Die Kraft des Steins in seinem Ring’ an Tag Zu legen! Komme dieser Kraft mit Sanftmut, Mit innigster Verträglichkeit, mit Wohltun, Mit innigster Ergebenheit in Gott Zu Hilf’!“

H.-J. Görtz hat mit F. Rosenzweig neu herausgearbeitet, dass die Reduktion des ‚dramatischen Gedichts’ auf die Parabel und ihre Interpretation im Sinne einer zeitlosen Metapher für eine reine Humanitätsreligion der praktischen Tat eine unangemessene Verkürzung darstellt.[35] Lessing situiert die Erzählung in der Zeit des 3. Kreuzzugs. Der Protagonist Nathan agiert als ein jüdischer Zeitgenosse, der über den Mord der Christen an Frau und Kindern Rache schwört und wütend tobt, sein Leben verwünscht, an seinem Glauben schier verzweifelt und zürnt mit seinem Gott – bis er die „Vernunft“ seines Glaubens mit sanfter Stimme zu Wort kommen lässt, die mit Hiob nicht daran heranreicht, das erlittene Unrecht zu verstehen, aber das Leid zu bestehen: „Und doch ist Gott.“ „Just in diesem Augenblick übergibt ihm der Klosterbruder das Christenmädchen, das Nathan wie sein eigenes Kind aufzieht und das er nun in einem neuen Akt tätiger *Bewährung* der Gottergebenheit wieder abgeben muss – im öffentlichen Verzicht auf die leibliche Vaterschaft“.[36]

---

34 Vgl. Raiser 1996, zit. nach Stockinger, Paulina: Weltreligionen – Menschenrechte – Weltethos. S. 163.

35 Vgl. Görtz, Heinz-Jürgen: Verwurzelung im Eigenen *und* Verhältnis zum Anderen. Theologische Kriterien eines Dialogs der Religionen. In: Becker, Ulrich/ Bolscho, Dietmar/ Lehmann, Christine (Hg.): Religion und Bildung im kulturellen Kontext. Analysen und Perspektiven transkulturellen Begegnungslernens, Stuttgart 2008, 143 – 160.

36 Ebd. S. 156.

Es ist Nathans unerträgliche Leidenserfahrung, seine Rebellion und der Trost im Geist *seiner* Religion, die ihn öffnen, die Geschichten der Christen und der Muslime mit deren Augen zu sehen – in derselben menschlichen Distanz zu dem ganz anderen, unbegreiflichen Gott. Görtz kann zeigen, dass die Ringparabel vor diesem Hintergrund eine flache Lesart im Sinne eines allgemeinen humanistischen Optimismus' schwerlich zulässt. Sie ist vielmehr „mit Blut erkaufte Rede" (156), mithin ein Beispiel für seine These, dass die „Verwurzelung im Eigenen" für Angehörige gleich welcher Religion die (selbstkritischen) spirituellen Maßstäbe setzt, um sich zu *bewähren* für eine bewohnbare Erde, auf der Platz für alle ist.

Görtz bemüht Hans Kesslers Vorschlag für einen „wechselseitigen, offenen Inklusivismus", um den *theologischen* Orientierungspunkt für ein christliches (Menschenrechts-)*Ethos* zu markieren: Für Christen ist die „Offenbarung Gottes in Jesus … gleichsam die ‚Wünschelrute', der orientierende Kompass und der Maßstab für Gottes Wirken bei sich und bei anderen. Wenn etwas dem entscheidenden *inhaltlichen* Kern der Botschaft Jesu (nämlich der allen geltenden Agape) *wider*spricht, dann kann es *nicht* von Gott stammen. Umgekehrt: ‚Wo die Güte und die Liebe, da ‚ist Gott' und da wirkt Gott – nicht nur in uns, auch im und durch den andern, mag er uns sonst noch so fremd und unverständlich sein".[37]

Vom „Kern der Botschaft Jesu" hat auch Johann Baptist Metz die Linie vom Weltethosprogramm zu einer spezifisch christlichen Perspektive für eine interreligiöse Ethik der Menschenrechte ausgezogen:

> „In den gegenwärtigen Debatten um ein ‚Weltethos' *(Hans Küng)* ist von einem sittlichen Universalismus die Rede, der auf der Basis eines sog. Minimal- oder Grundkonsenses ... entstehen soll. Doch ... ist der sittliche Universalismus kein Konsensprodukt. Er wurzelt in der Anerkennung einer Autorität, die inzwischen auch in allen großen Religionen und Kulturen angerufen werden kann, in der Anerkennung der Autorität der Leidenden … Ihr gegenüber geht der Gehorsam der Verständigung und dem Diskurs voraus – und zwar um jeden Preis der Moralität … Wirkt die Gottesverkündigung der Kirche vielleicht deshalb so fundamentalismusanfällig, weil in ihr die Autorität Gottes von der Autorität der Leidenden getrennt ist, obwohl Jesus selbst in seiner berühmten Gerichtsparabel *(*Mt 25*)* die gesamte Menschheitsgeschichte unter die Autorität der Leidenden gestellt hat? ... Ist es nicht der Widerstand gegen ungerechte Leiden, der – inspiriert vom Respekt vor der Autorität der Leidenden überhaupt – die Menschen aus den verschiedensten Religionen und Kulturen zusammenführt? ... Hier sehe ich die Chance und die Aufgabe einer Ökumene der Religionen" (Metz 1997, S. 202f).[38]

---

37 Kessler, Hans: Was macht Religionen pluralismusfähig (und authentisch)? In: Witte, Markus (Hg.): Der eine Gott und die Welt der Religionen. Beiträge zu einer Theologie der Religionen und zum interreligiösen Dialog, Würzburg 2003. S. 308.

38 Diese Ökumene ist auch der säkularen Vernunft zugänglich. Annemarie Pieper gelangt bei ihrer Tour d'Horizont durch philosophische Begründungen der Menschenwürde abschließend zu einem empirisch-phänomenologischen Zugang, der mit der theologischen Figur bei Kessler und Metz durchaus konvergiert: „Es genügt meiner Ansicht nach der Hinweis auf die spontane Reaktion von Menschen aus Äußerungen von Freude, Glück, Schmerz, Angst, Trauer, Leid anderer Menschen. Solche vitalen sinnlichen Äußerungen werden unmittelbar, noch unverstellt durch jegliche kulturelle Geprägtheit verstanden

Literatur

Ballestrem, Karl Graf: Katholische Kirche und Menschenrechte (2008), verfügbar unter: http://www.kbwn.de/html/menschenrechte/html

Bielefeld, Heiner: Philosophie der Menschenrechte. Grundlagen eines weltweiten Freiheitsethos, Darmstadt 1998.

Bielefeld, Heiner: Menschenrechte in der Einwanderungsgesellschaft. Plädoyer für einen aufgeklärten Multikulturalismus, 2007.

Bielefeld, Heiner: Menschenrechte als Antwort auf historische Unrechtserfahrungen, in: Unterrichtsmagazin Menschenrechte, hgg. vom SPIEGEL-Verlag u.a., Hamburg/Leipzig 2008, S. 13 – 17.

Bonhoeffer, Dietrich: Ethik, hgg. von Ilse Tödt, Heinz Eduard Tödt(†), Ernst Feil und Clifford Green (Bonhoeffer Werke, Bd. 6) (KTB 161), München 1998.

Die erste Vollversammlung des Ökumenischen Rates der Kirchen: Die Unordnung der Welt und Gottes Heilsplan (Ökumenische Studien, Fünfter Band), Tübingen/Stuttgart 1948.

EKD: Die Menschenrechte im ökumenischen Gespräch, in: Kirchenkanzlei der EKD (Hg.): Die Denkschriften der EKD, Bd.1/2, Gütersloh 1978, S. 87 – 105.

Fritzsche, Karl-Peter: Menschenrechte: Eine Einführung mit Dokumenten, Paderborn 2004.

Görtz, Heinz-Jürgen: Verwurzelung im Eigenen *und* Verhältnis zum Anderen. Theologische Kriterien eines Dialogs der Religionen. In: Becker, Ulrich/ Bolscho, Dietmar/ Lehmann, Christine (Hg.): Religion und Bildung im kulturellen Kontext. Analysen und Perspektiven transkulturellen Begegnungslernens, Stuttgart 2008, S.143 – 160.

Kalny, Eva: Der „Westen und die Menschenrechte. Abschied vom Ursprungsmythos einer Idee, in: PERIPHERIE Nr. 109/110, 28. Jg. (2008) S.196 – 223., verfügbar unter: http://www.phil.uni- hannver.de/fileadmin/soziologie/pdf/Kalny_2008_Der _Westen_und_die_Menschenrechte.pdf , abgerufen am 10.4.2010.

Wolgast, Eike: Geschichte der Menschen- und Bürgerrechte, Stuttgart 2009.

Honecker, Martin: Das Recht des Menschen. Einführung in die evangelische Sozialethik, Gütersloh 1978.

Huber, Wolfgang / Tödt, Heinz Eduard: Menschenrechte – Perspektiven einer humanen Welt, Stuttgart ^{2}1978.

Huber Wolfgang: Artikel Menschenrechte, TRE 22, Berlin/ New York 1992, S. 577–602.

Joas, Hans: Braucht der Mensch Religion? Über Erfahrungen der Selbsttranszendenz, Freiburg i.Brsg. ^{2}2006.

Kessler, Hans: Was macht Religionen pluralismusfähig (und authentisch)? In: Witte, Markus (Hg.): Der eine Gott und die Welt der Religionen. Beiträge zu einer Theologie der Religionen und zum interreligiösen Dialog, Würzburg 2003, S.277 – 314.

Körtner, Ulrich: Evangelische Sozialethik (UTB 2107), Göttingen 1999.

Küng, Hans: Projekt Weltethos, München 1990.

Küng, Hans/ Kuschel, Karl-Joseph: Erklärung zum Weltethos. Die Deklaration des Parlamentes der Weltreligionen, München 1993

Lähnemann, Johannes: „Das Projekt Weltethos" in der Erziehung, Hamburg 1995.

Lienemann, Wolfgang: Theologische Begründung der Menschenrechte, in: Ökumenische Rundschau, 39. Jg. (1990), H. 3, S.307–317.

Metz, Johann Baptist: Zum Begriff der neuen politischen Theologie 1967–1997, Mainz 1997.

Pieper, Annemarie: Menschenwürde. Ein abendländisches oder universelles Problem? In: Herms, Eilert (Hg.): Menschenbild und Menschenwürde, Gütersloh 2001, 19–32.

---

und rufen Anteilnahme, sei es in Form von Mitfreude, sei es in Form von Mitleid hervor. … Menschenwürde ist letztlich nichts anderes als der Wert, dem ich dem anderen Ich unaufgefordert gebe, weil es ein Mensch ist und als menschliches Individuum existieren können soll" (Pieper 1992, S. 29).

Rehm, Johannes (Hg.): Verantwortlich leben in der Weltgemeinschaft. Zur Auseinandersetzung um das „Projekt Weltethos“, Gütersloh 1994.
Reuter, H.-R. (Hg.): Ethik der Menschenrechte, Tübingen 1999.
Schlensog, Stephan: Weltethos bei den Vereinten Nationen. In. Küng, Hans (Hg.): Dokumentation zum Weltethos, München/ Zürich 2002, S. 251 – 266.
Schnädelbach, Herbert: Religion in der modernen Welt, Frankfurt/M. 2009, bes. S. 153 – 176.
Stockinger, Paulina: Weltreligionen – Menschenrechte – Weltethos, München 2010.
Toivanen, Reetta / Mahler, Claudia: Menschenrechte im Vergleich der Kulturen, 2006.
Tödt, Heinz Eduard: Menschenrechte – Grundrechte, in: Christlicher Glaube in moderner Gesellschaft, Bd. 27, Freiburg i. Brsg. 1982, S. 6 – 54.
Uertz, Rudolf, Schmidt, Lars Peter (Hg.): Die Grundlagen der Lehre der Russischen Orthodoxen Kirche über die Würde, die Freiheit und die Menschenrechte, Moskau 2008.
Vögele, Wolfgang: Menschenwürde zwischen Recht und Theologie, München 2000.
Wolfinger, Franz: Die Religionen und die Menschenrechte. Eine noch unentdeckte Allianz, München 2000.

Glaube und Würde. Die Aktualität der Menschenrechte für die christliche Theologie und den interreligiösen Dialog

Wolfgang Vögele

1 Krisenerfahrungen

Gefragt wird nach dem aktuellen Verhältnis von Ökumene, Menschenrechten, christlichem Glauben und anderen Religionen. Historisch ist diese Frage gut untersucht und aus unterschiedlichen Perspektiven beleuchtet worden. Einer der besten Kenner des Ökumenischen Rates der Kirchen in den Nachkriegsjahren, der anglikanische Theologe John Nurser[1] sprach von der herausragenden, oft unterschätzten Rolle, die der amerikanische Lutheraner Frederick O. Nolde aus Philadelphia bei den Verhandlungen über die Allgemeine Erklärung der Menschenrechte ausgeübt hat. Nicht nur im Vorfeld, auch nach Verabschiedung der Allgemeinen Erklärung im Jahr 1948 setzten sich der neu gegründete Ökumenische Rat der Kirchen und besonders das Committee of the Churches on International Affairs für die Menschenrechte ein.

Sechzig Jahre später stehen wir vor einer Situation, die sich vollständig gewandelt hat. Die politische Auseinandersetzung über die Menschenrechte ist ins Stocken geraten, ihre globale institutionelle und organisatorisch abgesicherte Geltung wird immer wieder in Zweifel gezogen, wenn auch viele Schritte in die richtige Richtung einer internationalen Implementierung von Menschenrechten getan worden sind.

Genauso scheint auch die ökumenische Bewegung in eine Krise geraten; der Einfluss des Ökumenischen Rates in Genf hat in den letzten Jahren deutlich abgenommen. Die christlichen Kirchen sind mit der Erfahrung konfrontiert, dass auch andere Weltreligionen mittlerweile politisch und öffentlich ihre Stimme erheben. Waren die Gründungsjahre der Vereinten Nationen und des Ökumenischen Rates durch die gemeinsame Erfahrung von Weltkrieg, Millionen von Toten, Holocaust und Flüchtlingskatastrophen geprägt, so ist die gegenwärtige die Welt vor allem durch die krisenhafte Erfahrung von ökonomischen, sozialen und finanziellen Problemen bestimmt. Diese fassen wir unter dem Stichwort der Globalisierung mehr zusammen als sie zu begreifen.

---

1 John Nurser: For All Peoples and All Nations. Christian Churches and Human Rights, Genf 2005, S.28ff. Vgl. auch Wolfgang Vögele: Christliche Elemente in der Begründung von Menschenrechten und Menschenwürde im Kontext der Entstehung der Vereinten Nationen, in: H.-R.Reuter (Hg.), Ethik der Menschenrechte. Zum Streit um die Universalität einer Idee I, RuA 5, Tübingen 1999, S.103–133.

Um den Veränderungsprozessen und Zukunftsaufgaben von Theologie und Ökumene auf die Spur zu kommen, werde ich mich im Bereich der Theologie am Begriff des Glaubens (II) orientieren. Denn der Glaubensbegriff steht, zumal in lutherischer Theologie an fundamentaler und orientierender Stelle und kann gleichzeitig auf andere Religionen, Weltanschauungen und Überzeugungen angewandt werden. Eine ähnliche Funktion der Grundlegung und Begründung nimmt, was die Menschenrechte angeht, der anthropologische Begriff der Würde (III) ein. Bezieht man beide Begriffe auf den Dialog zwischen Recht und Theologie, so ergeben sich drei Überschneidungsfelder. Glaube und Würde verbinden sich mit je eigenen historischen Erfahrungen, sind also bezogen auf Erinnerung (IV) und verschiedene Gestalten des kulturellen Gedächtnisses. Beide Begriffe müssen herangezogen werden im Bereich der Religionsfreiheit (V), weil diese in einer globalisierten Welt verschiedener religiöser Orientierungen und Konflikte von immer größerer Bedeutung sein wird. Und zuletzt will ich fragen, ob Menschenrechte als eine auf Glaube und Würde gestützte globale Zivilreligion (VI) verstanden werden können und ob das theologisch sinnvoll ist.

2 Glaube

Unter Glauben verstehe ich zunächst diejenige Gruppe von Überzeugungen, Gewissheiten und Prägungen, die das Denken, Handeln und Entscheiden von einzelnen Menschen, aber auch von Institutionen und Organisationen bestimmen. Solche Glaubensüberzeugungen drücken sich in Leitbildern, programmatischen Texten, Wertekanons und Werteordnungen, Orientierungspapieren aus. Wer ein Leitbild formuliert, der muß gewärtig sein, auf Widerspruch zu stoßen, aus den eigenen Reihen, weil der gemeinsame Bestand an Überzeugungen zu weit oder zu eng formuliert ist, aus den Reihen konkurrierender Institutionen, weil konfliktträchtige Abgrenzungen und Unterscheidungen aufgenommen wurden.

Man denke nur an die aktuellen Bemerkungen des Bundespräsidenten[2] bei seiner Rede am 3.Oktober 2010 in Bremen, daß der Islam inzwischen auch zu Deutschland gehöre. Politiker[3] kommentierten das mit der Gegenbehauptung, der Islam sei keineswegs mit der Rolle von Christentum und Judentum gleichzusetzen. Der Islam, so ein CSU Politiker gehöre nicht zum Grundbestand der christlich-abendländischen Leitkultur. Glaubensüberzeugungen, nicht nur religiöse, stehen zueinander in Konkurrenz, auch wenn noch so viele Dialoge angestrengt werden. Und schon der Begriff Leitkultur suggeriert ja, dass der Über-

2 Christian Wulff, Rede des Bundespräsidenten zum 20.Jahrestag der Deutschen Einheit am 3.10.2010: http://www.bundespraesident.de/-,2.667040/Rede-von-Bundespraesident-Chri.htm

3 Z.B. in einem Bericht der Berliner Morgenpost vom 5.Oktober 2010: http://archiv.mopo.de/archiv/2010/20101005/deutschland-welt/politik/csu_distanziert_sich_von_wulffs_islam_aeusserungen.html

zeugungskonsens einer Gesellschaft nicht einfach mit der pluralistischen Summe kultureller Werten zu identifizieren ist, sondern daß bestimmte Überzeugungen eine Vorrangstellung einnehmen.

In der evangelischen Theologie wurde der Glaubensbegriff lange Zeit nicht in diesem neutralen Sinn gebraucht. Vielmehr stand Glauben als Gegenüber von Vorleistung für die vertrauende Entscheidung des einzelnen, sich dem Urteil und der Gnade des göttlichen Richters auszuliefern und in der Heilstat Jesu Christi die entscheidende Vorbedingung für die Versöhnung der Menschen mit Gott zu sehen. Luther legte dabei den Akzent auf den Glaubensakt, er verstand fides (Glaube) vor allem als fiducia (Vertrauen). Dieses Vertrauen zu dem rechtfertigenden Gott drückt sich im einzelnen als certitudo (Gewißheit) aus, während der Versuch, sich ein festes, von glaubenden Vertrauen unabhängiges christliches Wertesystem zu schaffen, nur in securitas (Sicherheit) münden kann.

Die alte Unterscheidung von fides quae (dem Glaubensinhalt) und fides qua (dem Glaubensakt) spiegelt sich noch in der Dogmatik Gerhard Ebelings, der seinem Werk bewußt den Titel „Dogmatik des christlichen Glaubens“[4] gab. Man kann hier ein Spannungsverhältnis sehen, denn nach lutherischem Verständnis ist der Glaubensakt Sache des einzelnen. Darin ist er nur seinem Gewissen verpflichtet. Dogmatik hingegen ist Sache der wissenschaftlichen Theologie. Sie kann nach Ebeling nicht als eine Wissenslehre unabhängig von einer Glaubensentscheidung gelehrt werden, während umgekehrt eine Dogmatik als Glaubenslehre dem Verdacht des Subjektivismus anheimfallen würde. Ebeling sah etwas Richtiges, wenn er bewußt auf den Versuch verzichtete, die beschriebene Spannung nach der Seite des Subjektivismus oder des Objektivismus aufzulösen. Es ging ihm auch um mehr als um bloße christliche Parteilichkeit. Er wollte die Vielgestaltigkeit des Glaubens aufnehmen. Denn Glaube ist bei weitem nicht nur auf die (intellektuelle) Theologie bezogen, sondern er drückt sich aus in Kirche und Gemeinde, Gottesdienst und Bibelarbeit, in allen vielfältigen und bunten Formen des gemeindlichen Zusammenlebens.

Was geschieht, wenn diese theologische Glaubenskonzeption in pluralistischen Gesellschaften mit den Glaubensüberzeugungen anderer Religionen konfrontiert wird? Und ein Schritt vorher: Was geschieht, wenn solche durchaus unterschiedlichen Glaubenskonzeptionen innerhalb christlicher Kirchen und innerhalb einzelner Konfessionen aufeinander prallen? Was den Dialog innerhalb der Kirchen und der Konfessionen angeht, so hat die ökumenische Diskussion hier in den letzten Jahrzehnten eine große Reihe von Fortschritten gemacht, es seien nur die Charta Oecumenica, die Leuenberger Konkordie und andere Konvergenzerklärungen und Kirchengemeinschafts-erklärungen genannt.

Wer nun nach seinem Glauben überzeugt ist, der eigene als gewiß empfundene Heilsweg sei der einzig richtige und wahre, der kann andere Religionen eigentlich nur als Unglaube oder Irrweg qualifizieren. Diese Qualifikation behindert weitergehende Dialoge und das Zusammenleben in demokratischen Gesellschaften, die auf dem Prinzip der Religionsfreiheit beruhen.

---

4 Gerhard Ebeling: Dogmatik des christlichen Glaubens, Tübingen 1982².

Diesem Dilemma hat sich der amerikanische Theologe Ronald Thiemann[5] gewidmet. Er sieht Glauben (faith) nicht als individuelles Vertrauen, sondern für ihn ist der Glaube grundsätzlich auf eine Gemeinschaft, eine Denomination, Gemeinde oder religiöse Gruppe bezogen. Dieser Glaube verbleibt nicht im Privaten, sondern er ist Gegenstand eines internen Diskurses innerhalb der Gemeinschaft. Und genauso steht er in der Öffentlichkeit; er kann mit den Glaubensüberzeugungen anderer Religionen in Dialog oder Konflikt treten. Solche Glaubensüberzeugungen von religiösen Gemeinschaften sind Veränderungen unterworfen, die sich aus veränderten Lebensbedingungen und Neuinterpretationen der heiligen Texte ergeben. Thiemann hält zum einen daran fest, dass sein – evangelischer - Glaube das Geschenk eines gnädigen biblischen Gottes ist. Aber weil das so ist, kann er nicht darauf schließen, dass damit alle anderen Heilswege ausgeschlossen sind. Das führt ihn nun gerade nicht zu einer theologischen Theorie des Pluralismus und schon gar nicht zu einer Theologie der Religionen, die verschiedene Heilswege zu Gott gleichzeitig anerkennt. Thiemann sagt nur: Ich kann theologisch die Möglichkeit nicht ausschließen, dass es auch andere religiöse Optionen gibt. Und darum steht für ihn fest, dass in einer Demokratie der religiöse Pluralismus anzuerkennen ist. Und er kann das tun, ohne darüber seine persönliche Glaubensüberzeugung zu verlieren. Ich halte das für eine gute Möglichkeit, in einer pluralistischen, demokratischen Gesellschaft privat und öffentlich religiöse Überzeugungen zu vertreten, ohne andere religiöse Optionen zu diskriminieren. Hier wird eine offene Konzeption des Christlichen sichtbar, die jenseits der These der Leitkultur des christlichen Abendlands steht.

3 Würde

Auf die Frage nach Glaubens- und Werteüberzeugungen stößt man auch, wenn man nach der Begründung und dem Sinn von Menschenrechtserklärungen und Verfassungstexten fragt. Solche Verfassungen sind ja nie allein Sammlungen von Rechtsvorschriften und Bestimmungen, die Aufgaben und Ziele staatlicher Institutionen regeln. Beides ist begründet in einer bestimmten, zu beschreibenden Anthropologie, die allerdings in der Verfassung nicht explizit formuliert sein muß. Dass alle Menschen in gleicher Weise bestimmte unantastbare Rechte haben, verlangt nach einer anthropologischen Reflexion – oder, im Kontext unserer bisherigen Überlegungen formuliert, nach fundamentalen Hintergrundüberzeugungen, welche die einzelnen Menschen- oder Grundrechte erklären.

Die Allgemeine Erklärung der Menschenrechte von 1948 und das Grundgesetz der Bundesrepublik Deutschland von 1949 haben für diese Hintergrund-

---

5 Ronald Thiemann: Religion in Public Life. A Dilemma for Democracy, Washington D.C. 1996. Vgl. dazu Wolfgang Vögele: Kirchen als freiwillige Assoziationen der Zivilgesellschaft. Theologische Überlegungen im Anschluß an Ronald Thiemanns Rezeption des Kommunitarismus, PTh 87, 1998, S.175–183.

überzeugung in gleicher Weise auf den Begriff der menschlichen Würde[6] zurückgegriffen. Menschen haben Rechte, weil ihnen Würde eignet. Sicherlich hat die Allgemeine Erklärung auch das entstehende Grundgesetz beeinflußt, auch wenn das für Art. 1 Abs.1 GG nicht unmittelbar gezeigt werden kann. Dort heißt es: „Die Würde des Menschen ist unantastbar." Daraus folgt das Bekenntnis zu „unverletzlichen und unveräußerlichen Menschenrechten" (Art. 1 Abs. 2 GG). Art. 1 Abs. 1 ist eine im Grunde anthropologische Aussage, kein Rechtssatz. Die Väter und Mütter des Grundgesetzes leiten aus diesem anthropologischen Satz eine Staatsaufgabe (Achtung und Schutz der Menschenwürde, Art.1 Abs.1) sowie einen Begründungszusammenhang ab: Weil der Mensch Würde hat, hat er auch Rechte. Zu diesen Rechten „bekennt" sich das deutsche Volk (Art. 1 Abs.2).

Es fällt weiter auf, daß der Begriff der Würde nicht genauer bestimmt wird. Wie alle wichtigen politischen und rechtsphilosophischen Begriffe ist der Begriff der Würde mehrdeutig und darum ganz unterschiedlich ausgelegt worden. Aus den Debatten im Plenum und den Ausschüssen des Parlamentarischen Rates wird nicht deutlich, ob solche unterschiedlichen Würde-Auslegungen, also etwa das Naturrecht, die Kantische Philosophie, die Renaissance-Philosophen oder die Stoa, schließlich die Theologie der Gottebenbildlichkeit, eine besondere Rolle gespielt haben. Theodor Heuss sprach von der Menschenwürde als einer „nicht-interpretierten These"[7]. Daraus lassen sich zwei Auslegungsrichtungen ableiten. Entweder bleibt die Unbestimmtheit des Würde-Begriffs einfach stehen, oder man räumt konkurrierende Interpretationen, Hintergrundüberzeugungen ein, die jeweils unterschiedliche Akzente setzen. Ich bin der Überzeugung, daß das zweite Modell in pluralistischen Gesellschaften das stimmigere und angemessenere ist. Das erste Modell reduziert Menschenwürde auf eine Leerformel.

Man kann dann die Frage stellen, ob man für die juristische Würde-Interpretation solche Hintergrundüberzeugungen überhaupt noch benötigt. In jüngster Zeit haben das Verfassungsjuristen wie Matthias Herdegen[8] bezweifelt. Die juristische Interpretation der Menschenwürde, etwa in den Urteilen des Bundesverfassungsgerichts, habe solche Eigenständigkeit und solchen Umfang gewonnen, dass ein Rückgriff auf die vorrechtlichen kulturellen Voraussetzungen des Würde-Begriffs nicht mehr nötig sei. Damit kritisierte Herdegen den magnus consensus der bisherigen Auslegung, die in der etablierten Interpretation des Tübinger Juristen Günter Dürig ihren konzisen Ausdruck gefunden hatte. Nun hat Herdegen in der Folge seine Überlegungen modifiziert.

Wichtig erscheint, dass der Versuch gescheitert ist, den Würde-Begriff vollständig von seinen kulturellen, philosophischen und theologischen Gehalten abzulösen und ihn rein in die Rechtssprache umzuprägen. Denn mit einer sol-

---

6 Wolfgang Vögele, Menschenwürde zwischen Recht und Theologie, Ökumenische Theologie 14, Gütersloh 2000.

7 Heuss zit. n. Vögele, 289.

8 Matthias Herdegen: Kommentierung von Art. 1 Abs. 1 GG, in: Th. Maunz/G. Dürig (Hg.), Kommentar zum Grundgesetz (42. Ergänzungslieferung, 2003; Aktualisierung, 44. Ergänzungslieferung, München 2005).

chen juristischen Reduktion wäre ihm nicht Genüge getan. Verfassungen insgesamt erscheinen nicht als reine Rechtsdokumente. Sie sind erstens geknüpft an bestimmte historische Erfahrungen. Und sie sind zweitens geknüpft an ein bestimmtes Verständnis von Freiheit und Pluralismus, zumindest wenn es um Verfassungen geht, die das Leben in demokratischen Gesellschaften regeln. Dem sind die folgenden beiden Abschnitte gewidmet.

4 Verfassung und kulturelles Gedächtnis

Verfassungen bewahren historische Erfahrungen auf, auch wenn letztere in ersteren nicht immer ausdrücklich formuliert sind. Der Ort, diese Verknüpfung zwischen Geschichte, Kultur und Recht herzustellen, ist die Präambel[9] eines solchen Dokuments. Beide, das Grundgesetz und die Allgemeine Erklärung der Menschenrechte sind nicht zufällig um dieselbe Zeit entstanden, denn sie reagieren auf dieselben historischen Erfahrungen: die Katastrophe des Zweiten Weltkriegs, das diktatorische Unrechtsregime des Nationalsozialismus, den Holocaust, die riesigen Flüchtlingsbewegungen nach dem Ende des Zweiten Weltkrieges in Europa. Der Erfahrung, dass Menschen in Konzentrationslagern zu Abertausenden gemordet wurden, dass unbeteiligte Zivilisten im Krieg ums Leben kamen, dass Flüchtlingen die Einreise verweigert wurde, führte nicht wenige Juristen, Theologen, Philosophen, Politiker nach dem Krieg zu weitreichenden Konsequenzen: zur Gründung einer internationalen Institution, die Konflikte vor dem Ausbrechen von Kriegen friedlich lösen sollte, zum anderen zur Ausarbeitung einer Menschenrechtskonvention, die allen Menschen ohne Unterschied bestimmte Rechte garantieren sollte. Die Vereinten Nationen, die Allgemeine Erklärung der Menschenrechte waren Reaktionen auf die Unrechtserfahrungen des Zweiten Weltkriegs. Und dies gilt auch für die nach dem Weltkrieg mit neuem Schub vorangetriebene Ökumenische Bewegung, die in der Gründung des Ökumenischen Rates 1948 in Amsterdam gipfelte. Es lässt sich zeigen, dass beide Entwicklungen, die das Ökumenischen Rates und der Vereinten Nationen miteinander verknüpft waren, personell, aber auch inhaltlich.

Ähnliches kann man auch für das Grundgesetz zeigen, aber mit einer charakteristisch anderen Zuspitzung. Das Grundgesetz reagiert, das ist banal, auf dieselben historischen Erfahrungen wie die Allgemeine Erklärung. Im Parlamentarischen Rat überlegten die Mitglieder kurzzeitig, ob sie in der Präambel ausdrücklich formulieren sollten, dass diese Verfassung als Antwort auf die Unrechtserfahrung des Nationalsozialismus zu verstehen ist. Dieser Vorschlag wurde allerdings verworfen. Und im Hintergrund stand der Wunsch, nach der selbstverschuldeten Isolation wieder in die Völkergemeinschaft aufgenommen

[9] Vgl. dazu Peter Häberle: Präambeln im Text und Kontext von Verfassungen, in: J.Listl, H.Schambeck (Hg.), Demokratie in Anfechtung und Bewährung, FS J.Broermann, Berlin 1982, S.211–249.

zu werden. Dieser Wunsch erklärt das Bekenntnis zu allgemeinen, universalen Menschenrechten.

Was die Rolle der Kirchen angeht, so besteht hier ein allerdings bedeutender Unterschied: Bei der Allgemeinen Erklärung wirkten ökumenische Theologen, vor allem aus den Vereinigten Staaten mit. Bei der Entstehungsgeschichte des Grundgesetzes ist ein Einfluss der evangelischen Kirche praktisch nicht nachzuweisen. Die ausdrücklich positive Rezeption des Grundgesetzes begann erst ca. fünfzehn Jahre nach seinem Inkrafttreten, vor allem unter dem Einfluss des späteren Bundespräsidenten und EKD-Ratsmitglieds Gustav Heinemann[10].

5 (Religions-)Freiheit

Die Verabschiedung des Grundgesetzes im Jahr 1949 war an bestimmte historische Erfahrungen geknüpft, welche Form und Inhalt vor allem der Präambel, des ersten Artikels sowie der folgenden Grundrechtsartikel bestimmten. Daraus kann aber keine Präferenz der Verfassung für das Christentum oder allgemeiner für eine bestimmte Religion herausgelesen werden. Das gilt auch für den im Grundgesetz herausragenden Begriff der Menschenwürde, den die Väter des Grundgesetzes von Anfang als interpretationsoffen oder begründungsoffen verstanden. Und mit der sich verlängernden und erweiternden Interpretationsgeschichte hat sich die Spannbreite der Würdebegriffe eher noch vergrößert.

Zum zweiten ist das Verhältnis der Verfassung zu den Religionen ganz entscheidend vom Grundrecht der Religionsfreiheit (Art. 4 GG) geprägt, und zwar im institutionellen wie individuellen Sinne. So sehr einerseits die Entstehung des Grundgesetzes von bestimmten historischen und kulturellen Erfahrungen geprägt ist, so sehr gilt andererseits, dass der Staat des Grundgesetzes für Bürgerinnen und Bürger aller Weltanschauungen und Religionen offen sein muss. Historische Entstehung und juristische Geltung sind auseinanderzuhalten. Das gilt nicht nur für das Grundgesetz, das gilt in gleichem Maße für die Allgemeine Erklärung der Menschenrechte und noch stärker für die amerikanische Verfassung.

Aus letzterer kann man folgendes entnehmen: Trotz eines weiterhin bestehenden spezifisch amerikanischen Patriotismus, trotz einer wie immer umstrittenen civil religion, wie sie sich zuletzt eindrucksvoll in der Inaugurationsrede Barack Obamas zeigte, hielt dieser an dem Doppelakkord: Einheit in Verschiedenheit, Verschiedenheit in der Einheit (das berühmte „e pluribus unum") fest. Im Laufe der über zweihundertjährigen amerikanischen Verfassungsgeschichte führte das die unterschiedlichen Religionen und Denominationen zu einem aus-

---

10 Vgl. dazu Wolfgang Vögele: Christus und die Menschenwürde. Eckpfeiler der politischen Ethik des Justizministers und Bundespräsidenten Gustav Heinemann, in: J.Thierfelder, M.Riemenschneider (Hg.), Gustav Heinemann. Christ und Politiker, Karlsruhe 1999, S.150–169.

drücklich positiven Verständnis von Religionsfreiheit. Insbesondere der Lernprozeß der katholischen Kirche zeigt, wie diese anfangs das Recht auf Religionsfreiheit bekämpfte, sich dann vor und nach dem Zweiten Vatikanischen Konzil zu einem positiven Verständnis durchrang und schließlich mit Hilfe dieser in der Verfassung garantierten Freiheit zur größten christlichen Kirche der USA avancierte. Auch im amerikanischen Verfassungsrecht wurden heftige Diskussionen darüber geführt, inwieweit es der Regierung erlaubt ist, bestimmte Religionen zu privilegieren. Jedoch gab man sich dabei stets sehr viel zurückhaltender als das im deutschen Verfassungsrecht mit der Institution der Körperschaft öffentlichen Rechts der Fall war.

Die zunehmende Europäisierung des Rechts, die religiöse Vielfalt in Europa lassen vermuten, dass die Entwicklung des Rechts in Zukunft stärker auf eine Gleichbehandlung aller Religionen und weniger auf eine Privilegierung bestimmter Religionen zielen wird. Dies gilt, zumal auch deutsche Juristen die Integrationsfunktion von Verfassungen mittlerweile eher skeptisch beurteilen. Zwar gibt es weiterhin die klassische Integrationslehre Rudolf Smends[11], wonach ein Staat durch die Integration seiner Bürger lebt. Doch es ist fraglich, ob solch ein Integrationsbegriff den zunehmenden Pluralismus der Staatsbürgerinnen und -bürger aushält. Der Bonner Verfassungsrechtler Josef Isensee schreibt: „Was der Verfassungstext nicht ausdrücklich sagt, verlangt die Praxis der freiheitlichen Demokratie: die Freiheitsausübung des Nebenmenschen hinzunehmen, auch wenn sie verwerflich und anstößig erscheint, sich dem offenen, fairen Wettbewerb der politischen und wirtschaftlichen Angebote, der religiösen und weltanschaulichen Entwürfe zu stellen, Toleranz zu üben und auf Anwendung wie Androhung physischer Gewalt zu verzichten."[12] Hier taucht die Religionsfreiheit als ein Freiheitsrecht unter mehreren auf. Isensee setzt voraus, dass Religionen untereinander keineswegs in einem friedlichen, dialogischen Verhältnis zueinander stehen müssen. Aber wenn sie Auseinandersetzungen führen, dann eben sine vi, sed verbo, ohne Gewalt, nur mit dem Wort.

Die Integrationsdebatte, die im Moment so heftig geführt wird, lässt sich aus unterschiedlichen Perspektiven betrachten. Die öffentlich-politische Frage lautet im Moment: Gibt es eine Art Minimalkonsens, dem Bürgerinnen und Bürger einer Demokratie zustimmen müssen? Also gemeinsame Werte oder sogar so etwas wie eine christliche Leitkultur? Von Rechts und Verfassungs wegen ist solch eine Zustimmung zu einem wie immer gearteten Leitkonsens nicht nötig, es genügt die Rechtsbefolgung zur Integration. Ansonsten kann jeder sein Recht auf Meinungsfreiheit wahrnehmen.

Aus dem Blickwinkel der Religionsfreiheit betrachtet scheint es mir wichtig, dass eine demokratische Gesellschaft in der Lage ist, möglichst vielen und un-

---

11 Rudolf Smend: Verfassung und Verfassungsrecht, München Leipzig 1928, S.78: „Die Verfassung ist die Rechtsordnung des Staats, genauer des Lebens, in dem der Staat seine Lebenswirklichkeit hat, nämlich seines Integrationsprozesses." Vgl. a.a.O., 80: „Als positives Recht ist die Verfassung nicht nur Norm, sondern auch Wirklichkeit; als Verfassung ist sie integrierende Wirklichkeit."

12 Josef Isensee: Integration mit Migrationshintergrund, JZ 65, 2010, S.317–327, hier: S.326.

terschiedlichen Religionen und Weltanschauungen eine Haltung distanzierter oder wohlwollender Neutralität entgegenzubringen. In dieser Hinsicht scheint mir die politische Kultur der USA ein Vorbild zu sein. Es darf von Rechts wegen keine Rolle spielen, ob ein Bundesbürger Christ, Jude oder Muslim ist.

6 Menschenrechte als globale Zivilreligion?

In all diesen deutschen Debatten um Würde, Menschenrechte, Religionsfreiheit und Integration kommt stets das Stichwort des Ökumenischen zu kurz. Schon das Grundgesetz hatte sich in Art. 1 zu *der* Würde *des* Menschen bekannt. In dieser Formulierung verbinden sich das verfassungspatriotisch Partikulare sowie das Universale. Ähnliches könnte man vom Gründungsdokument der Vereinigten Staaten sagen, der Declaration of Independence von 1776. Das Grundgesetz ist nun in seinen Begründungsfiguren beileibe nicht nur auf den lutherischen deutschen Protestantismus bezogen, sondern nach meiner Überzeugung muss die theologische Begründung der Menschenrechte in einer ökumenischen Perspektive ausformuliert werden.

Diese Notwendigkeit zeigt sich um so mehr, als das Grundgesetz als Verfassungsdokument ein europäischer Exportschlager ist und seine Formulierungen Eingang in andere europäische Nationalverfassungen, aber auch in die europäische Grundrechte-Charta gefunden haben.[13] Die – zunächst einmal europäisch verstandene – Ökumene ist eine besondere Chance, für die Gemeinschaft christlicher Kirchen Gemeinsames und Trennendes über nationale Grenzen hinweg zu formulieren. Dieses war auch einer der entscheidenden Beweggründe, welche die ökumenischen Mütter und Väter nach dem Zweiten Weltkrieg bewogen hatten, zum einen die weltweite ökumenische Vernetzung durch Gründung des Weltrates der Kirchen zu stärken, zum anderen sich aber auch für universale Menschenrechte zu engagieren. Dieses Engagement bestand unter anderem darin, mit eigenen theologischen Überlegungen zum Begründungsdiskurs über Menschenrechte beizutragen.

Menschenrechte sind danach keineswegs so etwas wie der kleinste gemeinsame Nenner einer pluralistischen Zivilreligion der Moderne. Stattdessen steht – so die Überlegungen des Tübinger Philosophen Otfried Höffe[14] – der Diskurs der Menschenrechte vor einer doppelten Aufgabe: zum einen der Formulierung eines universalen Minimalkonsenses über die Menschenrechte, zum anderen der Inkulturation dieses Konsenses in jeweils partikulare Religionen, Weltanschauungen und Denksysteme. Im ersten Diskurs ist die Frage zu stellen: Was sind Menschenrechte und was nicht? Welche anthropologische Grundlage gibt es für

---

13 Vgl. Wolfgang Vögele: Menschenwürde – die interpretierte These, EvTh 66, 2006, S.470–476.

14 Otfried Höffe: Menschenrechte im interkulturellen Diskurs, Berlin 2009, http://www.bpb.de/themen/6UBP3W,0,Menschenrechte_im_interkulturellen_Diskurs.html; vgl. auch ders.: Vernunft und Recht, Frankfurt/M. 1996 sowie ders.: Demokratie im Zeitalter der Globalisierung, München 2002.

die Menschenrechte? Im zweiten Diskurs ist die Frage zu stellen: Welche Anhaltspunkte gibt es in den eigenen Speichern kulturellen wie religiösen Denkens, um Menschenrechte zu legitimieren? In Höffes Unterscheidung kehrt die alte Unterscheidung zwischen universalen und partikularen Elementen bei der Begründung von Menschenwürde und -rechten zurück. Das Neue scheint mir die Erweiterung einer christlichen Reflexion über Würde und Rechte durch das nationen- und kirchenübergreifende Moment des Ökumenischen – und zwar aus dem doppelten Grund, dass das Ökumenische innerkirchlich seit den fünfziger Jahren sehr an Bedeutung verloren hat, sowie aus dem zweiten Grund, dass auf der internationalen Ebene die Stimme des Christlichen nicht nur den Heiligen Stuhl, sondern auch durch eine nationenübergreifende Gemeinschaft christlicher Kirchen und Gemeinschaften repräsentiert sein sollte. Im Diskurs der Menschenrechte wäre die besondere Aufgabe, jenseits der nationalen und verfassungspatriotischen Diskurse die theologischen Gründe und Begründungen der Menschenrechte herauszuarbeiten. Der Impetus dazu, den man zum Beispiel schon aus den Missionsreisen des Paulus ableiten kann, kommt aus dem Christentum ureigenen universalen Momenten, die nationalistische und partikulare Verengungen verbieten – oder jedenfalls transzendieren. Das christliche Abendland scheint mir tot zu sein, und es geht auch nicht um eine Revitalisierung oder Anerkennung der christlichen Leitkultur – wie es gerade der Limburger Bischof Tebartz-van Elst[15] gefordert hat. In der FAZ entgegnete man dem Bischof, damit richte er sich gegen die gerade schon erwähnte „Zivilreligion des Menschenrechtsuniversalismus". Ich halte die Alternative von Zivilreligion der Menschenrechte versus christliche Leitkultur für problematisch. Wer dagegen die ökumenischen Potentiale der Freiheitstheologie des Protestantismus aufruft, der setzt den Akzent auf eine rechtsstaatliche Demokratie, die für unterschiedliche Religionen offen ist. Das Eintreten für Religionsfreiheit und Menschenrechte hat seinerseits in der christlichen Theologie eine bewegte – und durchaus ambivalente Geschichte. Gesellschaften brauchen nicht nur privaten Glauben, sondern auch Diskurse und Positionen öffentlicher Theologie, die diesen Zusammenhang von Ökumene, Menschenwürde und christlicher Gewissheit weiter bedenken.

Auf der katholischen Seite finden im Moment ähnliche Neuorientierungen statt. Es gibt vorsichtige Anzeichen[16] dafür, die vorherrschende Begründung der Menschenrechte aus dem Naturrecht in der Perspektive eines Dialogs der Religionen über eine gemeinsame Basis der Begründung von menschlichen Rechten noch einmal zu überdenken. Und auch das ist ein weiterer Grund, über eine ökumenische öffentliche Theologie zu reflektieren, die sich jenseits von Nationalismus, Leitkultur und Zivilreligion bewegt.

---

15 Dazu Patrick Bahners: Haben wir eine christliche Leitkultur?, FAZ 19.10.2010, http://www.faz.net/s/Rub9B4326FE2669456BAC0CF17E0C7E9105/Doc~E073DE5D66A5B4E2DA7F0330CF3702628~ATpl~Ecommon~Scontent.html.

16 Wolfgang Vögele: Häresie der Rechtlosigkeit. Bemerkungen zum Verhältnis von Religionsfreiheit, Menschenwürde und Menschenrechten, in: Fr. Schweitzer (Hrsg.): Kommunikation über Grenzen. Kongreßband des XIII. Europäischen Kongresses für Theologie 21.-25.September 2008 in Wien, Veröffentlichungen der Wissenschaftlichen Gesellschaft für Theologie 33, Gütersloh 2009, S.628–643.

Literatur

Bahners, Patrick: Haben wir eine christliche Leitkultur?, FAZ 19.10.2010, unter: http://www.faz.net/s/Rub9B4326FE2669456BAC0CF17E0C7E9105/Doc~E073DE5D66A5B4E2DA7F0330CF3702628~ATpl~Ecommon~Scontent.html.

Bericht der Berliner Morgenpost vom 5.Oktober 2010: http://archiv.mopo.de/archiv/2010/20101005/deutschland-welt/politik/csu_distanziert_sich_von_wulffs_islam_aeusserungen.html.

Ebeling, Gerhard: Dogmatik des christlichen Glaubens, Tübingen 1982².

Häberle, Peter: Präambeln im Text und Kontext von Verfassungen, in: J.Listl, H.Schambeck (Hg.), Demokratie in Anfechtung und Bewährung, FS J.Broermann, Berlin 1982, S.211–249.

Herdegen, Matthias: Kommentierung von Art. 1 Abs. 1 GG, in: Th. Maunz/G. Dürig (Hg.), Kommentar zum Grundgesetz (42. Ergänzungslieferung, 2003; Aktualisierung, 44. Ergänzungslieferung, München 2005).

Höffe, Otfried: Demokratie im Zeitalter der Globalisierung, München 2002.

Höffe, Otfried: Menschenrechte im interkulturellen Diskurs, Berlin 2009, unter: http://www.bpb.de/themen/6UBP3W,0,Menschenrechte_im_interkulturellen_Diskurs.html.

Höffe, Otfried: Vernunft und Recht, Frankfurt/M. 1996.

Isensee, Josef: Integration mit Migrationshintergrund, JZ 65, 2010, S.317–327.

Nurser, John: For All Peoples and All Nations. Christian Churches and Human Rights, Genf 2005.

Smend, Rudolf: Verfassung und Verfassungsrecht, München Leipzig 1928.

Thiemann, Ronald: Religion in Public Life. A Dilemma for Democracy, Washington D.C. 1996.

Vögele, Wolfgang: Christliche Elemente in der Begründung von Menschenrechten und Menschenwürde im Kontext der Entstehung der Vereinten Nationen, in: H.- R.Reuter (Hrsg.), Ethik der Menschenrechte. Zum Streit um die Universalität einer Idee I, RuA 5, Tübingen 1999, S.103–133.

Vögele, Wolfgang: Christus und die Menschenwürde. Eckpfeiler der politischen Ethik des Justizministers und Bundespräsidenten Gustav Heinemann, in: J.Thierfelder, M.Riemenschneider (Hg.), Gustav Heinemann. Christ und Politiker, Karlsruhe 1999, S.150–169.

Vögele, Wolfgang: Häresie der Rechtlosigkeit. Bemerkungen zum Verhältnis von Religionsfreiheit, Menschenwürde und Menschenrechten, in: Fr. Schweitzer (Hrsg.): Kommunikation über Grenzen. Kongreßband des XIII. Europäischen Kongresses für Theologie 21.-25.September 2008 in Wien, Veröffentlichungen der Wissenschaftlichen Gesellschaft für Theologie 33, Gütersloh 2009, S.628–643.

Vögele, Wolfgang: Kirchen als freiwillige Assoziationen der Zivilgesellschaft. Theologische Überlegungen im Anschluß an Ronald Thiemanns Rezeption des Kommunitarismus, PTh 87, 1998, S.175–183.

Vögele, Wolfgang: Menschenwürde – die interpretierte These, EvTh 66, 2006, S.470–476.

Vögele, Wolfgang: Menschenwürde zwischen Recht und Theologie, Ökumenische Theologie 14, Gütersloh 2000.

Wulff, Christian: Rede des Bundespräsidenten zum 20.Jahrestag der Deutschen Einheit am 3.10.2010:http://www.bundespraesident.de/-,2.667040/Rede-von-Bundespraesident-Chri.htm.

Das Verhältnis von Menschenrechten und Gottesrecht (Scharia) im Islam

Moussa Al Hassan Diaw

1 Einleitung/Vorwort[1]

Menschenrechte und Islam werden oft als Spannungsfeld wahrgenommen. Häufig wird gefragt, ob „die Muslime“ jemals in der Lage sein werden, Menschenrechte und von Menschen gemachte Gesetze zu akzeptieren, ohne sich gleichzeitig vom Islam oder ihren Primärquellen[2] abwenden zu müssen. So wird bereits „der Islam“ selbst als Hemmnis für die Akzeptanz der Erklärung der Menschenrechte betrachtet. Bestätigung scheint dies auch in der Tatsache zu finden, dass noch vor rund 20 Jahren die Außenminister der Konferenz islamischer Staaten eine eigene Menschenrechtserklärung formuliert haben. Daraus ergeben sich wichtige Fragen: Welche Bedeutung haben die Primärquellen des Islam, wie werden aus ihnen Normen abgeleitet, wie grundsätzlich gilt der geschriebene Text und gibt es überhaupt die Möglichkeit der Interpretation? Wurden diese Quellen auch durch politische Motive beeinflusst? Gibt es Sichtweisen, die aus den Primärquellen des Islam einen normativen Anspruch ableiten und die von Menschen gemachte Gesetze und somit auch die Menschenrechte grundsätzlich ablehnen? Wie gehen die muslimischen Gemeinschaften in Deutschland damit um?

2 Die Wege zu den Quellen

2.1 Interpretation der Quellen

Gegen die Kritik, dass im Islam eine kritische/vernunftgeleitete Reflexion religiöser Texte nicht stattgefunden habe beziehungsweise unbekannt sei, kann angeführt werden, dass diese Vorstellungen eher ideologische Konstruktionen „des Anderen“ oder bestenfalls auf Unkenntnis beruhende Annahmen sind. Dies be-

---

1 Der gesamte Text ist ein Teil einer Vorveröffentlichung des Dissertationsvorhabens des Autors.

2 Dieser Terminus bezeichnet Qur´an und Sunna.

deutet nicht, es gäbe kein literalistisches Verständnis der islamischen Quellen. Die islamische Orthodoxie bezeichnet die Auslegung des Qur'an als tafsīr. Die Regeln des tafsīr umfassen unter anderem:

Die existierenden Traditionen der interpretativen Überlieferung einzelner Verse durch Muhammad (*Muḥammad*) oder/und seine Gefährten (*tafsīr bi'l-māṯūr)*.

Beim Verständnis des *Qur'ān* als sich selbsterklärendes Werk gilt es zwischen eindeutigen *(āyāt muḥkamāt)* und mehrdeutigen Versen (*āyāt mutašābihāt*) zu unterscheiden, wenn es um Normen und um die Deutung der Texte geht.

Muhammad ist der erste Exeget des *Qur'ān*. Daher wird zur weiteren Exegese Bezug auf die Sunna genommen, eine Überlieferung *(ḥādīṯ)* Muhammads oder seiner Gefährten oder der auf sie folgenden Generation.

Daraus wurde das Prinzip der Anlässe der Offenbarung *(asbāb an-nuzūl)* entwickelt, warum, d.h. zu welchem Zweck und unter welchen Umständen ein Vers offenbart wurde beziehungsweise auf welchen Anlass er sich bezog.

Der literalistische Sinn eines Verses gilt als wahr, es sei denn, er muss als eine Allegorie oder Metapher verstanden werden. Darunter ist auch eine Deutung auf der Grundlage der Vernunft (tafsīr bi'l-ra'y) zu verstehen.[3] Hier ist beispielhaft, wie zwei theologische Schulen im Disput über die Deutung der Attribute Gottes im literalistischen oder allegorischen Sinn getrennte Wege gingen. Um eine Vorstellung bezüglich des innerislamischen theologischen Diskurses zu gewinnen, sei die Kritik Ibn Taymiyyas an den *Mutakallimūn* angeführt: Er wies deren aus seiner Sicht zu weitgehende Exegese der Verse und Wörter des *Qur'ān* zurück. Dies würde zur Verwirrung führen und von der eigentlichen, nur Gott bekannten Bedeutung derselben wegführen; ausgenommen seien lediglich die vieldeutigen Verse (*mutašābihāt*). Aus diesem Grund ist nach Ibn Taymiyya die Exegese der *Mutakallimūn* als Abänderung *(taḥrīf)* der eigentlichen göttlichen Bedeutung der Offenbarung zu beurteilen.[4]

Innermuslimisch gibt es also unterschiedliche Methoden und Wege der Interpretation und des Erkenntnisgewinns. In den Bereichen der Glaubensgrundlagen (*'aqīda* unter anderem eben durch *tafsīr)* und des *fiqh* (Orthopraxie und Jurisprudenz) bedingen unterschiedliche Ausgangspositionen und Methoden *(uṣūlal-fiqh*) eine exegetische Auseinandersetzung mit den beiden Hauptquellen Qur'ān und Sunna (bzw. ḥadīṯ; aḥādīṯ, pl.), die in manchen Bereichen nicht abgeschlossen ist.[5] Dazu gesellten sich je nach Schultradition(en) (maḏāhib) unterschiedliche Nebenquellen wie zum Beispiel Iğtihād, qiyās, iğmā', ra'y, maṣlaḥa und 'urf. Diese Begriffe bezeichnen die Urteilsfindung, den Analogieschluss, den Konsens (der Gelehrten), die Entscheidung nach Gutdünken, das Allge-

3 Vgl. Waardenburg, Jacques (2002): Islam. Historical, Social, and Political Perspectives. Berlin, New York. Walter de Gruyter. S. 117.

4 Vgl. Özravil, Sait M.: Thr Qur'ānic Rational Theology of Ibn Taymiyya and his Criticism of the Mutakallimūn. In: Ahmed, Shahab and Rapoport, Yossef (2010): Ibn Taymiyya and his Times. Karachi. Oxford University Press. S. 88.

5 Als endgültig beantwortet gelten einige grundsätzliche Fragen gottesdienstlicher Handlungen wie das Gebet oder das Fasten im Monat Ramadan.

meinwohl und das Gewohnheitsrecht. Die Schultraditionen berufen sich auf Gelehrte, die Schüler um sich versammelten. So entwickelten sich die am weitesten verbreiteten Rechtsschulen, nämlich die malikitische, die hanafitische, die hanbalitische und die schafiitische.[6]

Diese im Laufe der Zeit entstandene islamische Orthodoxie nahm demnach die zwischen den verschiedenen Schultraditionen auftretenden Meinungsverschiedenheiten (iḫtilāf) nicht nur als gegeben hin, sondern verinnerlichte diese gemäß des tradierten Ausspruchs Muhammads (ḥadīṯ) als eine „Barmherzigkeit Gottes". Zweifelsohne kann nicht bestritten werden, dass neben der Vielfalt der Meinungen und Deutungen der Texte immer wieder auch die Einfalt Einzug erhielt. Das Resultat davon war ein religiöser Rigorismus und Schriftfundamentalismus, der keinen Widerspruch duldete und – schlimmer noch – diesen sogar bekämpfte.

2.2 Politische Einflussnahme

Die Verquickung von Religion und Politik lässt sich schon in der ersten Generation der Muslime feststellen. Zu den erbittertsten Gegnern des Islam gehörte unter seinem einst einflussreichsten Mitglied Abū Ṣufyān und dessen Ehefrau der mekkanische Clan der Umayya. Aus diesem Familienclan entstammte jedoch ein Anhänger des Islam, der zum dritten Khalifen avancieren sollte: ʿUṯmān. ʿAlī, der Schwiegersohn und Cousin Muhammads, wurde nach dem Verständnis der später entstehenden Anhängerschaft Šīʿat ʿAlī (Partei Alis/Schiiten) übergangen. Dafür setzte der dritte Khalif, ʿUṯmān, in dem größer werdenden Reich seine Clan-Angehörigen, die vor der Annahme des Islam zu den erbittertsten Gegnern Muhammads gehört hatten, als Beamte und Verwalter ein – für die Schiiten eine unerhörter Affront. Aus dieser politischen Gegnerschaft entwickelte sich eine Feindschaft, in deren Wirren ʿUṯmān ermordet wurde und ʿĀʾiša, die Witwe Muhammads[7], in der „Kamelschlacht" gegen ʿAlī kämpfte. Am Ende wurde ʿAlī ebenfalls ermordet. Auf diese Wirren folgte dann ein negativer Höhepunkt, nämlich die Ermordung Ḥusains, des Enkelsohnes Muhammads, unter Verantwortung Yazīds, des Sohnes von Muʿāwiya aus dem Clan der Umayyaden.[8] Die Folge war eine durch die Büßer-Bewegung (Tawwābūn)[9] ausgelöste, sich im Laufe der Zeit entwickelnde eigene muslimische (schiitische) Konfession, welche religiöse Rechtfertigungen für ihre politischen Anliegen formulierte und bestimmte Personen aus der Familie Muhammads religiös erhöhte.[10] Daraus entwickelten sich weitere schiitische Gruppierungen, unter denen die Assassinen (Hassassinen) ihre politischen Ziele in selbstmörderischer Absicht verfolgten und es als Märtyrertod betrachteten,

6 Vgl. Lohlker, Rüdiger (2008): Islam. Eine Ideengeschichte. Wien. Facultas Verlag. S. 63.
7 und Tochter des Prophetengefährten Abū Bakr
8 Vgl. Halm, Hein (2005): Die Schiiten. München. C. H. Beck. S. 18.
9 Vgl. ebd. S. 21.
10 Vgl. ebd. S. 14 und S. 28–39.

wenn sie bei den von ihnen verübten politischen Attentaten auf sunnitische Beamte oder Herrscher getötet wurden.[11]

Im Falle der Auseinandersetzung mit (ausgerechnet) der rationalistischen Strömung der *Mu'tazila* zeigte sich, wie politische Verwicklungen in die religiöse Lehre hineinspielten. Politischer Einfluss bedeutete oft eine Spaltung der muslimischen Gemeinschaft, eine Festlegung dessen, was die wahre Lehre zu sein habe, und sogar eine Festschreibung theologischer Inhalte zugunsten politischer Vorstellungen und des daraus abgeleiteten Machtanspruchs.[12] Zur Zeit der Abbasiden (Al-'Abbāsīyyūn) verlangte der Khalif Al-Ma'mūn eine Festlegung dessen, was die rechte Lehre sei. So forderte er Richter und Gelehrte auf, gemäß dem theologischen Verständnis der Mu'tazila zu handeln. Dementsprechend musste sich dieser Personenkreis der miḥna unterziehen, einer Gewissensprüfung, die man sich als eine Art Inquisition vorstellen muss.[13] Fiel man durch, weil man dem eigenen Gewissen und nicht dem vorgegebenen Religionsverständnis der politischen Führung folgte, landete man günstigsten Falles im Kerker und wurde einer peinlichen Befragung unterzogen.

Hier zeigt sich der unselige Einfluss machtpolitischer Gegebenheiten auf religiöse Lehrinhalte.

Als Opposition zu der Mu'tazila entwickelte sich eine Schultradition, die ihre Wurzeln in den Lehren eines Opfers der miḥna hatte. Ahmad ibn Hanbal (Aḥmad b. Ḥanbal), Autor des Al-Musnad, eines der sechs authentischen Hadith-Sammelwerke, hatte sich den religiösen Vorgaben nicht gebeugt und stand somit politisch und religiös in Opposition zu den Lehren der Mu'tazila und ihres Schutzherren. Eine vergleichsweise sehr textbezogene Herangehensweise an die Quellen und theologischen Unterschiede in Bezug auf die Attribute Gottes ebnet einem nach hiesiger Ansicht relativ rigorosem Islamverständnis den Weg. Dieses wurde über den Gelehrten Aḥmad ibn Taimīya bis hin zu Muḥammad ibn 'Abd al-Wahāb weitertradiert und führte zur Bildung einer religiösen Gemeinschaft, die heute fremdbezeichnet „Wahabiten" genannt wird und vornehmlich in Saudi-Arabien beheimatet ist.

Die religiösen Differenzen zeigten sich zum Beispiel in der von der theologischen Schule der Aschariten (nach dem Gelehrten Al-Aš'arī) abgelehnten Vorstellung der „Wahabiten" (besser: was ihnen als solche Vorstellung zugeschrieben wurde), dass Allāh mit seiner Schöpfung vergleichbar sei, denn somit sei er dann šay' (ein Ding), was direkt zum Anthropmorphismus der Muğassima führe.[14] Diese komme eben vom extremen Literalismus der ḥašawiyya, welche bei der qur'anischen Beschreibung der Attribute Gottes nicht nach dem „Wie"

---

11 Vgl. Hourani, Albert (2000): Die Geschichte der arabischen Völker. Frankfurt. Fischer Verlag. 2.Auflage. S. 133.

12 Die Entstehung der ši'a geht – verkürzt formuliert – auf die politische Auseinandersetzung um die Nachfolgefrage nach dem Tode Muhammads zurück, in dessen Folge ein Enkelsohn getötet wurde. vgl. Halm, Heinz (2005): Die Schiiten. Berlin. C.H. Beck Verlag. S. 22.

13 Vgl. Waardenburg, Jacques (2002): Islam. S. 95.

14 Vgl. van Ess, Josef (1991): Theologie und Gesellschaft im 2. und 3. Jahrhundert Hidschra. Eine Geschichte des religiösen Denkens im frühen Islam. Band I. Berlin/New York. Walter de Gruyter Verlag. S. 342.

fragten (bi-lā kaif).[15] Auch diese hatten einen religiösen und ihrer Meinung nach politischen Auftrag, den sie im Kampf gegen die politisch Verantwortlichen, die Osmanen, verwirklicht sahen. Gleichzeitig wandten sie sich im religiösen Eifer gegen alle, die ihrer Meinung nach eine inkorrekte Praxis des Islams an den Tag legten oder ihr theologisches Verständnis in Bezug auf Gott ablehnten. So wandten sich die „Wahabiten“ gegen mystische Formen des Islams, gegen Gräber, welche in der Volksfrömmigkeit Orte der Verehrung waren, und gingen am schließlich mit Gewalt gegen schiitische Muslime vor.

Dieser religiöse Purismus und Rigorismus, gepaart mit einem politischen Machtanspruch und der Überzeugung, Gottes Willen konsequent umzusetzen, lässt keinen Raum für Meinungsverschiedenheiten oder eine reflektierte Beschäftigung mit religiösen Inhalten und Normen.

In der Geschichte der islamischen Welt findet sich ein sehr unterschiedlicher Umgang mit Religion und deren Verquickung mit politischer Macht. Die muslimischen Gesellschaften waren in ihren religiösen und kulturellen Ausprägungen sehr heterogen. So waren und sind unterschiedliche Ausprägungen des Islams und der durch ihn bestimmten Lebensformen genauso möglich wie dementsprechend heterogen organisierte Gesellschaftsformen. Sie reichen von einem religiösen und teilweise auch davon mitgetragenen politischen Rigorismus bis hin zu säkularisierten Formen oder sogar weitgehend bis gänzlich von der Religion getrennten Gesellschaftsformen oder politischen Gemeinwesen, wie man sie in Tunesien oder in der laizistischen Republik Türkei finden konnte – wobei in der Türkei die Religion durch ein eigenes Religionsministerium kontrolliert und geregelt wird, während religiös bestimmte äußerliche Symbole wie zum Beispiel das Kopftuch aus Schulen und Universitäten verbannt wurden. Umgekehrt werden im Iran Frauen gezwungen, selbst auf der Straße Kopftücher zu tragen. Bevor es dazu kam, dass sich die Staaten beziehungsweise muslimischen Gemeinwesen so unterschiedlich entwickelten, ging dem eine durch andere Mächte bestimmte Prägung muslimischer Gesellschaften voraus.

3 Fremdbestimmung und Opposition

3.1 Herodianer und Zeloten

Die muslimischen Gesellschaften wurden in den letzten fünf Jahrhunderten durch eine stetig voranschreitende politische Einflussnahme seitens der „gegenüberstehenden“ abendländischen Welt geprägt. Am Ende stand eine fast vollständige Kolonialisierung muslimischer Gebiete. Es folgte eine kulturelle und politische Einflussnahme durch die Kolonisatoren, welche technisch, ökonomisch und sozial fortgeschrittener waren. Innerhalb der muslimischen Welt ent-

---

15 McAuliffe, Jane Dammen (G. Editor)(2006): Encyclopaedia of the Qur'ān. Volume Five. Brill, Leiden-Boston. S. 105.

standen – auch als Reaktion darauf – unterschiedliche muslimische Reformbewegungen, die entweder zelotische Züge annahmen und als reaktionäre Kräfte sogar die Orthodoxie übertrafen wie die sogenannten „Wahabiten", oder nach herodianischem Muster versuchten, sich mit den europäischen Mächten zu assimilieren. So verweisen sowohl Arnold J. Toynbee als auch Samuel Huntington auf den Kemalismus als ein gelungenes Beispiel der Herodianisierung.[16]

Im 19. Jahrhundert begannen Gelehrte wie Al-Afghani (Al-Afġāni) oder Muhammad Abdu (Muḥammad ʿAbduh) als Reaktion auf diese Umbrüche, einen Reformprozess zu fordern. Diesen versuchten sie, durch Publikationen und öffentlich geführte Diskurse zu initiieren, deren Einfluss vom Osmanischen Reich bis nach Indonesien reichte.[17] Während sie einen intellektuellen Ansatz verfolgten, der, verkürzt ausgedrückt, in eine Reform des Bildungs- und Staatswesens führen sollte, wobei Al-Afghani panislamische Ideen vertrat und Abduh seiner Heimat Ägypten verbunden blieb, beharrte eine erstarrte Orthodoxie auf der Tradition, von deren Fesseln der „Nachahmung" sich die Reformer befreien wollten.[18] Auf der arabischen Halbinsel etablierte sich ein nach herkömmlichem Verständnis „reaktionäres", puritanisches Islamverständnis. Neben Al-Afghani und Abduh nahm auch der Gelehrte Raschid Ridda (Rašīd Riḍā) Einfluss auf das Denken muslimisch-reformatorischer Kreise sowie europäischer Muslime[19] und prägte die 1928 entstandene Bewegung der Muslimbruderschaft, welche von Hassan Al-Banna gegründet worden war.[20] In ihrem Windschatten entwickelten sich wiederum sehr unterschiedliche Bewegungen, die der in Oxford lehrende Tariq Ramadan als „literarisch politische Salafiyya" bezeichnet.[21] Ein Teil derselben wurde vom rigorosen, literalistischen Schriftverständnis der „Wahabiten" geprägt, der in der Tradition von Ibn Taimiyya und Ahmad ibn Hanbal (Aḥmad ibn Ḥanbal) stand.[22]

Gemeinsam war allen, dass man der Fremdbestimmung durch die europäischen Kolonialmächte begegnen und die als gefährdet erachtete muslimische Identität bewahren wollte. Man sah sich in Opposition zur verknöcherten orthodoxen Gelehrtenschicht und zum Vordringenden der europäischen Mächte. Hier zeigen sich ebenfalls die unterschiedliche Rezeption und Interpretation sowie die Ausformungen des Islam.

---

16 Vgl. Huntington, Samuel (2002): Kampf der Kulturen. Die Neugestaltung der Weltpolitik im 21. Jahrhundert. München. Goldmann Verlag. S. 105–106.

17 Vgl. Grunebaum, G.E. (1971): Der Islam II. Die islamischen Reiche nach dem Fall von Konstantinopel. Fischer Weltgeschichte. S. 314 – 315.

18 Vgl. Hourani, Albert (2000): Die Geschichte der arabischen Völker. S. 377.

19 Vgl. Schlabach, Jörg (2009): Scharia im Westen. Muslime unter nicht-islamischer Herrschaft und die Entwicklung eines muslimischen Minderheitenrechts für Europa. Berlin. Lit Verlag. S. 51 ff.

20 Vgl. ebd., S. 423–424.

21 Vgl. Ramadan, Tariq (2001): Muslimsein in Europa. Untersuchung der islamischen Quellen im europäischen Kontext. Köln. MSV Marburg. S. 298–299.

22 Vgl. Grunebaum, G.E. (1971): Der Islam II. S. 228 und 281.

3.2 Politische Salafiyya

Innerhalb der Muslimbruderschaft, die nach ihrem Selbstverständnis angetreten war, um das islamische Erbe zu erhalten und in die Moderne hinüberzuretten, aber auch deren „Gottlosigkeit und kulturelle Fremdbestimmung" abzulehnen,[23] verstand man sich nicht allein als soziale Kraft; politisches Denken und Handeln spielten deswegen eine Rolle, da man sich in Opposition zu den herrschenden Briten sah. Später gesellte sich ein antizionistisches Element dazu, als Juden nach dem Zweiten Weltkrieg im neu geschaffenen Staat Israel heimisch wurden. Ein ideologischer Wendepunkt sollte jedoch der Beitritt des Lehrers Sayyid Qutb *(Quṭb)* werden, der nach einem Studienaufenthalt in den USA neue Impulse setzte, unter anderem beeinflusst von dem französischen Denker Alexis Carrel[24] und dem aus dem indischen Raum stammenden Maududi. Für diese Anleihe bei nichtmuslimischen, europäischen Denkern erntete Qutb auch seitens der nichtpolitischen salafitischen Gemeinschaft Kritik, in der Qutb als nicht auf dem Islam basierender, zu politischer Theoretiker angegriffen wird:

> „The twentieth century 'Leninist' Takfiri Revolutionary movement was spawned through Qutb's anti-capitalist writings through the notions of 'social justice', 'state' and 'revolution' found in the likes of Milestones and az-Zilal, and which were influenced by Qutb's engrossment in Western Materialist Philosophies for 15 years of his life, and in particular the Socialism of Marx and Engels (the ideological 'what') and the 'Revolutionary Vanguard' of Lenin (the practical 'how')."[25]

Verstärkt durch die politische Opposition zum Nasser-Regime und die daraufhin einsetzende Repression publizierte er in der Haft die bis heute einflussreichen Schriften, die die grundlegenden Gedanken der politischen Salafiyya formulieren: Die Ḥākimiyya li-llāh (Herrschaftsgewalt Gottes) und die ʿUbūdiyya li-llah (Anbetungswürdigkeit Gottes) wurden durch die sich vom Islam entfernenden Regenten Gott quasi abgesprochen. So setzten sich diese an Gottes Stelle, was Götzendienst (širk) und Abfall vom Islam (ridda) war. Die Gesellschaften, welche dies hinnahmen, seien in einen vorislamischen Zustand (ǧāhilīya) zurückgefallen.

Die nach seiner Hinrichtung entstehenden extremistischen Gruppierungen rezipierten Qutbs Gedanken, insbesondere die Gruppen (mit der Fremdbezeichnung) *At-Takfīr wa'l-Hiǧra, Al-Ǧihād* und der *Al-Ǧamāʿa Al-Islāmīya.* Die Militanz dieser Gruppen machte in der ägyptischen Gesellschaft weder vor

---

23 Vgl. Krämer, Gudrun (2010): Hasan al-Banna. Makers of the Muslim World. Oxford. One World Verlag. S.32.

24 Vgl. Görlach, Joseph-Simon (2008): Der Islam und die Probleme der modernen Zivilisation. Saiyid Quṭbs Auseinandersetzung mit Alexis Carrel. URL: http://tobias-lib.uni-tuebingen.de/volltexte/2009/3678/pdf/Saiyid_Qutbs_Auseinandersetzung_mit_Alexis_Carrel.pdf (Zugriff: 10.06.2011). S. 5.

25 Takfiris.com: Sayyid Qutb And The French Connection: Alexis Carrel – The French Catholic, Social Darwinist Doctor That Influenced Qutb's 'Jaahiliyyah'. URL: http://www.takfiris.com/takfir/articles/rgbql-sayyid-qutb-and-the-french-connection-alexis-carrel---the-french-catholic-social-darwinist-doctor-that-influenced-qutbs-jaahiliyyah.cfm (Zugriff: 10.06.2011).

dem Staatschef Saddat – der bei einem Attentat erschossen wurde – noch vor der eigenen Bevölkerung halt. Tragischerweise konnte einer der führenden Köpfe, der Arzt Aiman Al-Zawahiri *(Al-Ẓawāhirī),* nach seiner Haft in Afghanistan ein neues Betätigungsfeld als Kämpfer und Vorbild für andere freiwillige Kämpfer gegen die Sowjets finden. Er galt bis zu Bin Ladens Ableben als die Nummer 2 des Terrornetzwerkes Al-Qaida *(Al-Qāʾida).*

Diese Ideen „strömten" nach dem Afghanistankrieg mit den Kämpfern zurück in deren Herkunftsländer und verbreiteten sich später über das Internet.

Die politische Salafiyya und auch deren militante Auswüchse stehen der parlamentarischen Demokratie, der Volkssouveränität sowie von Menschen gemachten Gesetzen nicht nur ablehnend gegenüber, sondern aus ihrer Sicht müssten diese als „Götzendienst" und die „Götzendiener" bekämpft und beseitigt werden. Das gilt auch für die Deklaration der Menschenrechte. Für die Anhänger und Propagandisten dieser „islamistischen" Interpretation der islamischen Religion ist nur eine Ablehnung dieser „Gesetze" erlaubt. Deren Annahme würde für sie den Abfall vom Islam bedeuten. Um diese islamistische Sichtweise annähernd zu verstehen, soll im folgenden Kapitel der *tafsīr* (die Exegese) bestimmter Verse des *Qur'ān* durch Qutb dargestellt werden.

4 Gottesgesetz vor Menschengesetz

4.1 Von Menschen gemachte Gesetze als Bezeugung des Unglaubens im politisch ideologisierten Islamismus

„Islamismus" ist ein neuer, unbequemer Begriff, da er einerseits zu negative Assoziationen gegenüber dem oft als monolithischen Block verstandenen Islam zulässt und suggeriert, „Islamismus" wäre die weltanschauliche Konsequenz aus einem gelebten Islam. Da in der Alltagssprache dieser Begriff oft synonym mit Islam verwendet wird, werden Muslime inzwischen immer häufiger – oft ohne Absicht – als Islamisten bezeichnet. In dieser Abhandlung wird der Begriff im Sinne eines politisch-ideologisch missbrauchten Verständnisses von Religion verwendet. Ein Hauptpunkt, auf dem diese Ideologie fußt, ist die Behauptung, im *Qur'ān* finde sich eine eindeutige Ablehnung der von Menschen gemachten Gesetze.

Diesbezüglich ziehen die Islamisten einige Verse der fünften Sure heran:

إِنَّآ أَنزَلْنَا ٱلتَّوْرَىٰةَ فِيهَا هُدًى وَنُورٌ ۚ يَحْكُمُ بِهَا ٱلنَّبِيُّونَ ٱلَّذِينَ أَسْلَمُوا۟ لِلَّذِينَ هَادُوا۟ وَٱلرَّبَّٰنِيُّونَ وَٱلْأَحْبَارُ بِمَا ٱسْتُحْفِظُوا۟ مِن كِتَٰبِ ٱللَّهِ وَكَانُوا۟ عَلَيْهِ شُهَدَآءَ ۚ فَلَا تَخْشَوُا۟ ٱلنَّاسَ وَٱخْشَوْنِ وَلَا تَشْتَرُوا۟ بِـَٔايَٰتِى ثَمَنًا قَلِيلًا ۚ وَمَن لَّمْ يَحْكُم بِمَآ أَنزَلَ ٱللَّهُ فَأُو۟لَٰٓئِكَ هُمُ ٱلْكَٰفِرُونَ

In deutscher Übersetzung:

Gewiß, Wir haben die Thora hinabgesandt, in der Rechtleitung und Licht sind, womit die Propheten, die sich (Allah) ergeben hatten, für diejenigen, die dem Judentum angehören, walten, und so auch die Leute des Herrn und die Gelehrten, nach dem, was ihnen von der Schrift Allahs anvertraut worden war und worüber sie Zeugen waren. So fürchtet nicht die Menschen, sondern fürchtet Mich. Und verkauft Meine Zeichen nicht für einen geringen Preis! Wer nicht nach dem waltet, was Allah (als Offenbarung) herabgesandt hat, das sind die Ungläubigen (Sure 5, Vers 44).

Die *Qur'ān*-Exegeten Yusuf Ali *(Yūsuf ʿAlī)* und Muhammad Asad beziehen sich in ihrer Exegese auf die historische Bedeutung der Offenbarung der Thora an die Kinder Israel. Asad betont dabei die Bedeutung der noch nicht vollständigen göttlichen Offenbarung, welche mit der Thora noch keinen Abschluss gefunden habe und daher nur für die Kinder Israel bindend, jedoch keinesfalls universell sei.[26]

Yusuf Ali erklärt diesen Vers in Bezug auf den fehlerhaften Umgang der Rabbiner mit der Thora, die fehlende Teile derselben durch Legenden und erfundene Inhalte ergänzt hätten, was zu einer Verfälschung der eigentlichen Offenbarung geführt habe.[27]

Qutb hingegen betont in seinem *tafsīr* die Regelung des gesamten Lebens, wie es zu führen, zu ordnen, aufrechtzuerhalten und zu lenken sei, und lehnt ein Verständnis ab, welches darauf abzielt, Religion nur als Herzensangelegenheit oder kultischen Brauch zu betrachten. Somit begründe die Religion ein das Leben der Menschen regelndes System, das auf der *šarīʿa* fußen müsse.[28] Entsprechend folgert Qutb aus dem letzten Teil des Verses:

وَمَن لَّمْ يَحْكُم بِمَآ أَنزَلَ ٱللَّهُ فَأُو۟لَٰٓئِكَ هُمُ ٱلْكَٰفِرُونَ

26 Vgl. Asad, Muhammad (2009): Die Botschaft des Koran. Übersetzung und Kommentar. Düsseldorf. Patmos Verlag. S. 210.

27 Vgl. Yūsuf ʿ Alī, in: Die Bedeutung des Korans (2009): Sure Al-Māʾida. Teil 6 und 7. München. Bavaria Verlag. S. 48.

28 Vgl. Rasoul, Muhammad (Hg.) (2005): Qutb, Sayyid. Zeichen auf dem Weg. Deutsche revidierte Fassung gemäß dem arabischen Original. Köln. Islamische Bibliothek. S. 69.

wa man lam yaḥkum bimā anzala-llāhu faʾulāʿika humu-l-kāfirūn

In deutscher Übersetzung:

> Wer nicht nach dem waltet, was Allah (als Offenbarung) herabgesandt hat, das sind die Ungläubigen. (Sure 5, Vers 44)

Qutb interpretiert diesen Satz als Aufforderung, ausschließlich auf der Grundlage der göttlichen Offenbarung zu urteilen. Damit nicht d'accord zu gehen, bedeute, Gottes Göttlichkeit zu leugnen, denn diese umfasse das Vorrecht der richterlichen Gesetzgebung.[29] Qutb stellt dann die rhetorische Frage: *„Was wäre Unglaube (Kufr), wenn nicht dieses?“*[30]
Nach Qutbs Verständnis führt dies zu einer politischen Ideologie, zu der es aus seiner Sicht keine Alternative, außer dem Abfall vom Islam, gibt. So formulierte er in seinem Buch „Wegzeichen“ *(Maʿālim fīʾṭ-ṭarīq):*

> „Ohne Zweifel ist die Šarīʿa das Beste, weil sie von Allāh kommt; die Gesetze von Seinen Geschöpfen können kaum mit den Gesetzen verglichen werden, die vom Schöpfer gegeben sind. […]. Die Basis dieser Botschaft ist, dass man die Šarīʿa ohne irgendeine Frage akzeptiert und alle anderen Gesetze in jeglicher Form ablehnt. Dies ist Islam und es gibt keine andere Bedeutung als dies.“[31]

Dort aber, wo von Menschen gemachte Gesetze zur Anwendung kämen und das Volk der Souverän sei, dort müsse von einer nichtislamischen *(„ǧahelitischen“)* Gesellschaft gesprochen werden. Diese mit religiösem Fundamentalismus gepaarte Gesellschaftskritik Qutbs greift auch auf die Kritik von nichtmuslimischen Denkern zurück, wie auf die des bereits erwähnten Alexis Carrel.[32]

Die fundamentalistische Abwehrhaltung des Islamismus samt seiner Militanz und der Bereitschaft zum Terror ist ein Kind der Moderne, aber nicht der islamischen Lehre. Gray hält dazu fest:

> „Kein Klischee trägt mehr zur allgemeinen Verdummung bei als die Behauptung, al-Qaida sei ein Rückfall ins Mittelalter. Al-Qaida ist eine Begleiterscheinung der Globalisierung. […] Auch der Glaube, durch Aufsehen erregende Akte der Zerstörung eine neue Welt herbeizwingen zu können, findet sich im Mittelalter nirgends.“[33]

Gray bezeichnet die europäischen Anarchisten des späten 19. Jahrhunderts als die historisch nächsten Vorläufer Al-Qaidas.[34] Die aus dem islamistischen Verständnis erwachsene utopische Hoffnung auf eine bessere neue Welt, benötigt dazu auch eine eigene Ordnung. Frommes Handeln, die Verrichtung gottesdienstlicher Handlungen und das Gefühl, einer religiösen Gemeinschaft anzugehören, genügen also dieser Sichtweise nicht; daher schreibt der Islamismus eine

---

29 Vgl. Quṭb, Sayyid in: Die Bedeutung des Korans (2009): Sure Al-Māʾida. Teil 6 und 7. München. Bavaria Verlag. S. 49.

30 ebd.

31 Rasoul, Muhammad (Hg.) (2005): Qutb, Sayyid. Zeichen auf dem Weg. S. 69.

32 Vgl. Sivan, Emmanuel (1990): Radical Islam. Medieval Theology and Modern Politics. New York/New Haven/London. Yale University Press. S. 24.

33 Gray, John (2004): Die Geburt al-Qaidas aus dem Geist der Moderne. München. Antje Kunstmann Verlag. S. 11–12.

34 Vgl. ebd. S. 12.

durch einen Staat erzwungene Ordnung vor. *„Der Islam ist daher nicht nur [...]›Religion und Welt‹ (al-islām dīn wa-dunyā). Er ist ›Religion und Staat‹ (al-islām dīn wa-daula).“*[35]

Die aus Qutbs Exegese abgeleitete Ablehnung der von Menschen gemachten Gesetze, die den göttlichen widersprechen würden, und die Behauptung, dies führe zu einem Abfall vom Islam, findet man im klassischen *tafsīr* nicht.

4.2 Klassische Exegese: Tafsīr Al-Qur'ān des Ibn Kaṯir

Der *Tafsīr Al-Qur'ān* des (klassischen) Exegeten *Ibn Kaṯīr* (ca. 1300–1373), der dem *Qur'ān*-Kommentar des *At-Tabarī* (839–923) folgt und diesen durch weitere Quellen ergänzt, unterscheidet sich deutlich von der „modernistischen“ politisch-ideologischen Exegese Qutbs im 20. Jahrhundert.
Für nicht arabischsprachige Rezipienten und Rezipientinnen sind diese Kommentare in der englischsprachigen Übersetzung nachzulesen. Dort wird in der Exegese der Bezug zu den beiden rivalisierenden jüdischen Stämmen *Banī An-Naḍīr* und *Bani Quraiẓa* konstatiert. Diese legten in einer Auseinandersetzung über die Kompensation für einen Totschlag des jeweiligen Angehörigen des einen durch den des anderen Stammes fest, dass eine bestimmte Summe *diya* („Blutgeld“) gezahlt werden müsse, und der mächtigere Stamm der *Banī An-Naḍir* hatte diese eigenmächtig zu seinem Vorteil erhöht. In dieser Frage sollten sie das Schiedsgericht bei Muhammad suchen, der von den Medinensern zu dieser Zeit als Vorsitzender des dortigen Gemeinwesens bestimmt worden war. Doch die *Banī An-Naḍir* nahmen sich vor, nur dann auf Muhammads Rechtsspruch zu hören, wenn dieser zu ihren Gunsten ausfiele.[36]
Daneben wird noch eine zweite Variante angeboten, die auf einem *ḥadīṯ* beruht, der in den *aḥādīṯ*-Sammelbänden bei *Aḥmad, Abu Dāwud* und *An-Nasā'ī* zu finden ist und sich auf den Ehebruch zweier jüdischer Personen bezieht. Bezogen auf den Satz, dass diejenigen, die sich nicht nach dem richten, was Gott offenbart hat, die *al-kāfirūn* (die Wahrheit zudeckenden „Ungläubigen“) seien, heißt es: Dieser bezieht sich auf die Leute des Buches, die Juden, und er wurde von Muhammad auch für seine Gemeinschaft akzeptiert.[37]

Entgegen der islamistischen Interpretation, dass diese Verse den Abfall vom Islam implizieren würden, wird bei *Ibn Kaṯīr* festgehalten, dass dies kein *kufr* (zudecken, „Unglauben bezeugen“) sei, der die Religion zunichtemache.[38] Weder bei *Aṭ-Ṭabarī oder Ibn Kaṯir* noch bei den zuvor genannten neueren Exegeten findet sich diese islamistische Deutung, wie sie bei *Qutb* zu finden ist.

---

35 Krämer, Gudrun: Zum Verhältnis von Religion, Recht und Politik: Säkularisierung im Islam. S. 174 175. In: Joas, Hans/Wiegandt, Klaus (2007): Säkularisierung und die Weltreligionen. Forum für Verantwortung. Frankfurt am Main. Fischer Verlag.

36 Vgl. Tafsir ibn Kathir Shaykh (2000): Volume 3. Riyadh, Houston, New York, Lahore. Darussalam Publisher & Distributors. S. 185–186. Gekürzte Fassung.

37 Vgl. ebd. S. 187.

38 Vgl. ebd. S. 188.

4.3 Resümee

Die vorhergehenden Kapitel setzen sich in knapper Form mit der Exegese und der Normenbildung im Islam auseinander. Eine im Islam angelegte Interpretation und Deutung von Textinhalten der beiden Hauptquellen war immer schon ein Teil des Islam. So waren denn auch Deutungen und Ableitungen möglich, welche Konflikte mit der islamischen Mehrheit und/oder den sie umgebenden politischen und gesellschaftlichen Systems in der muslimischen Welt mit sich brachten. Gleichzeitig wurde auch die Abgrenzung zu „den anderen“ Menschen (Nichtmuslimen) und deren gesellschaftlichen und politischen Systemen des Westens und Ostens kultiviert. Indem sich Qutb und jene, die seine Gedankenwelt weiterentwickelten, von der sie umgebenden Gesellschaft systematisch und religiös nach innen abgrenzten, entfernten sie sich von der Hauptströmung der muslimischen Gesellschaften und der islamischen Tradition. Die Menschenrechte betrachteten die Islamisten als einen Versuch des Westens, die islamischen Normen und Institutionen zurückzudrängen.[39]

Im Blick auf die Diskussion, inwiefern die Menschenrechte und „der Islam“ miteinander vereinbar seien oder nicht, muss immer die Frage gestellt werden, wer „den Islam“ und seine Lehre beschreibt und die Quellen des Islam interpretiert.

Die islamistische Ideologie ist neu: Sie ist eine fundamentalistische Abwehr, die Utopie eines vermeintlich besseren, neuen Staatssystems, in dem Menschenrechte als von Menschen gemachte Gesetze und Normen des Westens keinen Platz haben. Der Islamismus als neues politisches Phänomen repräsentiert aber nicht „den Islam“ oder „die Muslime“. Trotzdem kann der Islamismus als utopistische, ideologische Hürde der Anerkennung der Menschenrechte nicht außer Acht gelassen werden. Weitere Aspekte (oder Hürden) sind die sozialen und politischen Gegebenheiten in der muslimischen Welt, wie sie sich am Beispiel der Kairoer Deklaration der Menschenrechte erkennen lassen.

5 Menschenrechte und Islam

5.1 Kairoer Erklärung der Menschenrechte im Islam

Die *Kairoer Erklärung der Menschenrechte im Islam*[40], unterzeichnet von 45 Außenministern der Mitgliedsstaaten *der Organisation der Islamischen Konferenz* (OIC), wurde weder von der Organisation offiziell bestätigt noch führte es

[39] Krämer, Gudrun: Zum Verhältnis von Religion, Recht und Politik: Säkularisierung im Islam. S. 175.

[40] URL: The Cairo Declaration on Human Rights in Islam: http://www.oic-oci.org/english/article/human.htm (Zugriff: 01.04.2011).

zu einer Änderung der Gesetzgebung der Mitgliedsstaaten der OIC, welche sich – entgegen mancher Annahmen – nicht ausschließlich bis gar nicht auf die *šarīʿa* berufen. Dies liegt auch daran, dass das Strafrecht der einzelnen Staaten verschiedenen Rechtsvorstellungen unterliegt, wie Zirker festhält.[41]

Die „muslimische" Erklärung der Menschenrechte stellt einen Gegenentwurf zu den aus der westlichen Geistesgeschichte erwachsenen (oder als solche verstandenen) (universellen) Menschenrechten dar, die nicht verhandelbar sind. Die Erklärung wurde auch von muslimischen Vertretern wie etwa Adama Dieng (Senegal) kritisiert. Dieng war unter anderem Generalsekretär der internationalen Juristenkommission und ist ein anerkannter UN-Menschenrechtsexperte.[42] Er stieß sich an der ständigen Bezugnahme der muslimischen Regierungen auf die šarīʿa, da diese aus seiner Sicht zu einer Benachteiligung von Nichtmuslimen und Frauen führen könne.[43]

Allerdings wird häufig übersehen, dass auch die Menschenrechte zum Zeitpunkt ihrer Formulierung noch keine Frauen und Farbigen berücksichtigten. Ob das nun bedeutet, dass nicht weiße Menschen als Mindermenschen betrachtet wurden, spielt insofern keine Rolle, als es einfach zeigt: Die Menschenrechte waren nicht auf einmal da, sondern haben sich schrittweise zu dem entwickelt, was wir heute darunter verstehen.

Das schon zur Zeit der Französischen Revolution aufzuzeigen, kostete eine weiße französische Frau das Leben: Olympe Marie de Gouges protestierte gegen den Ausschluss der (französischen) Frauen aus den Menschen- und Bürgerrechten aus dem Jahre 1789. Ihr Einwand gegen die fehlende Berücksichtigung der Rechte der Frauen und Bürgerinnen erschien zu dieser Zeit so unerhört, dass sie 1793 hingerichtet wurde.[44]

So kann meines Erachtens die Kairoer Erklärung wie die Erklärung von 1789 als erster Schritt in einer Zeitenwende gesehen werden, der noch nicht ausgereift ist.

5.2 Kulturelle Selbstbestimmung durch normative Abgrenzung

Einige der islamischen Staaten hatten nach Jahrzehnten ihre Souveränität erlangt und suchten nun ihre eigene Identität. Dies gelingt bekanntermaßen oft leicht, indem man sich von anderen abgrenzt. Als gemeinsamer Bezugspunkt wurde die

---

41 Vgl. Zirker, Hans (k. A.): Kairoer Erklärung der Menschenrechte im Islam. PDF-File. URL:http://duepublico.uni-duisburg-essen.de/servlets/DerivateServlet/Derivate-14569/ismenschenr.pdf, (Zugriff. 10.10.2010) S. 3.

42 Vgl. World Jurist Forum III. Adama Dieng. URL: http://www.wjp-forum.org/2011/adama-dieng (Zugriff: 01062010).

43 Vgl. Gschwend, Paul (2002): Der Weltgesellschaftsvertrag. Eine soziale Relativitätstheorie. Graz. Books on Demand GmbH. S. 342.

44 Vgl. Bielefeldt, Heiner/Trisch, Oliver; Deutsches Institut für Menschenrechte (Hrsg.) (2006): Deutsches Institut für Menschenrechte. Unterrichtsmaterialen zur Menschenrechtsbildung. Ausgabe 1, Juli 2006. Berlin. PDF-Dokument. S. 2.

aus dem Islam abgeleitete šarīʿa herangezogen. In der Kairoer Erklärung findet sich eine durchgängige Einschränkung der Menschenrechte durch den Zusatz, dass die šarīʿa letztlich normgebend sei. Somit sind Personenstandsrecht, Partnerwahl, Ehe, Sexualität, Geschlechterverhältnis, Strafmöglichkeiten und dergleichen mehr durch die Normen der šarīʿa definiert und schränken die Erklärung der universellen Menschenrechte ein.

Immer wieder wird im Text Bezug auf *Qur'ān* und Sunna genommen und die Gültigkeit der Menschenrechte durch islamische Normen begrenzt, wie folgende Auszüge belegen:

> „Artikel 2:
> a) Das Leben ist ein Geschenk Gottes, und das Recht auf Leben wird jedem Menschen garantiert. Es ist die Pflicht des einzelnen, der Gesellschaft und der Staaten, dieses Recht vor Verletzung zu schützen, und es ist verboten, einem anderen das Leben zu nehmen, außer wenn die Scharia es verlangt."
> Artikel 7:
> b) Eltern (...) haben das Recht, für ihre Kinder die Erziehung zu wählen, die sie wollen, vorausgesetzt, (...) daß die Erziehung mit den ethischen Werten und Grundsätzen der Scharia übereinstimmt.
> c) In Einklang mit den Bestimmungen der Scharia haben beide Elternteile bestimmte Rechtsansprüche gegenüber ihren Kindern; und Verwandte haben Rechtsansprüche gegenüber ihren Nachkommen.
> Artikel 19:
> d) Über Verbrechen oder Strafen wird ausschließlich nach den Bestimmungen der Scharia entschieden."[45]

Der Grundsatz, dass das von Gott geschaffene Leben von niemandem genommen werden darf, wird durch den Bezug auf die *šarīʿa* eingeschränkt. Diese Einschränkung zielt auf die Legitimierung der Todesstrafe. Wenn aber im Rahmen *šarīʿa*-rechtlicher Normen zu töten erlaubt wird, steht das im Widerspruch zu der seit den 1980er Jahren (erweiterten) Erklärung der Menschenrechte.

Im Artikel 7 kommt indirekt das islamische Familien- und Erbrecht zur Sprache, während in Artikel 19 eindeutig das Strafrecht von den Bestimmungen der *šarīʿa* abhängig gemacht wird.

> „Artikel 22:
> a) Jeder Mensch hat das Recht auf freie Meinungsäußerung, soweit er damit nicht die Grundsätze der Scharia verletzt.
> b) Jeder Mensch hat das Recht, in Einklang mit den Normen der Scharia für das Recht einzutreten, das Gute zu verfechten und vor dem Unrecht und dem Bösen zu warnen.
> c) Information ist lebensnotwendig für die Gesellschaft. Sie darf jedoch nicht dafür eingesetzt und mißbraucht werden, die Heiligkeit und Würde der Propheten zu verletzen, die moralischen und ethischen Werte auszuhöhlen [...]."[46]

Mit Blick auf Versammlungs-, Meinungs- und Informationsfreiheit wird wiederum auf die Beschränkungen durch die šarīʿa verwiesen, insbesondere an dem Punkt, an dem quasi das Verbot blasphemischer Äußerungen oder Aktivitäten

---

45 Kairoer Erklärung der Menschenrechte im Islam. URL: http://www.oic-oci.org/english/article/human.htm (Zugriff: 10.9.2009).

46 ebd.

ausgesprochen wird. Diese werden als Missbrauch der garantierten Rechte bezeichnet, der die moralischen Werte unterhöhle. In diesem Zusammenhang ist darauf hinzuweisen, dass auch die allgemeine Erklärung der Menschenrechte den Artikel 26[47] enthält, der konkret die religiöse Toleranz zwischen den religiösen Gruppen hervorhebt, welche durch blasphemische Äußerungen gefährdet werde. Artikel 7[48] der MR hebt zudem den Schutz vor Diskriminierung hervor, während Artikel 29 eine Einschränkung der Freiheiten vorsieht, um die „Rechte und Freiheiten anderer zu sichern und den gerechten Anforderungen der Moral, der öffentlichen Ordnung und des allgemeinen Wohles in einer demokratischen Gesellschaft zu genügen“[49].

Zur Zeit der Entstehung der Kairoer Erklärung gab es Auseinandersetzungen in Bezug auf die „[...] *Heiligkeit und Würde der Propheten* [...]“, die zu diesem Artikel in der Kairoer Deklaration beitrugen. Konkret kann die zu einer internationalen Affäre ausgewachsene Diskussion um Salman Rushdies „Satanische Verse“ als Motiv für diesen Artikel gedient haben, der sich durch Khomeinis extreme Reaktion zu einem „Kulturkonflikt“ zwischen westlicher und islamischer Welt entwickelte.[50]

Wenn es im Artikel 29 der MR heißt, dass die Rechte und Freiheiten beschränkt werden dürfen, um *„den gerechten Anforderungen der Moral, der öffentlichen Ordnung und des allgemeinen Wohles [...] zu genügen“*[51], dann scheint dies auf den ersten Blick nicht im Widerspruch zu folgenden Artikeln der Kairoer Erklärung zu stehen:

> „Artikel 24:
> Alle Rechte und Freiheiten, die in dieser Erklärung genannt wurden, unterstehen der islamischen Scharia.
> Artikel 25:
> Die islamische Scharia ist die einzig zuständige Quelle für die Auslegung oder Erklärung jedes einzelnen Artikels dieser Erklärung.“[52]

In diesen beiden Artikeln wird festgehalten, was die Verfasser der Erklärung als Referenzrahmen für die öffentliche Ordnung und das allgemeine Wohl betrachten, nämlich die Bindung an die *šarīʿa*. Um bei den anzunehmenden unterschiedlichen Herangehensweisen und Auslegungen durch die Adressaten und Adressatinnen keine Missverständnisse aufkommen zu lassen, wird darauf verwiesen, dass auch die Interpretation der Artikel der Kairoer Erklärung von der islamischen *šarīʿa* abhängig sei.

---

47 Vgl. Resolution 217 A (III) der Generalversammlung vom 10. Dezember 1948: Allgemeine Erklärung der Menschenrechte. URL: http://www.un.org/Depts/german/grunddok/ar217a3.html (Zugriff:01.01.2011).

48 Vgl. ebd.

49 Resolution 217 A (III) der Generalversammlung vom 10. Dezember 1948: Allgemeine Erklärung der Menschenrechte.

50 Vgl. Webster, Richard (1992): Erben des Hasses. Die Rushdie-Affäre und ihre Folgen. Knesebek Verlag.

51 Vgl. Resolution 217 A (III) der Generalversammlung vom 10. Dezember 1948.

52 Kairoer Erklärung der Menschenrechte im Islam. URL: http://www.oic-oci.org/english/article/human.htm (Zugriff: 10.9.2009).

5.3 „Eigene" Menschenrechte als identitätsstiftendes Dokument der „Kolonialvölker"?

Was als möglicher Grund für diese „eigene" Erklärung verstanden werden kann, ist das subjektive Empfinden, als ehemalige Kolonialstaaten die kulturelle Hegemonie der einstigen Kolonialmächte abzuwehren.
Dazu könnte man folgenden Artikel als Beleg zitieren:

> „Artikel 11*:*
> b) Kolonialismus jeder Art ist eine der schlimmsten Formen der Sklaverei. Völker, die unter dem Kolonialismus leiden, haben das volle Recht auf Freiheit und Selbstbestimmung.
> Es ist die Pflicht aller Staaten und Völker, den Kampf der Kolonialvölker für die Abschaffung aller Formen von Kolonialismus und Besatzung zu unterstützen, und alle Staaten und Völker haben das Recht, ihre unabhängige Identität zu wahren und die Kontrolle über ihre Reichtümer und ihre natürlichen Ressourcen selber auszuüben."[53]

Hier werden die Aspekte der Freiheit der (Kolonial-)Völker und die Emanzipation von den ehemaligen Kolonialmächten betont. Dies mündet ein in den Wunsch der Selbstbestimmung. Die universellen Menschenrechte wurden offensichtlich als „westliche" Errungenschaft und aus dem kulturellen Kontext Europas (und Nordamerikas) kommend aufgefasst. Jene will man im Rahmen der Selbstbestimmung auf die für einen kulturellen Raum gültige Normen zurückführen.

Sehr deutlich wird dies in der Verwendung der Begriffe „Kolonialvölker", „Kolonialismus" und „Besatzung" als Hinweise auf eine Abwehr eines von außen kommenden, gewaltsam aufgezwungenen Einflusses, der die eigene nationale, religiöse und kulturelle Identität gefährden würde. Neben der Identitätssicherung gegenüber einer als Hegemonie empfundenen „westlichen Kultur" und deren Normen möchte man auch die staatliche Souveränität und die Kontrolle über die eigenen Ressourcen gesichert wissen.

So erscheint die Kairoer Erklärung weniger als ein Versuch, universell gültige Rechte darzulegen, sondern eher als Sicherung kultureller und nationaler Identität(en) und Abgrenzung zu den Ex-Kolonialmächten. Als einziger sozusagen „integrativer Bezugspunkt" der unterschiedlichen muslimischen Staaten bezieht man sich auf die gemeinsamen Erfahrungen mit dem Kolonialismus und auf scheinbar normative Grundlagen, eben die islamische *šarī'a*. Wie zu Beginn des Beitrages angesprochen wurde, sind die Grundlagen dafür der *Qur'ān*, die *Sunna* und die erwähnten Nebenquellen, wobei nach dem Verständnis der Unterzeichner das göttliche Recht nicht ersetzt oder als ungültig erklärt werden kann. Änderungen müssen so immer im Referenzrahmen islamischer Haupt- und Nebenquellen bleiben. Was jedoch „die šarī'a" sein soll und welche fiqh-Schule konkret gemeint ist, wird nicht definiert.

---

53 Vgl. ebd.

5.4 Resümee

Dass die eigens für die muslimische Welt verfasste Erklärung der Menschenrechte ein nach außen und auf kulturelle Abgrenzung gerichtetes Dokument ist, kann aus den speziellen zeitgeschichtlichen Bezügen geschlossen werden. Dazu gehören der überwundene Kolonialismus, bewaffnete Konflikte, angedrohte oder durchgeführte Militärinterventionen (Irak) und die Auseinandersetzung mit der Rushdie-Affäre. Es ist eine Bestätigung für die eigene, unabhängige muslimische Identität in Abgrenzung zum Westen. Die OIC, 1969 in Rabbat ins Leben gerufen und 1972 in Saudi-Arabien formell gegründet, ist selbst ein Beleg für diese Identitätskonstruktion.[54] Es gibt keine ähnliche zwischenstaatliche Organisation von christlichen oder buddhistischen Staaten auf der Grundlage von Religion.

Neben einer islamistischen Herangehensweise, die kompromisslos und kategorisch jede Beschäftigung mit von Menschen gemachten Gesetzen ablehnt und eine „islamistische Ordnung“ fordert, liegt in der Kairoer Erklärung eine formelle Anerkennung der Menschenrechte vor. Allerdings wird diese in jedem Artikel durch das identitätsbezeugende und auf „das Eigene“ zurückgreifende Normensystem der *šarīʿa* beschränkt.

5.5 Kritik an der Erklärung der Menschenrechte im Islam

Obwohl diese Erklärung keine Konsequenzen für die Rechtsordnungen der beteiligten Staaten hatte, wurde sie kritisiert. Die vorgebrachte Kritik richtet sich gegen die Einschränkung der Menschenrechte, wie zum Beispiel des Rechtes auf Leben (Todesstrafe), der Geschlechtergleichheit, der religiösen Freiheiten und dergleichen mehr. Auch die Möglichkeit von Körperstrafen, wie zum Beispiel Prügelstrafe bei nicht statthaftem Geschlechtsverkehr zwischen Nichtverheirateten, der von vier männlichen Augenzeugen beobachtet wurde oder die Amputation von Gliedmaßen bei Diebstahl eines Gegenstandes bestimmten Wertes außerhalb einer Hungersnot und von zwei Augenzeugen beobachtet, stehen im Widerspruch zu den universell gültigen Menschenrechten. In Bezug auf die Ungleichbehandlungen von Frauen kann das Beispiel von Zeugenaussagen einer Frau, die bei Kaufverträgen von einer zweiten Frau unterstützt werden muss, während ein Mann genügt, angeführt werden.

Es ist darauf hinzuweisen, dass neben den Staaten mit muslimischer Mehrheitsbevölkerung auch solche wie der Vatikan, China oder die USA, Nordkorea, Südafrika und Weißrussland die allgemeine Erklärung der Menschenrechte nicht unterzeichnet bzw. dazu gehörende weitere völkerrechtliche Verträge und Konventionen nicht ratifiziert haben. So haben die USA den *Internationalen Pakt*

---

54 Vgl. Metcalf, Barbara Daly (1986): The comparative Study of Muslim Societies. Items 40. S. 3. In: Huntington, Samuel (2002): Der Kampf der Kulturen. Die Neugestaltung der Weltpolitik im 21. Jahrhundert. München. Goldmann Verlag. S. 281–282.

über wirtschaftliche, soziale und kulturelle Rechte unterzeichnet, aber nicht ratifiziert,[55] und China hat den *Internationalen Pakt über bürgerliche und politische Rechte* unterzeichnet, aber nicht ratifiziert.[56] Saudi Arabien hat beide ebenfalls nicht unterzeichnet, und die *UN-Kinderrechtskonvention* wurde zum Beispiel von den USA und Somalia nicht ratifiziert.[57] Die Abschaffung der Todesstrafe wurde von 73 Staaten ratifiziert.[58]

Gleichwohl bleibt die Kairoer Erklärung ein kultureller und normativer Gegenentwurf zu dem, was sozusagen interkulturelle Gewissheit sein sollte und seinen Niederschlag in der Erklärung der Menschenrechte findet, hier aber scheinbar noch als kulturelle Hegemonie und Anmaßung des Westens gedeutet wurde. Der Kairoer Erklärung folgte einige Jahre später die *Arabische Charta der Menschenrechte*.

5.6 Arabische Charta der Menschenrechte

Die Charta der Menschenrechte der Arabischen Liga aus dem Jahre 1994 unterscheidet sich substantiell von der Kairoer Erklärung. Dezidiert wird auf die bestehenden Erklärungen und Dokumente bezüglich der Menschenrechte eingegangen und in Einbeziehung derselben eine Charta formuliert. So heißt es in der Präambel:

> „[…] in Bekräftigung der Grundsätze der Charta der Vereinten Nationen, der Allgemeinen Erklärung der Menschenrechte, der Bestimmungen der Internationalen Pakte der Vereinten Nationen über bürgerliche und politische Rechte sowie wirtschaftliche, soziale und kulturelle Rechte sowie der Kairoer Erklärung über Menschenrechte im Islam, in Bestätigung alles dessen, sind wir wie folgt übereingekommen: […]“[59]

Schon in der Präambel findet sich ein Hinweis auf aktuelle politische Konflikte, wenn von der Ablehnung des Zionismus, der Besatzung und der Fremd-

---

55 Vgl. AG Friedensforschung. URL: http://www.ag-friedensforschung.de/themen/Menschenrechte/aaj.html (Zugriff: 01.06.2011).

56 Vgl. http://treaties.un.org/Pages/ViewDetails.aspx?src=TREATY&mtdsg_no=IV-4&chapter =4&lang=en

57 Vgl. United Nations treaty collection. URL: http://treaties.un.org/Pages/View Details.aspx?src=TREATY&mtdsg_no=IV-11&chapter=4&lang=en (Zugriff: 01.06.2011).

58 Vgl. Zweites Zusatzprotokoll des Internationalen Paktes über bürgerliche und politische Rechte. United Nations treaty collection. URL: http://treaties.un.org/Pages /ViewDetails.aspx?src=TREATY&mtdsg_no=IV-12&chapter=4&lang=en (Zugriff: 01.06.2011).

59 Arabische Charta der Menschenrechte, verabschiedet vom Rat der Liga der arabischen Staaten am 15. September 1994. PDF-Dokument. Übersetzung aus dem Arabischen: Deutscher Übersetzungsdienst der Vereinten Nationen, New York, Januar 2003. S. 1. URL: http://www.un.org/depts/german/menschenrechte/arab.pdf (Zugriff: 01.06.2011).

herrschaft die Rede ist, welche als Hindernis für die Erlangung grundlegender Rechte der Völker bezeichnet werden.[60]

„Substanzielle Veränderung“ heißt es in der Präambel in Bezug auf die Gleichheit der Menschen ohne Einschränkung durch *šarīʿa*-Normen, obwohl diese genannt und quasi mit anderen Rechtsnormen abgeglichen wurde:

> „Artikel 2
> Jeder Vertragsstaat verpflichtet sich, das Recht auf den Genuss aller in dieser Charta verkündeten Rechte und Freiheiten allen in seinem Gebiet befindlichen und seiner Herrschaftsgewalt unterstehenden Menschen zu gewährleisten, ohne Diskriminierung hinsichtlich der Rasse, der Hautfarbe, des Geschlechts, der Sprache, der Religion, der politischen Anschauung, der nationalen oder sozialen Herkunft, des Vermögens, der Geburt oder des sonstigen Status sowie ohne Unterschied zwischen Mann und Frau.“[61]

Hier werden die Herkunft, die Religionszugehörigkeit und das Geschlecht als Unterscheidungskriterium bei der Anwendung von Recht(en) und Freiheit(en) dezidiert abgelehnt. Dies ist ein grundlegender Unterschied zur Kairoer Erklärung. Auch an den nachfolgenden Artikeln wird dies ersichtlich:

> „Artikel 9
> Alle Menschen sind vor dem Gesetz gleich.“[62]

Bezüglich des Rechtes auf Leben heißt es einerseits:

> „Artikel 5
> Jeder Mensch hat das Recht auf Leben, Freiheit und Sicherheit der Person. Diese Rechte sind gesetzlich zu schützen.“[63]

Andererseits wird dies in den nachfolgenden Artikeln 10 bis 12 dahingehend eingeschränkt, dass die Todesstrafe möglich ist, jedoch nicht für eine politische Straftat. Auch soll die Umwandlung in eine andere Strafe ermöglicht werden, und Personen unter 18 Jahren dürfen nicht hingerichtet werden. Das Gleiche gilt für Schwangere und stillende Mütter.[64]

Hinsichtlich des Gesetzgebers beziehungsweise des Souveräns wird in Artikel 19 ausdrücklich auf das Volk verwiesen. Göttlich bedingtes Recht wird somit – das durchzieht auch die einzelnen Artikel – obsolet.

> „Artikel 19
> Alle Staatsgewalt geht vom Volke aus. Jeder volljährige Staatsbürger hat das Recht auf politische Teilhabe, das er im Rahmen der Gesetze ausübt.“[65]

Das Recht auf Religions-, Gedanken- und Meinungsfreiheit wird in Artikel 26 formuliert, und im nachfolgenden Artikel wird darauf hingewiesen, dass es niemandem zusteht, das Recht, seine/ihre religiöse Praxis auszuüben, einzuschränken. In Artikel 36 wird es sogar als „Stolz des arabischen Nationalgefühls“ be-

---

60 Vgl. ebd.
61 Vgl. ebd. S. 2.
62 Vgl. ebd. S. 3.
63 Vgl. ebd. S. 2.
64 Vgl. ebd. S. 3.
65 Vgl. ebd. S. 4.

zeichnet, dass man aufgrund der Rasse und Religion nicht diskriminiert werden darf und die Menschenrechte heilig sind.[66]

Im Verhältnis zur Kairoer Erklärung wird die Todesstrafe (bestimmte Umstände ausgenommen) weiterhin als mögliche Sanktion legitimiert. Die als Hauptkritikpunkt angeführte Einschränkung durch göttliches Recht wird jedoch in der Charta der Arabischen Liga verworfen und die Einschränkungen durch *šariʿa*-Normen werden im Unterschied zur Kairoer Erklärung nicht erwähnt.

5.7 Muslime in Deutschland und die Menschenrechte

Bei den in den vorhergegangenen Kapiteln aufgeworfenen Bezügen zur *šarīʿa*, welche zur *Allgemeinen Erklärung der Menschenrechte* (und deren Evolution durch Zusatzprotokolle und dergleichen) im Widerspruch stehen, muss gefragt werden: „Wie halten es „die Muslime“ in Deutschland damit?“ Einen ideologischen Zugang, wie er bei der sogenannten politischen Salafiyya zu finden ist und einen Widerspruch zur hiesigen Rechtsordnung bedeutet, findet man nur bei einer kleinen Minderheit. Der Großteil der Muslime ist entweder gar nicht oder in einem der zahlreichen Vereine organisiert,[67] die sich zu nationalen Verbänden zusammengeschlossen haben.

Die Einstellung zu den Menschenrechten ist von verschiedenen Aspekten abhängig. Eine zentrale Rolle spielt die Frage nach der Geltung und Interpretation der islamischen Quellen auf der Basis der in aller Kürze beschriebene Methodologie. Dabei sind fundamentalistische Modifikationen und politische Ideologien wirksam. Geprägt durch die sozialen und politischen Umstände nach der Kolonialzeit zeigte sich eine quasi fundamentalistische Abwehrhaltung gegen die Normen der einstigen Kolonialmächte, welche die eigene Identität gefährdeten.[68]

Genauso wie die Abwehrhaltung des islamischen Fundamentalismus eine Reaktion auf die Moderne ist, zeigt sich diese Abwehrhaltung eben auch in der Kairoer Deklaration. Von den Errungenschaften der „westlichen Moderne“ profitierten die Eliten im Norden, während die im Süden außen vor blieben, konstatiert Thomas Meyer.[69] Die Kolonialisierten betrachteten sich zudem als Ausgebeutete, auf deren Grundlage die Kolonialherren ihren Reichtum anhäufen konnten.[70]

---

66 Vgl. ebd. S. 6.

67 22 % der sunnitischen Muslime sind in Vereinen organisiert. Studie Bundesamt für Migration und Flüchtlinge (Hg.): Hau, Sonja/Müssig, Stephanie/Stichs, Anja (2009): Muslimisches Leben in Deutschland. S. 15. PDF-Datei.

68 Vgl. Meyer. Thomas (1997): Identitäts-Wahn. Die Politisierung des kulturellen Unterschieds. Berlin. Aufbau Taschenbuch Verlag. S. 67.

69 Vgl. Meyer, Thomas (1989): Fundamentalismus. Aufstand gegen die Moderne. Hamburg. RoRoRo. S. 67.

70 Vgl. ebd.

Auch hier gab es eine Evolution, wie die Erklärung von Amman zeigt. Im deutschen Kontext gibt es vom Zentralrat der Muslime eine entsprechend ausformulierte Erklärung bezüglich der Übereinstimmung der Grund- und Menschenrechte und des demokratischen Verfassungsstaates.

Dass Religion bzw. Religiosität auch in einem demokratisch verfassten, säkularen Staat einen Platz haben und beides kein Widerspruch sein soll/muss, stellt Habermas fest, wenn er konstatiert, dass sich auch die vernunftrechtliche Legitimation von Recht und Politik aus profanisierten Quellen religiöser Überlieferungen speist.[71]

Der Zentralrat der Muslime in Deutschland (ZMD) positioniert sich als Zusammenschluss mehrerer muslimischer Interessensverbände in der Frage der Gültigkeit der Grund- und Menschenrechte anders als die vorher behandelten politisch-ideologischen Denker und die aus ihrer Gedankenwelt hervorgegangenen extremistischen Bewegungen. Auch flüchtet man sich dort nicht in eine Überidentifikation mit dem „Eigenen", die sich durch die Abgrenzung zu den „Anderen" positioniert, in diesem Falle zur „westlichen Welt".[72]

Der ZMD positioniert sich als Teil der deutschen (westlichen) Gesellschaft zur Frage der demokratischen Grundordnung und eben auch der Menschenrechte bezüglich der „Religionsfreiheit" oder der „Geschlechtergerechtigkeit" wie folgt:

> „Ob deutsche Staatsbürger oder nicht, bejahen die im Zentralrat vertretenen Muslime daher die vom Grundgesetz garantierte gewaltenteilige, rechtsstaatliche und demokratische Grundordnung der Bundesrepublik Deutschland, einschließlich des Parteienpluralismus, des aktiven und passiven Wahlrechts der Frau sowie der Religionsfreiheit.
> Daher akzeptieren sie auch das Recht, die Religion zu wechseln, eine andere oder gar keine Religion zu haben. Der Koran untersagt jede Gewaltausübung und jeden Zwang in Angelegenheiten des Glaubens."[73]

Im Gegensatz zu dem vorher dargestellten Islam-Verständnis der politischen Salafiyya, welche eine nach ihrem Verständnis vom „Islam abweichende Rechtsordnung" als Abfall vom Glauben betrachtet, positioniert sich der ZMD in folgender Weise:

> „Das islamische Recht verpflichtet Muslime in der Diaspora, sich grundsätzlich an die lokale Rechtsordnung zu halten. In diesem Sinne gelten Visumserteilung, Aufenthaltsgenehmigung und Einbürgerung als Verträge, die von der muslimischen Minderheit einzuhalten sind."[74]

Hiermit begründet man im genauen Gegensatz zur Position der politischen Salafiyya, dass der Islam nicht verbieten, sondern gebieten würde, die geltende (lokale, nicht islamisch begründete) Rechtsordnung zu akzeptieren, und zwar in dem Sinne, dass der Muslim oder die Muslima mit dem Staat einen für sie bindenden Vertrag eingegangen sei. Für diese affirmative Positionierung der ZMD

---

71 Vgl. Habermas, Jürgen (2001): Glauben und Wissen. Frankfurt am Main. Sonderdruck. Edition Suhrkamp. S. 21.

72 Vgl. Meyer. Thomas (1997): Identitäts-Wahn. S. 67–68.

73 Islamische Charta: URL: http://www.zentralrat.de/3035.php (01.07.2011).

74 ebd.

gibt es sowohl von nichtmuslimischer[75] als auch von muslimischer Seite Kritik.[76] Tatsache bleibt, dass Studien in muslimischen Milieus das Vorhandensein eines demokratischen Konsenses belegen.[77]

Muslimische Gruppierungen in Deutschland, welche sich in Abgrenzung zur deutschen Gesellschaft und zum Staat definieren, bilden eine Minderheit, werden vom Verfassungsschutz deswegen beobachtet und von der Mehrheit der Muslime entsprechend abgelehnt.

6 Schlusswort

Die Theologie und Jurisprudenz des Islam besteht nicht aus einem unbedachten, nicht hinterfragten Heranziehen und Anwenden von Texten aus beiden islamischen Hauptquellen. Das Verständnis des Textes und die möglichen Ableitungen aus dem Überlieferungstext beschäftigten die Muslime von Anfang an und führten zu den in Ansätzen geschilderten heterodoxen Auffassungen zu theologischen und die Jurisprudenz betreffenden Inhalten. Wie dargelegt wurde ist „der Islam" nicht inkompatibel mit den Menschenrechten, wenngleich bestimmte Interpretationen muslimischer Denker zu dieser Schlussfolgerung kamen und weiterhin kommen. Freilich bleiben – und das gilt ja auch für die meisten christlichen Konfessionen oder das Judentum – teilweise Widersprüche bestehen, welche im allgemeinen Diskurs über Religionen oder mit der Interpretation und dem Verständnis von Religionen zu weiterem Nachdenken Anlass geben, besonders, wenn es um Geschlechtergerechtigkeit geht.
Dort, wo die eigene kulturelle Identität infrage gestellt oder eine kulturelle Hegemonie subjektiv wahrgenommen wird, besteht die Gefahr des fundamentalistischen Rückzuges, wie die Beispiele zeigten. So bestimmen Zeit und der soziale sowie kulturelle Kontext die Rolle bei der Rezeption und Praxis des Islams. In Bezug auf die Frage nach dem Verhältnis von universellen Menschenrechten und Islam kann konstatiert werden, das dieses der einzelne (muslimische) Mensch selbst bestimmt – in seiner Zeit und Umgebung. In Deutschland hat sich unter anderem der Zentralrat der Muslime eindeutig positioniert.

Aufgrund der bestehenden und zukünftig entstehenden Lehrstühle für Islamische Religionspädagogik, Theologie und Islamische Studien sowie der universitären Weiterbildung der Imame ist die Entwicklung eines kontextualisierten affirmativen Islamverständnisses zu erwarten.

---

75 Vgl. Islam.de: URL: http://islam.de/16082.php (01.07.2011).

76 Vgl. Diskussionsforum Ahl-as-Sunna, salafitisch geprägter Weblog: URL: http://www.ahlu- sunnah.com/threads/18544-Kritische-Anmerkungen-zu-%E2%80%9CISLAMISCHE- CHARTA%E2%80%9C (Zugriff: 01.07.2011).

77 Vgl. Jessen, Frank/von Wilamowitz-Moellendorff, Ulrich (2006): Das Kopftuch – Entschleie rung eines Symbols? Zukunftsforum Politik, Broschürenreihe Konrad-Adenauer-Stiftung e. V. St.Augustin/Berlin. S. 39. URL: http://www.kas.de/wf/doc/kas_9095–544–1-30.pdf?070807122758 (Zugriff:01.07.2011).

Literatur

AG Friedensforschung.URL:http://www.ag-friedensfoschung.de/themen/Menschenrechte/aaj.html (Zugriff: 01.06.2011).

Arabische Charta der Menschenrechte, verabschiedet vom Rat der Liga der arabischen Staaten am 15. September 1994. PDF-Dokument. Übersetzung aus dem Arabischen: Deutscher Übersetzungsdienst der Vereinten Nationen, New York, Januar 2003. S.1. URL: http://www.un.org/depts/german/menschenrechte/arab.pdf (Zugriff: 01.06.2011).

Asad, Muhammad (2009): Die Botschaft des Koran. Übersetzung und Kommentar. Düsseldorf. Patmos Verlag.

Bielefeldt, Heiner/Trisch, Oliver; Deutsches Institut für Menschenrechte (Hrsg.) (2006): Deutsches Institut für Menschenrechte. Unterrichtsmaterialen zur Menschenrechtsbildung. Ausgabe 1, Juli 2006. Berlin. PDF-Dokument.

Diskussionsforum Ahl-as-Sunna, salafitisch geprägter Weblog: URL: http://www.ahlusunnah.com/threads/18544-Kritische-Anmerkungen-zu-%E2%80%9CISLAMISCHE-CHARTA%E2%80%9C (Zugriff: 01.07.2011).

Görlach, Joseph-Simon (2008): Der Islam und die Probleme der modernen Zivilisation. Saiyid Quṭbs Auseinandersetzung mit Alexis Carrel. URL: http://tobias-lib.uni-tuebingen.de/volltexte/2009/3678/pdf/Saiyid_Qutbs_Auseinandersetzung_mit_Alexis_Carrel.pdf (Zugriff: 10.06.2011).

Gray, John (2004): Die Geburt al-Qaidas aus dem Geist der Moderne. München. Antje Kunstmann Verlag.

Grunebaum, G.E. (1971): Der Islam II. Die islamischen Reiche nach dem Fall von Konstantinopel. Fischer Weltgeschichte.

Gschwend, Paul (2002): Der Weltgesellschaftsvertrag. Eine soziale Relativitätstheorie. Graz. Books on Demand GmbH.

Habermas, Jürgen (2001): Glauben und Wissen. Frankfurt am Main. Sonderdruck. Edition Suhrkamp.

Halm, Hein (2005): Die Schiiten. München. C. H. Beck.

Hourani, Albert (2000): Die Geschichte der arabischen Völker. Frankfurt. Fischer Verlag. 2. Auflage. http://treaties.un.org/Pages/ViewDetails.aspx?src=TREATY&mtdsg_no=IV-4&chapter=4&lang=en

Huntington, Samuel (2002): Kampf der Kulturen. Die Neugestaltung der Weltpolitik im 21. Jahrhundert. München. Goldmann Verlag.

Islamische Charta: URL: http://www.zentralrat.de/3035.php (01.07.2011).

Jessen, Frank/von Wilamowitz-Moellendorff, Ulrich (2006): Das Kopftuch – Entschleierung eines Symbols? Zukunftsforum Politik, Broschürenreihe Konrad-Adenauer-Stiftung e. V. St. Augustin/Berlin. S. 39. URL: http://www.kas.de/wf/doc/kas_ 9095–544–1-30.pdf?070807122758 (Zugriff:01.07.2011).

Kairoer Erklärung der Menschenrechte im Islam. URL: http://www.oic-oci.org/english/article/human.htm (Zugriff: 10.9.2009).

Krämer, Gudrun (2010): Hasan al-Banna. Makers of the Muslim World. Oxford. One World Verlag.

Krämer, Gudrun: Zum Verhältnis von Religion, Recht und Politik: Säkularisierung im Islam. S. 174–175. In: Joas, Hans/Wiegandt, Klaus (2007): Säkularisierung und die Weltreligionen. Forum für Verantwortung. Frankfurt am Main. Fischer Verlag.

Lohlker, Rüdiger (2008): Islam. Eine Ideengeschichte. Wien. Facultas Verlag.

McAuliffe, Jane Dammen (G. Editor)(2006): Encyclopaedia of the Qur'ān. Volume Five. Brill, Leiden-Boston.

Metcalf, Barbara Daly (1986): The comparative Study of Muslim Societies. Items 40. S. 3. In: Huntington, Samuel (2002): Der Kampf der Kulturen. Die Neugestaltung der Weltpolitik im 21. Jahrhundert. München. Goldmann Verlag.

Meyer. Thomas (1997): Identitäts-Wahn. Die Politisierung des kulturellen Unterschieds. Berlin. Aufbau Taschenbuch Verlag.

Meyer, Thomas (1989): Fundamentalismus. Aufstand gegen die Moderne. Hamburg. RoRoRo.

Özravil, Sait M.: Thr Qur'ānic Rational Theology of Ibn Taymiyya and his Criticism of the Mutakallimūn. In: Ahmed, Shahab and Rapoport, Yossef (2010): Ibn Taymiyya and his Times. Karachi. Oxford University Press.

Quṭb, Sayyid in: Die Bedeutung des Korans (2009): Sure Al-Mā᾽ida. Teil 6 und 7. München. Bavaria Verlag.

Ramadan, Tariq (2001): Muslimsein in Europa. Untersuchung der islamischen Quellen im europäischen Kontext. Köln. MSV Marburg.

Rasoul, Muhammad (Hg.) (2005): Qutb, Sayyid. Zeichen auf dem Weg. Deutsche revidierte Fassung gemäß dem arabischen Original. Köln. Islamische Bibliothek.

Resolution 217 A (III) der Generalversammlung vom 10. Dezember 1948: Allgemeine Erklärung der Menschenrechte. URL: http://www.un.org/Depts/german/grunddok/ar217a3.html (Zugriff:01012011).

Sivan, Emmanuel (1990): Radical Islam. Medieval Theology and Modern Politics. New York/New Haven/London. Yale University Press.

Schlabach, Jörg (2009): Scharia im Westen. Muslime unter nicht-islamischer Herrschaft und die Entwicklung eines muslimischen Minderheitenrechts für Europa. Berlin. Lit Verlag.

Studie Bundesamt für Migration und Flüchtlinge (Hg.): Hau, Sonja/Müssig, Stephanie/Stichs, Anja (2009): Muslimisches Leben in Deutschland.

Tafsir ibn Kathir Shaykh (2000): Volume 3. Riyadh, Houston, New York, Lahore. Darussalam Publisher & Distributors. S. 185–186. Gekürzte Fassung.

Takfiris.com: Sayyid Qutb And The French Connection: Alexis Carrel – The French Catholic, Social Darwinist Doctor That Influenced Qutb's 'Jaahiliyyah'. URL:http://www.Takfiris.com/takfir/articles/rgbql-sayyid-qutb-and-the-french-connection-alexis-carrel-the-french-catholic-social-darwinist-doctor-that-influenced-qutbs-jaahiliyyah.cfm (Zugriff: 10.06.2011).

The Cairo Declaration on Human Rights in Islam: http://www.oic- oci.org/english/article/human.htm (Zugriff: 01.04.2011).

United Nations treaty collection. URL: http://treaties.un.org/Pages/ViewDetails. aspx?src=TREATY& mtdsg_no=IV-11&chapter=4&lang=en (Zugriff: 01.06.2011).

van Ess, Josef (1991): Theologie und Gesellschaft im 2. und 3. Jahrhundert Hidschra. Eine Geschichte des religiösen Denkens im frühen Islam. Band I. Berlin/New York. Walter de Gruyter Verlag.

Waardenburg, Jacques (2002): Islam. Historical, Social, and Political Perspectives. Berlin, New York. Walter de Gruyter.

Anmerkungen des Herausgebers zum Beitrag von Philip Riabykh Russische Orthodoxe Kirche und Menschenrechte

Der auf dem Symposion in englischer Sprache vorgetragene Vortrag wurde sinngemäß ins Seutsche übertragen. Die vorgetragene Position steht in deutlicher Differenz zu den sonstigen Beiträgen und stieß auch bei den Teilnehmern des Symposions auf Widerspruch. Da das Symposion u.a. zum Ziel hatte, die unterschiedlichen Positionen zum Verständnis der Menschenrechte wahrzunehmen, durfte ein Beitrag aus der christlichen Orthodoxie nicht fehlen. Herr Riabykh ist ein hoher Repräsentant der russisch-orthodoxen Kirche und die vorgetragene Position kann entsprechend als repräsentativ eingestuft werden.

Daher haben wir den Beitrag trotz Bedenken auch in diesen Band aufgenommen und um Auszüge der offiziellen Erklärung der russisch-orthodoxen Kirche ergänzt.

Russische Orthodoxe Kirche und Menschenrechte

Pater Superior Philip Riabykh

Der Standpunkt der Russisch-Orthodoxen Kirche zu Menschenrechten wird in ihrer Sozialdoktrin dargestellt, die 2008 vom Rat ihrer Bischöfe verabschiedet worden ist. Dieses Dokument wird als Grundsatzlehre zu Menschenwürde, Rechten und Freiheit bezeichnet. Mit Unterstützung der Adenauer Stiftung wurde es ins Deutsche übersetzt und veröffentlicht. Die Formulierung der Ideen unter der Leitung des gegenwärtigen Patriarchen Kirill von Moskau und ganz Russland nahm mehrere Jahre in Anspruch. Bezogen auf dieses Dokument der russischen Kirche, möchte ich gerne einige allgemeine Aussagen über die Beziehung zwischen Menschenrechten, traditionellen Werten und deren Zusammenhang mit Religion machen.

Ich glaube, jeder wird zustimmen, dass Menschenrechte nicht in Reinform existieren, wie die Platonischen Ideen, die Autoritäten und Behörden vorgegeben sind, um sie zu bedenken und bekannt zu machen. Sie sind immer in besondere kulturelle Situationen eingebettet. Deshalb ist diese Erklärung der Russisch- Orthodoxen Kirche besonders bedeutsam, weil sie Wege aufzeigt, das Konzept der Menschenrechte im spezifisch religiösen und kulturellen Zusammenhang, d. h. auf dem Boden der russischen Orthodoxie zu entwickeln.

Aber zieht die Menschenrechtspraxis heute den konkreten kulturellen und historischen Zusammenhang genug in Betracht? Ist es zum Beispiel möglich, eine abstrakte religiöse Freiheit zu gewährleisten? Das ist absurd! Die Verwirklichung von religiöser Freiheit führt immer zum Auftreten von unterschiedlichen religiösen Gruppen verschiedener Größe, die einen unterschiedlichen Einfluss auf das Leben der Gesellschaft ausüben. Da in Europa das Christentum der

Mehrheitsglaube ist, darf es sich nicht fragen, ob es die Freiheit anderer durch seine bloße Existenz und Dominanz verletzt.

Deshalb verstehe ich nicht, warum der Europäische Gerichtshof für Menschenrechte 2009 entschied, dass Kruzifixe aus italienischen Schulen entfernt werden sollten, um der Bitte eines einzelnen Bürgers nachzukommen und somit das Recht anderer Bürger des Landes ignorierte. So wurde es auf der Grundlage von rein abstrakten Grundsätzen der Freiheit durch eine internationale Autorität für Recht befunden, für ein ganzes Volk zu entscheiden, wie es die Freiheit des Gewissens im eigenen Land sicherstellen sollte, und dass, wohlgemerkt in einem demokratischen Staat. Warum durfte das Recht von Millionen verletzt werden, um das Recht eines Einzelnen zu schützen? Ein ähnliches Problem gab es in einigen deutschen Bundesländern, hier jedoch haben die demokratischen Proteste von Bürgern geholfen, Kruzifixe in Schulen zu erhalten. Das Vorgehen des Europäischen Gerichtshofes erinnert an Aktionen in Russland, der Ukraine, Weißrussland und anderen Ländern Osteuropas, wo die totalitären Mächte gegen Gläubige vorgegangen sind und religiöse Zeichen aus der Öffentlichkeit verbannt haben.

Gott sei Dank ist Russland nun seit 20 Jahren frei von Diskriminierung der Religionen. Darüber hinaus solidarisierte sich Russland mit Italien und beide legten gemeinsam Berufung gegen diese Entscheidung in Straßburg ein.

In der russischen Gesellschaft herrscht die Meinung vor, dass religiöse Traditionen und ihre Symbole nicht aus der Öffentlichkeit verbannt werden sollten. Was wäre wenn morgen jemand den Davidstern nicht mehr auf der israelischen Flagge, oder den Halbmond auf der türkischen sehen möchte? Wo wird uns diese Logik der Einhaltung der Menschenrechte hinführen?

Die Präsenz einer bestimmten Religion ändert sich von Land zu Land, abhängig von der Zahl der Gläubigen und der Rolle, die diese Religion im Leben des jeweiligen Landes spielt. Dieser Zustand widerspricht weder der Freiheit noch der Gerechtigkeit, vorausgesetzt, dass andere religiöse Gemeinschaften auch die Gelegenheit haben, in der Gesellschaft präsent zu sein, entsprechend der Zahl ihrer Anhänger und ihrer gesellschaftlichen Rolle.

Ist es gerechtfertigt, Religion unter dem Vorwand des Menschenrechtsschutzes aus dem öffentlichen Raum zu vertreiben? Ich denke, dass Menschenrechte auch unter Bewahrung einer Religion, die eine aktive Rolle in der Gesellschaft einnimmt, geschützt werden können.

Die Erklärung der russischen Kirche zu Menschenrechten möchte ebenfalls auf das kreative Potential der religiösen Tradition bei der Bildung und Gestaltung der modernen Gesellschaft hinweisen. Im letzten Kapitel wird festgehalten, dass die russische Kirche bereit ist, Menschenrechte in der Gesellschaft zu fördern. Wichtig dabei ist wahrzunehmen, dass Menschenrechte heutzutage als Ausdruck von Humanismus und traditionelle religiöse Werte als Elemente eines rückständigen Denkens dargestellt werden. Außerdem wird Religion häufig als Beispiel eines dogmatischen Bewusstseins präsentiert, welches die Entwicklung der menschlichen Zivilisation und Entdeckung von neuen Horizonten in der Erkenntnis der Welt behindert.

So gab es am 4. Oktober 2010 ein internationales Seminar in Genf mit dem Thema „Verhältnis von Menschenrechten und traditionellen Werten“, welches vom UN-Menschenrechtsrat organisiert wurde. Die Länder und Organisationen, die gegen die Anwendung traditioneller Werte auf Menschenrechte waren, bemühten sich, religiöse Traditionen mit schlechtesten sozialen Verhaltensformen, wie Gewalt gegen Frauen und Kinder, Diskriminierung, Folter, Intoleranz usw. zu verknüpfen. Aus folgenden Gründen beunruhigt mich diese Tendenz:

Gläubige genießen in allen demokratischen Ländern gesetzlich gesicherte Freiheiten, die niemand anfechtet. Doch wieviel ist diese Freiheit wert, wenn in einer Gesellschaft Intoleranz, beispielsweise gegenüber Christen oder Muslimen, herrscht? Heute haben Christen in Europa Grund dafür, in bestimmten Situationen von Fällen von Christianophobie zu sprechen. Im Jahr 2009 veröffentlichte die British Humanist Association, die mit Unterstützung der Regierung die Glaubensgleichheit überwacht, Empfehlungen für Arbeitgeber. Diese besagten, dass Propaganda des Christentums am Arbeitsplatz als Angriff gilt und sogar durch Entlassung bestraft werden sollte. Warum wohl entließen die Leiter eines Krankenhauses in Somerset County eine Krankenschwester, die vorgeschlagen hatte, für einen Patienten zu beten?

Ebenfalls im Jahr 2009 veröffentlichte das soziologische Institut ComRes die Ergebnisse einer öffentlichen Umfrage in Großbritannien, die die Verfolgung aufgrund von Religionszugehörigkeit untersucht hat. 44% der Befragten gaben an, anhaltendem Spott durch Bekannte und Kollegen aufgrund ihrer religiösen Ansichten ausgesetzt zu sein. Weitere 20% sagten, dass ihr christlicher Glaube Ursache von Konflikten am Arbeitsplatz sei. 10 % der Befragten erfuhren diese Konflikte in ihren Familien. Auch das Schulwörterbuch in Großbritannien enthält keine Einträge wie 'Abtei', 'Bischof', 'Kapelle', 'Pfingsten', 'Dreifaltigkeit' mehr, da nach der Meinung der Verfasser, die britische Gesellschaft multireligiös geworden sei.

Religiöse Organisationen werden auch heute aktiv, unter Verweis auf das Recht der freien Meinungsäußerung, diskreditiert.

Es entsteht der Eindruck, dass heutige Massenmedien sich zur Aufgabe gemacht haben, ein negatives Bild von Weltreligionen wie dem Christentum und dem Islam, zu schaffen. Dies geschieht zum Beispiel durch beleidigende Filme oder Ausstellungen und Karikaturen von Führern oder Symbolen dieser Religionen.

Die Beleidigung und Erniedrigung einer religiösen Tradition wird von ihren Anhängern als persönliche Beleidigung aufgefasst.

In solchen Fällen sollte die persönliche Beleidigung nach den Maßstäben von Menschenrechten bestraft werden. Andernfalls werden sich die Konflikte in der Welt nur multiplizieren. Natürlich bestehen auch in vielen religiösen Organisationen Probleme, die auch die weltliche Gesellschaft teilt. Es ist jedoch unzulässig, dass diese Probleme verallgemeinert und stigmatisiert werden, wie es mit Pädophilie-Fällen in der katholischen Kirche oder extremistischen Tendenzen im Islam geschehen ist. Dies ist umso unzulässiger, wenn die Oberhäupter der jeweiligen Religion diese Tendenzen selbst weder befürworten noch unterstützen, sondern ebenso dagegen kämpfen.

Weiter ist mir unklar, warum die neuen Aufrufe zur Verbrennung des Koran, die in den USA geäußert wurden, von den Weltmassenmedien verbreitet werden sollten. Es ist eine offene Provokation, deren Ziel es ist, ein schlechtes Image der Religion und ihres angeblichen Konfliktpotenzials zu schaffen. Deshalb stimme ich mit den Worten überein, die das iranische Oberhaupt Ayatollah Khamenei am 13. September 2010 an die Welt richtete: 'Die Aufwiegelung von Dissonanzen unter Muslimen und Christen auf globalem Niveau - das ist, was von Feinden, von Veranstaltern dieser verrückten Show gewünscht wird'. Ich glaube, dass es notwendig ist, eine Reihe von Maßnahmen zu entwickeln, um die Verantwortung der Massenmedien, bezüglich des Propagierens von Informationen, die bekanntermaßen die Gewalt in der Welt vermehren, zu stärken.

Wenn man Kritik an Religion als eine Quelle von Übel ansieht, haben wir das Recht zu fragen: Sind säkularisierte Gesellschaften humaner? Abtreibung, Gewalt, Folter, wirtschaftliche Ausnutzung von Menschen, Todesstrafe, Erniedrigung, Selbstmord, Fremdenfeindlichkeit, Extremismus, Drogenabhängigkeit, Zerfall der Familie, niedrige Geburtenrate, Umweltschäden - all das sind Probleme von Gesellschaften, in denen die Menschenrechtsstandards geschützt werden. Außerdem sind es genau diese Probleme, die die weitere Entwicklung der Gesellschaft trotz aller wissenschaftlichen und technologischen Errungenschaften verhindern. Wenn es Probleme sowohl im weltlichen als auch religiösen Milieu gibt, wäre es nicht besser, das gemeinsam zu unterstützen, was man als gut ansieht und abzulehnen, was man für schlecht erklärt? Warum sollte man einen Konflikt zwischen dem Menschenrechtskonzept und den religiösen Traditionen schaffen? Eine nachhaltige Entwicklung einer Gesellschaft ist nur möglich, wenn man ein Gleichgewicht zwischen Freiheit und Moral schafft. Die Zukunft gehört einem solchen sozialen Entwicklungsprojekt, welches weltliche und religiöse Werte integriert und gegenseitig ausbalanciert. Diese Herangehensweise entspricht der menschlichen Natur, die sich sowohl aus materiellen als auch aus spirituellen Komponenten zusammensetzt.

Jetzt vielleicht das Wichtigste: Die Sozialdoktrin der russischen Kirche besteht darauf, dass religiöse Traditionen zur Entwicklung von universalen Menschenrechtsstandards beitragen sollten. Viele fragen heutzutage: Sind die vorhandenen Menschenrechtsstandards wirklich universal? Wurden und werden sie nicht auch bloß unter dem Diktat einer einzigen weltlichen liberalen Weltanschauung und eines schmalen Kreises von Ländern formuliert? Diese Standards erlauben den Missbrauch von Menschenrechten und Freiheiten um Religionen zu verleumden, amoralische und zerstörende Tendenzen in der Gesellschaft zu fördern und eine neue Generation von Menschenrechten zu entwickeln, die auf einer Idee von der menschlichen Natur basiert, die für die meisten Menschen inakzeptabel ist. Das schließt auch die sexuelle Orientierung, die Euthanasie und die Abtreibung mit ein. Während diese Rechte gefestigt werden, werden diejenigen, die mit dieser Idee von der menschlichen Natur nicht übereinstimmen, gesetzlichen Sanktionen und Beschränkungen unterworfen. In Großbritannien und den USA werden katholische nichtstaatliche Organisationen, die sich mit der Adoption von Kindern beschäftigen, für die Verweigerung der Arbeit mit gleichgeschlechtlichen Paaren, Sanktionen und Druck ausgesetzt. Oder die berüchtigte Geschichte des lutherischen schwedischen Pastors Green, der zur Haft verurteilt wurde, weil er in seiner Predigt Homosexualität eine Sünde genannt hat. Schließlich ist auch der Italiener Buttiglone zu erwähnen, dem der Posten eines Kommissars in der Europäischen Kommission verweigert wurde, weil er die gleiche Einstellung verkündete.

An dieser Stelle möchte ich fragen: Warum besitzt bloß die weltliche liberale Einstellung allein den Universalitätsanspruch? Die Regeln des Lebens in einer globalen Welt sollten weder in einem Zentrum der Welt, noch von Vertretern einer einzigen Weltanschauung entwickelt werden, sondern eine Übereinstimmung zwischen Vertretern der wichtigsten ideologischen Systeme der Welt darstellen. Menschenrechte sollten nicht mit der nichtreligiösen Weltanschauung und dem moralischen Relativismus identifiziert werden. Es ist deshalb wichtig, für Vertreter von verschiedenen Weltanschauungen und Moralansichten zu der Entwicklung von Menschenrechten beizutragen. Vertreter religiöser Weltanschauungen werden unter dem Vorwand, dass es unmöglich sei, eine gültige Konfessionsvertretung zu sichern, häufig von dieser Teilnahme ausgeschlossen. Wenn es um die Darstellung der religiösen Weltanschauung geht, bedeutet es nicht, Besonderheiten der Lehre spezifischer Religionen einzubeziehen, sondern Postulate über das Leben des Einzelnen und der Gesellschaft, welche von den meisten Religionen geteilt werden, zu vertreten.

Die Erfahrungen des interreligiösen Dialogs der letzten Jahrzehnte zeigen uns, dass verschiedene religiöse Traditionen sich in ihren Ansichten, beispielsweise wie die öffentlichen und privaten Bereiche des menschlichen Lebens geregelt werden sollten, ähneln. Um diese einheitlichen Ansichten zu präsentieren, ist es nicht notwendig, Vertreter aller Religionen zu versammeln, so wie nicht alle in der Welt vorhandenen philosophischen Schulen eingeladen werden, sich an Diskussionen über Menschenrechte zu beteiligen. Wichtig sind an erster Stelle natürlich jene religiösen Vertreter, die sich auf Probleme, wie sich die Religionen in der Gesellschaft präsentieren, spezialisieren. Diese Auswahl muss von Glaubensvertretern selbst getroffen werden, nicht von internationalen Beamten oder einer politischen Führung.

Auf den religiösen Gipfeln, die seit 2006 in Moskau, Sapporo, Rom, Astana und Baku stattgefunden haben, ist wiederholt das Bedürfnis geäußert worden, einen Dialog zwischen religiösen Führern und internationalen Organisationen zu entwickeln. Ähnliche Erklärungen sind aus der Führungselite von Ländern wie Russland, den Philippinen, Saudi-Arabien, Kasachstan, Katar, der Türkei, Spanien und anderen abgegeben worden. 2009 wurde die High-Level Religious Leaders Group in der Partnerschaft mit der UNESCO gegründet und die Führungsperson der Evangelischen Kirche in Deutschland, Dr. Huber, erklärte sich bereit, sich anzuschließen. Ich hoffe, dass wir nicht nur im Stande sein werden, neue Herangehensweisen an Menschenrechte zu entwickeln, so dass ihre universelle Natur gefördert werden kann, sondern auch wirksame Beratungen zwischen Vertretern von religiösen Gemeinschaften, der Zivilgesellschaft und dem Staat zu generieren.

(Übertragen aus dem Englischen von Lena Pankau und Jörn Neier)

Anhang

Grundlagen der Lehre der Russischen Orthodoxen Kirche über die Würde, die Freiheit und die Menschenrechte[1]

Im Verlauf der Menschheitsgeschichte hat das Verständnis dessen, was der Mensch ist, die Ordnung des privaten und öffentlichen Lebens wesentlich beeinflusst. Trotz tiefgreifender Unterschiede zwischen den einzelnen Zivilisationen und Kulturen besitzt jede von ihnen bestimmte Vorstellungen von den Rechten und Pflichten des Menschen.

In der modernen Welt ist die Überzeugung weit verbreitet, dass das Institut der Menschenrechte an sich am besten die Entwicklung der menschlichen Person und die Gestaltung der Gesellschaft fördern kann. Dabei kommt es in der Praxis häufig vor, dass mit dem Hinweis auf den Schutz der Menschenrechte Ansichten umgesetzt werden, die sich von der christlichen Lehre grundlegend unterscheiden. Die Christen geraten in Situationen, in denen sie von den öffentlichen und staatlichen Strukturen gezwungen werden können und zum Teil bereits gezwungen werden, gegen die Göttlichen Gebote zu denken und zu handeln, und das hindert sie daran, das wichtigste Ziel im Leben eines Menschen – die Befreiung von der Sünde und die Erlangung des Heils – zu erreichen.

In einer solchen Situation ist die Kirche berufen, unter Bezug auf die Heilige Schrift und die heilige Tradition, an die grundlegenden Bestimmungen der christlichen Lehre über den Menschen zu erinnern und die Theorie der Menschenrechte sowie ihre Umsetzung im Leben zu bewerten.

Die Menschenwürde als eine religiös-sittliche Kategorie

I.1. Der Grundbegriff, auf den sich die Theorie der Menschenrechte stützt, ist der Begriff der Menschenwürde. Namentlich deshalb entsteht die Notwendigkeit, die kirchliche Sicht auf die Würde des Menschen darzulegen.
Nach der biblischen Offenbarung wurde die Natur des Menschen von Gott nicht nur geschaffen, sondern mit Eigenschaften nach Seinem Abbild und Ihm ähnlich ausgestattet (siehe Gen 1, 26). Allein auf dieser Grundlage lässt sich behaupten, dass die menschliche Natur unveräußerliche Würde besitzt. Der Heilige Gregor der Theologe setzte die Menschenwürde ins Verhältnis zum Akt der Göttlichen

---

1 Auszug aus: Sozialdoktrin Russisch-Orthodox. Hrsg. von Josef Thesing und Rudolf Uertz. Sankt Augustin 2001. Veröffentlichung mit freundlicher Genehmigung der Konrad Adenauer Stiftung

Schöpfung und schrieb: „Gott hat alle Menschen so großzügig beschenkt, und Er tat es natürlich, um durch die gleiche Verteilung Seiner Gaben sowohl die gleiche Würde unserer Natur wie auch den Reichtum Seiner Güte zu offenbaren" (Das Wort 14, „Über die Liebe zu den Armen").

Die Fleischwerdung Gottes des Logos bezeugte, dass auch nach dem Sündenfall die Würde der menschlichen Natur nicht verloren gegangen war, weil in ihr unauslöschlich das Abbild Gottes erhalten blieb und somit die Möglichkeit, das menschliche Leben in der Fülle seiner ursprünglichen Vollkommenheit wiederherzustellen. Das drückt sich auch in den gottesdienstlichen Texten der Orthodoxen Kirche aus: „Ich bin Abbild Deiner unsagbarer Herrlichkeit, obgleich der Sünden Wunden ich an mir trage… Der Du mich einst aus dem Nichts erschaffen hast und geehrt durch Dein göttliches Abbild, ich übertrat Dein Gebot, Du sandtest mich zurück zur Erde, woher ich ward genommen, zu der Ähnlichkeit führe mich wieder zurück, damit wieder sich forme die alte Schönheit" (Troparien nach dem Gesamt des 119. Psalms aus der Begräbnisordnung). Die Annahme der Fülle der menschlichen Natur außer der Sünde (siehe. Hebr 4, 15) durch den Herrn Jesus Christus zeigt, dass die Würde nicht durch die Verzerrungen außer Kraft gesetzt wird, die in dieser Natur durch den Sündenfall entstanden sind.

I.2. Wenn in der Orthodoxie die unveräußerliche, ontologische Würde und der höchste Wert jeder menschlichen Person vom Abbild Gottes abgeleitet werden, wird das dieser Würde entsprechende Leben mit dem Begriff der Gottebenbildlichkeit in Beziehung gesetzt, die nach der Göttlichen Gnade durch die Überwindung der Sünde, den Erwerb der sittlichen Reinheit und der Tugenden erreicht wird. Deshalb darf der Mensch, der das Abbild Gottes in sich trägt, sich dieser hohen Würde nicht rühmen, denn das ist nicht sein persönliches Verdienst, sondern die Gabe Gottes. Umso weniger darf er damit seine Schwächen und Laster rechtfertigen, sondern ganz im Gegenteil, er muss seine Verantwortung für die Ausrichtung und die Gestaltung seines Lebens erkennen. Es ist offensichtlich, dass im Begriff der Würde selbst untrennbar die Idee der Verantwortung präsent ist.

Auf diese Weise hat der Begriff „Würde" in der östlichen christlichen Tradition in erster Linie einen sittlichen Sinn. Deshalb sind die Vorstellungen darüber, was würdig ist und was nicht, mit dem sittlichen oder unsittlichen Verhalten eines Menschen und mit der inneren Verfassung seiner Seele eng verbunden. In Anbetracht der durch die Sünde verfinsterten Verfassung der menschlichen Natur ist es wichtig, das Würdige und das Unwürdige im Leben eines Menschen voneinander zu unterscheiden.

I.3. Würdig ist das Leben entsprechend der ursprünglichen Berufung, die in der Natur des Menschen begründet ist, der zur Teilhabe am glückseligen Leben Gottes erschaffen wurde. Der Heilige Gregor von Nyssa betont: „Ist Gott die Fülle der Güte und der Mensch sein Ebenbild, dann ist das Bild dem Urbild deshalb ebenbildlich, um mit jeglicher Güte erfüllt zu sein" („Über die Einrichtung des Menschen", Kap. 16). Deshalb besteht das Leben eines Menschen in der „Angleichung an Gott in den Tugenden, soweit das für einen Menschen möglich ist" („Genaue Darlegung des rechten Glaubens"), so bemerkt der ehrwürdige Johannes von Damaskus. In der Tradition der Kirchenväter wird diese Entfaltung des Ebenbildes Gottes als Vergöttlichung (Theosis) bezeichnet.

Die von Gott gegebene Würde wird durch das Vorhandensein der sittlichen Grundsätze in jedem Menschen bestätigt, die durch die Stimme des Gewissens erkannt werden. Darüber schreibt der heilige Apostel Paulus im Brief an die Römer: „Die Forderung des Gesetzes ist ihnen ins Herz geschrieben; ihr Gewissen legt Zeugnis davon ab, ihre Gedanken klagen sich gegenseitig an und verteidigen sich" (Röm 2, 15). Namentlich deshalb offenbaren die sittlichen Normen, die der menschlichen Natur eigen sind, wie auch die sittlichen Normen, die in der Göttlichen Offenbarung enthalten sind, den Plan Gottes mit dem Menschen und seine Bestimmung. Sie sind wegweisend für ein glückseliges Leben, das der von Gott geschaffenen Natur des Menschen würdig ist. Das größte Vorbild eines solchen Lebens hat der Welt der Herr Jesus Christus offenbart.

I.4. Unwürdig ist das Leben eines Menschen in Sünde, weil es den Menschen selbst zerstört und anderen Menschen sowie der Umwelt Schaden zufügt. Die Sünde stellt die Hierarchie der Beziehungen in der Natur des Menschen auf den Kopf. Statt dass der Geist Macht über den Leib hat, unterwirft er sich in der Sünde dem Fleisch. Der Heilige Johannes Chrysostomus verweist hierauf und sagt: „Wir haben die Ordnung verkehrt und das Böse ist so stark geworden, dass wir die Seele zwingen, den Wünschen des Fleisches zu folgen" (Gespräch 12 Homilien über Genesis). Das Leben nach den Gesetzen des Fleisches ist den Geboten Gottes zuwider und entspricht nicht den sittlichen Grundsätzen, die von Gott in die Natur des Menschen hineingelegt wurden. In den Beziehungen zu anderen Menschen handelt der Mensch unter dem Einfluss der Sünde als Egoist, der sich nur um die Befriedigung seiner Bedürfnisse auf Kosten der Nächsten kümmert. Ein solches Leben ist gefährlich für eine Person, für eine Gesellschaft und für die Umwelt, weil es die Harmonie des Seins zerstört und mit seelischen und körperlichen Leiden, Krankheiten und Hilflosigkeit gegenüber den Folgen der Zerstörung der Umwelt endet. Ontologisch führt ein sittlich unwürdiges Leben nicht zur Zerstörung der von Gott gegebenen Würde, aber es trübt sie so weit ein, dass sie kaum wahrnehmbar ist. Gerade deshalb bedarf es einer starken Willensanstrengung, um die natürliche Würde eines Schwerverbrechers oder eines Tyrannen zu sehen und erst recht, um sie anzuerkennen.

I.5. Die Buße hat für die Wiederherstellung der dem Menschen gebührenden Würde eine besondere Bedeutung. Ihr zugrunde liegen das Bewusstsein der Sünde und der Wunsch, das eigene Leben zu ändern. In der Buße bekennt der Mensch das Abweichen seiner Gedanken, Worte und Handlungen von der gottgegebenen Würde und legt vor Gott und vor der Kirche Zeugnis seiner Unwürdigkeit ab. Die Buße erniedrigt den Menschen nicht, sie gibt ihm einen starken Antrieb zur geistigen Arbeit an sich selbst, zum schöpferischen Wandel seines Lebens, zur Erhaltung der gottgegebenen Würde und zum Wachsen in dieser Würde.

Namentlich aus diesem Grund wird im Denken der Kirchenväter und Asketen sowie in der liturgischen Tradition der Kirche viel mehr über die Unwürdigkeit des Menschen, bedingt durch die Sünde, als über seine Würde gesprochen. So heißt es im Gebet des Heiligen Basilius des Großen, das die orthodoxen Christen vor dem Empfang der heiligen Sakramente Christi sprechen: „So auch ich, wenn auch unwürdig des Himmels und der Erde und dieses vorübergehenden Lebens, ganz in der Macht der Sünde verbleibend und den Verführungen erlegen, und Dein Abbild geschändet, dennoch als Dein Werk und Deine Schöpfung, bin ich wegen meines Heils nicht verzweifelt, ich Sünder, wende mich an Dich und erdreiste mich, auf Deine grenzenlose Barmherzigkeit zu hoffen".

Die Bewahrung der gottgegebenen Würde und das Wachsen in ihr ist nach der orthodoxen Tradition abhängig vom Leben im Einklang mit den sittlichen Normen, denn diese Normen drücken die ursprüngliche und somit die wahre Natur des Menschen aus, die von keiner Sünde verfinstert wurde. Deshalb gibt es eine direkte Verbindung zwischen der Würde des Menschen und der Sittlichkeit. Mehr noch, die Anerkennung der Würde einer Person bedeutet die Behauptung ihrer sittlichen Verantwortlichkeit.

Die Freiheit der Wahl und die Freiheit vom Bösen

II.1. Abhängig von der Selbstbestimmung der freien Person kann sich das Ebenbild Gottes in einem Menschen verfinstern oder mit größerer Kraft hervortreten. Dabei wird die von der Natur gegebene Würde im Leben der einzelnen Person immer sichtbarer, oder sie wird in ihr durch die Sünde ausgelöscht. Das Ergebnis hängt unmittelbar von der Selbstbestimmung der Person ab.

Die Freiheit ist eine der Erscheinungsformen des Abbildes Gottes in der menschlichen Natur. Nach den Worten des Heiligen Gregor von Nyssa, „wurde der Mensch gottähnlich und glück-selig, indem er durch die Freiheit geehrt wurde (αυτεξουσίω)" („Das Wort über die Verstorbenen"). Aus diesem Grund werden die Innenwelt des Menschen und die Freiheit seiner Wahl von der Kirche in ihrer pastoralen und seelsorgerlichen Praxis behutsam behandelt. Die Unterwerfung des menschlichen Willens unter irgendwelche äußere Autorität mit Hilfe von Manipulation oder Gewalt wird als Störung der von Gott gegebenen Ordnung betrachtet.

Zugleich ist die Freiheit der Wahl kein absoluter und endgültiger Wert. Sie wurde von Gott eingesetzt, um dem Wohl des Menschen zu dienen. Bei ihrer Umsetzung darf der Mensch sich selbst und den ihn Umgebenden nichts Böses zufügen. Aber wegen der Macht der Sünde, die zur gefallenen menschlichen Natur gehört, ist keine menschliche Mühe ausreichend, um die wahre Glückseligkeit zu erreichen. Am eigenen Beispiel legt der Apostel Paulus Zeugnis davon ab, was jedem Menschen eigen ist: „Ich tue nicht das, was ich will, sondern das, was ich hasse… Dann aber bin nicht mehr ich es, sondern die in mir wohnende Sünde" (Röm 7, 15, 17). Folglich kommt der Mensch ohne Hilfe Gottes und ohne enges Zusammenwirken mit Ihm nicht aus, denn nur Er ist die Quelle jeglichen Glücks.

Durch die Ablehnung Gottes und durch den Bezug nur auf sich selbst sind die ersten Menschen unter die Macht der zerstörerischen Kräfte des Bösen und des Todes geraten und haben diese Abhängigkeit an ihre Nachkommen weitergegeben. Mit dem Missbrauch der Freiheit der Wahl hat der Mensch die andere Freiheit verloren (ελευθερία) – die Freiheit, in Güte zu leben, die er im ersterschaffenen Zustand besaß. Diese Freiheit hat der Herr Jesus Christus dem Menschen zurückgegeben: „Wenn euch also der Sohn befreit, dann seid ihr wirklich frei (ελεύθεροι)" (Joh 8, 36). Die Erlangung der Freiheit von Sünde ist ohne die sakramentale Vereinigung des Menschen mit der verklärten Natur Christi unmöglich. Diese Vereinigung vollzieht sich im Sakrament der Taufe (Röm 6, 3–6; Kol 3, 10) und wird durch das Leben in der Kirche, dem Leib Christi gefestigt (Kol 1, 24).

Die Heilige Schrift spricht von der Notwendigkeit der eigenen Anstrengungen des Menschen für die Befreiung von der Sünde: „Zur Freiheit hat uns Christus befreit. Bleibt daher fest und lasst euch nicht von neuem das Joch der Knechtschaft auflegen!" (Gal 5, 1). Das Gleiche bezeugen die praktischen Erfahrungen der großen Schar der heiligen Männer und Frauen, die Glaubenstaten vollbrachten und die Möglichkeit der Veränderung des Lebens eines jeden Menschen bestätigten. Die Früchte der geistigen Anstrengungen des Menschen zeigen sich jedoch in voller Fülle erst in der allgemeinen Auferstehung, wenn „unser armseliger Leib verwandelt wird in die Gestalt Seines verherrlichten Leibes" (Phil 3, 21).

II.2. Der Herr Jesus Christus sagt: „Dann werdet ihr die Wahrheit erkennen und die Wahrheit wird euch befreien… Wer die Sünde tut, ist Sklave der Sünde" (Joh 8, 32,34). Das bedeutet, dass derjenige die wahre Freiheit hat, der den Weg des gerechten Lebens beschreitet und die Gemeinschaft mit Gott, die Quelle der absoluten Wahrheit, sucht. Und umgekehrt zerstört der Missbrauch der Freiheit, die Wahl einer falschen, unsittlichen Lebensweise, letztendlich die Freiheit der Wahl selbst, weil sie den Willen zur Versklavung durch die Sünde in sich trägt. Gott allein, der die Quelle der Freiheit ist, kann sie im Menschen aufrechterhalten. Diejenigen, die sich nicht von der Sünde trennen wollen, übergeben ihre Freiheit dem Teufel, dem Gegner Gottes, dem Vater des Bösen und der Unfreiheit. Die Kirche erkennt den Wert der Freiheit der Wahl an und behauptet, dass sie unvermeidlich schwindet, wenn die Wahl zugunsten des Bösen getroffen wird. Ein Miteinander des Bösen und der Freiheit ist unvereinbar.

In der Menschheitsgeschichte führte die Entscheidung der Menschen und der Gesellschaft zugunsten des Bösen zum Verlust der Freiheit und zu gewaltigen menschlichen Opfern. Auch heute kann die Menschheit den selben Weg beschreiten, wenn so zweifellos lasterhafte Erscheinungen wie Abtreibung, Selbstmord, Unzucht, Perversität, die Zerstörung der Familie, der Kult der Grobheit und der Gewalt nicht die gebührende sittliche Bewertung erfahren und gestützt auf ein verzerrtes Verständnis der Freiheit des Menschen gerechtfertigt werden.

Die Schwäche des Instituts der Menschenrechte besteht darin, dass es, indem es die Freiheit der Wahl schützt (αυτεξουσίον), immer weniger die sittliche Dimension des Lebens sowie die Freiheit von der Sünde (ελευθερία) berücksichtigt. Die öffentliche Ordnung muss sich auf beide Freiheiten hin orientieren und ihre Umsetzung im öffentlichen Bereich harmonisieren. Man darf nicht die eine Freiheit verteidigen und die andere dabei vergessen. Das freie Verharren in Güte und in Wahrheit ist unmöglich ohne die Freiheit der Wahl. Genauso verliert die freie Wahl ihren Wert und Sinn, wenn man sich dem Bösen zuwendet.

Die Menschenrechte in der christlichen Weltanschauung und im Leben der Gesellschaft

III.1. Jeder Mensch wurde von Gott mit Würde und Freiheit ausgestattet. Aber die Nutzung der Freiheit zum Bösen geht unvermeidlich einher mit der Minderung der eigenen Würde des Menschen und führt zur Erniedrigung der Würde anderer Menschen. Die Gesellschaft muss Mechanismen schaffen, die die Harmonie von menschlicher Würde und Freiheit wiederherstellen. Die Konzeption der Menschenrechte und die Sittlichkeit können und müssen im öffentlichen Leben diesem Ziel dienen. Dabei sind sie bereits dadurch miteinander verbunden, dass die Sittlichkeit, d.h. die Vorstellung von Sünde und Tugend, immer dem Gesetz vorangeht, das ja aus diesen Vorstellungen resultiert. Eben deshalb führt die Erosion der Sittlichkeit immer und überall letztendlich zur Zerstörung der Gesetzlichkeit.

Die Vorstellungen über die Menschenrechte haben eine lange historische Entwicklung durchgemacht und schon deshalb können sie in ihrem jetzigen Verständnis nicht verabsolutiert werden. Man muss deutlich die christlichen Werte bestimmen, mit denen die Menschenrechte harmonisiert werden müssen.

III.2. Die Menschenrechte können nicht über den Werten der geistigen Welt stehen. Ein Christ stellt seinen Glauben an Gott und seine Gemeinschaft mit Ihm über das eigene irdische Leben. Unzulässig und gefährlich ist deshalb die Auslegung der Menschenrechte als einer höchsten und universalen Grundlage des öffentlichen Lebens, welcher sich die religiösen Ansichten und die Praxis unterzuordnen haben. Keine Hinweise auf die Presse- und Kunstfreiheit können die öffentliche Verhöhnung der Gegenstände, der Symbole und Begriffe rechtfertigen, die von den gläubigen Menschen verehrt werden.

Die Menschenrechte wurden nicht von Gott eingesetzt und sie dürfen nicht mit der Offenbarung Gottes in Konflikt geraten. Neben der Idee der persönlichen Freiheit ist für den größten Teil der christlichen Welt die Kategorie der Tradition der Glaubenslehre und der Sittlichkeit nicht weniger wichtig, mit der der Mensch seine Freiheit in Einklang bringen muss. Für viele Menschen in verschiedenen Ländern der Welt haben nicht die säkularen Standards der Menschenrechte, sondern vielmehr die Glaubenslehre und die Tradition eine höhere

Autorität im öffentlichen Leben und in den zwischenmenschlichen Beziehungen.

Keine menschlichen Bestimmungen, einschließlich der Formen und der Mechanismen öffentlicher und politischer Ordnung, sind als solche imstande, das Leben der Menschen sittlicher und vollkommener zu machen, das Böse und das Leiden auszurotten. Es ist wichtig daran zu erinnern, dass die staatlichen und öffentlichen Kräfte die reale Fähigkeit besitzen und dazu berufen sind, das Böse in seinen sozialen Erscheinungsformen zu unterbinden, aber sie können seine Ursachen – nämlich die Sündhaftigkeit – nicht besiegen. Der wesentliche Kampf gegen das Böse vollzieht sich in der Tiefe des menschlichen Geistes und kann nur auf dem Wege des religiösen Lebens der Person erfolgreich sein: „Denn wir haben nicht gegen Menschen aus Fleisch und Blut zu kämpfen, sondern gegen die Fürsten und Gewalten, gegen die Beherrscher dieser finsteren Welt, gegen die bösen Geister des himmlischen Bereichs" (Eph 6, 12).

In der Orthodoxie besteht die feste Überzeugung, dass die Gesellschaft, wenn sie ihr irdisches Leben einrichtet, nicht nur die menschlichen Interessen und Wünsche, sondern auch die Wahrheit Gottes und das vom Schöpfer gegebene ewige sittliche Gesetz berücksichtigen muss, und dieses Gesetz ist gültig unabhängig davon, ob der Wille einzelner Menschen oder menschlicher Gemeinschaften damit einverstanden ist oder nicht. Und dieses, in der Heiligen Schrift besiegelte Gesetz steht für einen orthodoxen Christen über allen anderen Bestimmungen, denn nach ihm wird Gott den Menschen und die Völker vor Seinem Thron richten (siehe Offb 20, 12).

III.3. Die Entfaltung und Anwendung der Konzeption der Menschenrechte muss mit den Normen der Moral und mit den in der menschlichen Natur von Gott angelegten und an der Stimme des Gewissens erkennbaren sittlichen Grundsätzen in Einklang gebracht werden.

Die Menschenrechte dürfen kein Grund sein, um die Christen zur Verletzung der Gebote Gottes zu zwingen. Die Orthodoxe Kirche hält die Versuche für unzulässig, die Sichtweise der Gläubigen auf den Menschen, die Familie, das öffentliche Leben und die kirchliche Praxis dem a-religiösen Verständnis der Menschenrechte unterzuordnen. Darauf müssen die Christen, zusammen mit den Aposteln Peter und Johannes, erklären: „Ob es vor Gott recht ist, mehr auf euch zu hören als auf Gott?" (Apg 4, 19).

Es ist unzulässig, in den Bereich der Menschenrechte Normen einzuführen, die sowohl die evangelische als auch die natürliche Moral verwässern oder aufheben. Die Kirche sieht eine große Gefahr in der gesetzlichen und öffentlichen Unterstützung verschiedener Laster – zum Beispiel der geschlechtlichen Ausschweifungen und der Perversitäten, der Profitsucht und der Gewalt. Ebenso unzulässig ist die Legitimierung unsittlicher und antihumaner Handlungen gegenüber dem Menschen, etwa die Abtreibung, die Euthanasie, die Nutzung menschlicher Embryonen in der Medizin, die Experimente, die die Natur des Menschen verändern, und Ähnliches.

Bedauerlicherweise tauchen in der Gesellschaft Gesetzesnormen und politische Praktiken auf, die solche Handlungen nicht nur erlauben, sondern Voraussetzungen schaffen, um sie der gesamten Gesellschaft über die Massenmedien, das Bildungssystem und das Gesundheitswesen, über Werbung, Handel und Dienstleistungen aufzuzwingen. Mehr noch, gläubige Menschen, die solche Erscheinungen für sündhaft halten, werden gezwungen, die Zulässigkeit der Sünde anzuerkennen oder sie werden Diskriminierungen und Verfolgungen unterworfen.

Nach den Gesetzen vieler Länder sind Handlungen strafbar, die einem anderen Menschen Schaden zufügen. Aber die Lebenserfahrung zeigt, dass auch der Schaden, den der Mensch sich selbst zufügt, an die Umgebung weitergegeben wird, an jene, die mit diesem Menschen durch die Bande der Verwandtschaft, der Freundschaft, der Nachbarschaft, der gemeinsamen Tätigkeit oder der Staatsbürgerschaft verbunden sind. Der Mensch trägt Verantwortung für die Folgen der Sünde, denn seine Wahl zugunsten des Bösen hat einen unheilvollen Einfluss auf seine Nächsten und auf die gesamte Schöpfung Gottes.

Entsprechend seiner Würde ist der Mensch berufen, gute Werke zu tun. Er ist verpflichtet, für die Umwelt und die Menschen zu sorgen. Das Bestreben seines Lebens muss darin bestehen, das Gute zu tun und das Gute, nicht das Böse, zu lehren: „Wer auch nur eines von den kleinsten Geboten aufhebt und die Menschen entsprechend lehrt, der wird im Himmelreich der Kleinste sein. Wer sie aber hält und halten lehrt, der wird groß sein im Himmelreich" (Mt 5, 19).

III.4. Die Menschenrechte dürfen der Liebe zum Vaterland und zum Nächsten nicht widersprechen. Der Schöpfer hat die menschliche Natur mit der Notwendigkeit ausgestattet, mit anderen Menschen zu kommunizieren und sich zu vereinigen, diesbezüglich sagte Er: „Es ist nicht gut, dass der Mensch allein bleibt" (Gen 2, 18). Die Liebe zur eigenen Familie und zu anderen, nahestehenden Menschen muss sich auf das Volk und das Land, in dem der Mensch lebt, ausbreiten. Es ist kein Zufall, dass die orthodoxe Tradition den Patriotismus aus den Worten Christi des Erlösers Selbst herleitet: „Es gibt keine größere Liebe, als wenn einer sein Leben für seine Freunde hergibt" (Joh 15, 13).

Die Anerkennung der Rechte des Individuums soll durch die Behauptung der Verantwortung der Menschen voreinander ausbalanciert werden. Die Extreme des Individualismus oder Kollektivismus sind nicht geeignet, der harmonischen Einrichtung des Lebens der Gesellschaft zu dienen. Sie führen zur Degradierung der Person, zum sittlichen und rechtlichen Nihilismus, zum Anstieg des Verbrechens, zum Verlust der bürgerlichen Aktivität und zur gegenseitigen Entfremdung der Menschen.

Die geistige Erfahrung der Kirche belegt, dass die Spannung zwischen den individuellen und den öffentlichen Interessen dann überwunden werden kann, wenn die Rechte und Freiheiten des Menschen mit den sittlichen Werten übereinstimmen und vor allem, wenn das Leben des Menschen und der Gesellschaft durch die Liebe bestimmt wird. Denn die Liebe hebt alle Widersprüche zwischen der Person und den sie umgebenden Menschen auf und befähigt den Menschen, seine Freiheit voll- kommen umzusetzen und sich zugleich um die Nächsten und um das Vaterland zu kümmern.

Handlungen, die auf die Einhaltung der Menschenrechte, auf die Vervollkommnung der gesellschaftlichen und ökonomischen Verhältnissen und Institutionen gerichtet sind, werden niemals von wirklichem Erfolg gekrönt sein, wenn die geistigen und kulturellen Traditionen der Länder und Völker ignoriert werden.

Unter dem Vorwand des Schutzes der Menschenrechte darf eine Zivilisation ihre Lebensweise nicht einer anderen aufzwingen.

Das Eintreten für die Bürgerrechte darf nicht den politischen Interessen einzelner Länder dienen. Der Kampf für die Menschenrechte wird dann fruchtbar, wenn er dem geistigen und dem materiellen Wohl einer Person und einer Gesellschaft dient.

III.5. Die Umsetzung der Menschenrechte darf nicht zur Degradierung der Umwelt und zur Aufzehrung der Naturressourcen führen. Der Verzicht auf die von Gott offenbarten Orientierungen für das Leben des Menschen und der Gesellschaft führt nicht nur zum Zerfall der menschlichen Beziehungen, sondern auch zu einem katastrophalen Konflikt zwischen dem Menschen und der Natur, die dem Menschen vom Schöpfer zur Beherrschung übergeben wurde (Gen 1, 28). Das unbeschränkte Streben nach Befriedigung der materiellen Bedürfnisse, insbesondere der überflüssigen und künstlichen Bedürfnisse, ist seinem Wesen nach sündhaft, denn es führt zur Verarmung der menschlichen Seele und der Umwelt. Es darf nicht vergessen werden, dass die natürlichen Reichtümer der Erde nicht allein menschliches Gut sind, sie sind vor allem Schöpfung Gottes: „Dem Herrn gehört die Erde und was sie erfüllt" (Ps 24, 1). Die Anerkennung der Menschenrechte bedeutet nicht, dass der Mensch seinen egoistischen Interessen zuliebe die Naturressourcen vergeuden darf. Die Würde des Menschen ist untrennbar von seiner Berufung, mit der Welt Gottes sorgsam umzugehen (siehe Gen 2, 15), bei der Befriedigung seiner Bedürfnisse Maß zu halten, die Reichtümer, die Vielfalt und die Schönheit der Natur schonend zu bewahren. Diese Wahrheiten müssen mit allem Ernst von der Gesellschaft und vom Staat bei der Festlegung der Hauptziele der sozial-ökonomischen und materiell-technischen Entwicklung berücksichtigt werden. Man darf nicht vergessen, nicht nur die jetzigen, sondern auch die zukünftigen Generationen haben das Recht, die Naturgaben, die uns vom Schöpfer verliehen wurden, zu nutzen.

Aus der Sicht der Orthodoxen Kirche kann das politisch- rechtliche Institut der Menschenrechte dem guten Zweck des Schutzes der Menschenwürde dienen und die geistig-sittliche Entwicklung der Person fördern. Dabei darf die Umsetzung der Menschenrechte mit den von Gott eingesetzten sittlichen Normen und der darauf beruhenden traditionellen Moral nicht in Widerspruch geraten. Individuelle Menschenrechte können nicht den Werten und den Interessen des Vaterlandes, der Gemeinschaft und der Familie entgegengestellt werden. Die Verwirklichung der Menschenrechte darf nicht als Rechfertigung eines Anschlags auf religiöse Heiligtümer, kulturelle Werte und die Eigenart eines Volkes dienen. Menschenrechte dürfen nicht zum Anlass genommen werden, natürlichen Gütern einen unwiederbringlichen Schaden zuzufügen.

Die Würde und die Freiheit im System der Menschenrechte

IV.1. Es gibt unterschiedliche Traditionen der Auslegung sowie nationale Besonderheiten bei der Umsetzung von Rechten und Freiheiten. Das moderne System der Menschenrechte ist verzweigt und hat die Tendenz zu einer noch größeren Differenzierung. Es gibt in der Welt keine allgemein anerkannte Klassifizierung der Rechte und Freiheiten. Unterschiedliche Rechtsschulen gliedern sie in Gruppen aufgrund unterschiedlicher Kriterien. Ausgehend von ihrer grundsätzlichen Berufung schlägt die Kirche vor, die Rechte und Freiheiten unter dem Gesichtspunkt derjenigen Rolle zu betrachten, die sie möglicherweise spielen können, um günstige äußere Bedingungen für die Vervollkommnung der Person auf ihrem Wege zum Heil zu schaffen.

IV.2. Das Recht auf Leben. Das Leben ist die Gabe Gottes an den Menschen. Der Herr Jesus Christus verkündete: „… ich bin gekommen, damit sie das Leben haben und es in Fülle haben" (Joh 10, 10). Das Gebot „Du sollst nicht töten" wurde von Gott zusammen mit den anderen Geboten dem Propheten Moses verkündet. Die Orthodoxie akzeptiert nicht und verurteilt den Terrorismus, die bewaffnete Aggression und die kriminelle Gewalt, genauso wie auch alle anderen Formen der verbrecherischen Beraubung des menschlichen Lebens.

Zugleich beschränkt sich das Leben nicht auf den irdischen Raum, in dem der Mensch von der säkularen Weltanschauung und dem mit ihr verbundenen juristischen System wahrgenommen wird. Das Christentum bezeugt, dass das irdische Leben, das einen Wert an sich hat, seine Fülle und seinen absoluten Sinn in der Perspektive des ewigen Lebens gewinnt. Deshalb darf an erster Stelle nicht der Wunsch stehen, das irdische Leben um jeden Preis zu erhalten, sondern das Streben danach, es so einzurichten, dass der Mensch im Zusammenwirken mit Gott seine Seele für die Ewigkeit formen kann.

Das Wort Gottes lehrt, dass die Hingabe des eigenen irdischen Lebens für Christus und für das Evangelium (siehe Mk 8, 35) sowie für andere Menschen der Erlösung des Menschen nicht im Wege steht, sondern ihn im Gegenteil in das Himmelreich führt (siehe Joh 15, 13). Die Kirche verehrt die Glaubenstat der Märtyrer, die bis zum Tode dem Herrn gedient haben, und die Glaubensbekenner, die im Angesicht von Verfolgungen und Drohungen sich nicht von Ihm losgesagt haben. Die orthodoxen Christen halten auch den Heroismus derer in Ehren, die ihr Leben auf dem Schlachtfeld für das Vaterland und für ihre Nächsten hingegeben haben.

Zugleich verurteilt die Kirche den Selbstmord, weil derjenige, der ihn verübt, sich nicht opfert, sondern das Leben als Gottes Gabe verwirft. Unannehmbar ist in diesem Zusammenhang die Legalisierung der so genannten Euthanasie – der Sterbehilfe im Sinne einer Hilfe zur Selbsttötung, was eine Verbindung von Mord und Selbstmord darstellt.

Das Recht auf Leben muss den Schutz des menschlichen Lebens vom Zeitpunkt der Empfängnis an umfassen. Jeder Angriff auf das Leben einer entstehenden menschlichen Person stellt einen Verstoß gegen dieses Recht dar. Die modernen internationalen und nationalen juristischen Normen festigen und schützen das Leben und die Rechte eines Kindes, eines Erwachsenen und eines alten Menschen. Die gleiche Logik des Schutzes des menschlichen Lebens muss für den Abschnitt vom Zeitpunkt der Empfängnis bis zur Geburt gelten. Die biblische Vorstellung von dem gottgegebenen Wert des menschlichen Lebens vom Zeitpunkt der Empfängnis an wird insbesondere in den Worten des heiligen Königs David zum Ausdruck gebracht: „Denn Du hast mein Inneres geschaffen, mich gewoben im Schoss meiner Mutter… Als ich geformt wurde im Dunkeln, kunstvoll gewirkt in den Tiefen der Erde, waren meine Glieder Dir nicht verborgen. Deine Augen sahen, wie ich entstand, in Deinem Buch war schon alles verzeichnet; meine Tage waren schon gebildet, als noch keiner von ihnen da war." (Ps 139, 13,15–16).

Angesichts dessen, dass die Todesstrafe in alttestamentlicher Zeit als statthaft galt, und „weder die Heilige Schrift des Neuen Testaments noch die Tradition und das historische Erbe der Orthodoxen Kirche" Hinweise auf die Notwendigkeit ihrer Abschaffung enthalten, muss daran erinnert werden, dass „die Kirche häufig die Pflicht übernahm, vor der weltlichen Macht für die zum Tode Verurteilten zu sprechen und um Gnade und Strafmilderung für die Verurteilten zu ersuchen" (Die Grundlagen der Sozialdoktrin der Russischen Orthodoxen Kirche [GSD], IX.3)[2]

Indem sie das menschliche Leben schützt, ist die Kirche berufen, diese Pflicht zur Fürsprache für die zum Tode Verurteilten, unabhängig von der Einstellung der Gesellschaft zur Todesstrafe, zu wahrzunehmen.

IV.3. Gewissensfreiheit. Die Gabe der Freiheit der Wahl wird vom Menschen vor allem in der Möglichkeit gesehen, sich für die weltanschaulichen Orientierungen des eigenen Lebens zu entscheiden. Der Heilige Irenäus von Lyon schrieb: „Gott hat ihn (den Menschen) frei geschaffen, er hat selbst die Macht (…) den Willen Gottes freiwillig und nicht aus Zwang, der von Gott ausgeht, zu erfüllen" („Bücher gegen die Häresien", Kap. XXXVI, 1,4). Der Grundsatz der Gewissensfreiheit befindet sich in Harmonie mit dem Willen Gottes, wenn er den Menschen vor Willkür in Bezug auf seine Innenwelt und vor dem gewaltsamen Aufdrängen der einen oder anderen Überzeugung schützt. Nicht ohne

---

2 Anmerkung der Herausgeber: Vgl. Die Grundlagen der Sozialdoktrin der Russisch-Orthodoxen Kirche. Deutsche Übersetzung mit Einführung und Kommentar, hg. von JOSEF THESING / RUDOLF UERTZ, Sankt Augustin 2001 (<http://www.kas.de/wf/doc/kas_1369–544–1-30.pdf>). – Vgl. auch RUDOLF UERTZ / LARS PETER SCHMIDT (Hg.): Beginn einer neuen Ära? Die Sozialdoktrin der Russisch-Orthodoxen Kirche vom August 2000 im interkulturellen Dialog, Moskau 2004 (<http://www.kas.de/wf/doc/kas_4288–544–1-30. pdf>). Dieser Kommentar der Sozialdoktrin der ROK enthält die Beiträge einer interreligiösen und interkulturellen Tagung der Konrad-Adenauer- Stiftung, die in Zusammenarbeit mit Vertretern des Moskauer Patriarchats der Russischen Orthodoxen Kirche, der Kommission für soziale und gesellschaftliche Fragen der Deutschen Bischofskonferenz, des Bischöflichen Hilfswerks Renovabis und der Katholischen Akademie Die Wolfburg vom 19. und 20. Februar 2003 in Mülheim/Ruhr durchgeführt wurde.

Grund wird in den Grundlagen der Sozialdoktrin der Russischen Orthodoxen Kirche die Notwendigkeit anerkannt, „für den Menschen einen gewissen Autonomiebereich zu bewahren, in welchem sein Gewissen „autokratischer" Herrscher ist, da Heil oder Untergang, der Weg zu Christus hin oder von Christus weg letzten Endes von der freien Willensäußerung abhängt." (GSD, IV. 6). Unter den Bedingungen des säkularen Staates erlaubt die proklamierte und gesetzlich geregelte Gewissensfreiheit der Kirche, ihre Eigenart und Unabhängigkeit von Menschen mit anderen Überzeugungen zu bewahren, und liefert die juristische Grundlage sowohl für die Unantastbarkeit ihres inneren Lebens wie auch für das öffentliche Zeugnis der Wahrheit. Zugleich verweist „die Behauptung des juristischen Prinzips der Gewissensfreiheit auf den Verlust von religiösen Zielen und Werten in der Gesellschaft" (GSD, III. 6).

Manchmal wird die Gewissensfreiheit als eine Forderung nach religiöser Neutralität und Indifferenz des Staates und der Gesellschaft ausgelegt. Manche ideologischen Interpretationen der Religionsfreiheit bestehen darauf, alle Glaubensbekenntnisse als relativ oder „gleich wahr" anzuerkennen. Das ist unannehmbar für die Kirche, die bei allem Respekt für die Freiheit der Wahl berufen ist, von der von ihr bewahrten Wahrheit zu zeugen und Verirrungen zu entlarven (siehe 1 Tim 3, 15).

Die Gesellschaft hat das Recht, den Inhalt und den Umfang des Zusammenwirkens zwischen dem Staat und verschiedenen Religionsgemeinschaften festzulegen und zwar abhängig von deren Stärke, ihrer Verbundenheit mit der Tradition des Landes oder der Region, ihrem Beitrag zur Geschichte und Kultur sowie von ihrer bürgerlichen Position. Dabei muss die Gleichheit der Bürger vor dem Gesetz unabhängig von ihrer Einstellung zur Religion gewährleistet werden. Das Prinzip der Gewissensfreiheit ist kein Hindernis für partnerschaftliche Beziehungen der Kirche und des Staates im sozialen, im Wohltätigkeits- und Bildungsbereich sowie in sonstigen gesellschaftlich wichtigen Tätigkeitsbereichen.

Es ist unzulässig, unter Hinweis auf die Gewissensfreiheit und in Pervertierung dieses Prinzips eine totale Kontrolle über das Leben und die Überzeugungen des Menschen aufzubauen, die private, familiäre und öffentliche Sittlichkeit zu zerstören, die religiösen Gefühle zu verletzen, sich Übergriffe gegen Heiligtümer zu erlauben und der geistig-kulturellen Eigenart des Volkes Schaden zuzufügen.

IV.4. Pressefreiheit. Die Freiheit, Gedanken und Gefühle auszudrücken, was die Möglichkeit der Verbreitung von Informationen voraussetzt, stellt die natürliche Fortsetzung der Freiheit der weltanschaulichen Wahl dar. Das Wort dient als das wichtigste Mittel zur Kommunikation der Menschen mit Gott und untereinander. Der Inhalt dieser Kommunikation beeinflusst tiefgreifend das Wohlergehen der Menschen und die zwischenmenschlichen Beziehungen in der Gesellschaft. Der Mensch trägt eine besondere Verantwortung für seine Worte. „Denn aufgrund deiner Worte wirst du freigesprochen und aufgrund deiner Worte wirst du verurteilt werden" – heißt es in der Heiligen Schrift (Mt 12, 37). Öffentliche Auftritte und Erklärungen dürfen nicht die Verbreitung der Sünde fördern, Zwist und

Unordnung in der Gesellschaft verursachen. Das Wort soll aufbauen und das Gute unterstützen. Besonders gefährlich ist es, die religiösen und nationalen Gefühle zu beleidigen, Informationen über das Leben dieser oder jener Religionsgemeinschaften, Völker, sozialen Gruppen und Personen zu verfälschen. Die Verantwortung für das Wort steigt um dass Vielfache in der modernen Welt, die eine stürmische Entwicklung der Technologien zur Bewahrung und Verbreitung von Informationen erlebt.

IV.5. Die Freiheit des künstlerischen Schaffens. Die schöpferischen Fähigkeiten offenbaren im Grunde das Abbild Gottes im Menschen. Die Kirche segnet die schöpferische Tätigkeit, die neue Horizonte für das geistige Wachstum des Menschen und zur Erkenntnis der erschaffenen Welt eröffnet. Die schöpferische Tätigkeit, die aufgerufen ist, das Potenzial der Person zu fördern und zu entfalten, darf nicht eine nihilistische Einstellung zur Kultur, Religion und Sittlichkeit rechtfertigen. Das Recht zur Selbstverwirklichung der einzelnen Person oder einer Gruppe von Menschen darf nicht in Formen vollzogen werden, die für die Überzeugungen und die Lebensweise anderer Glieder der Gesellschaft beleidigend sind. Dabei muss eines der wichtigsten Prinzipien des Zusammenlebens, nämlich gegenseitiger Respekt der unterschiedlichen weltanschaulichen Gruppen, eingehalten werden.
Die Schändung von Heiligtümern kann nicht durch den Hinweis auf die Rechte eines Künstlers, eines Schriftstellers oder eines Journalisten gerechtfertigt werden. Die moderne Gesetzgebung schützt in der Regel nicht nur das Leben und das Vermögen der Menschen, sondern auch symbolische Werte, wie das Andenken an die Verstorbenen, Orte der Bestattung, Denkmäler der Geschichte und Kultur sowie staatliche Symbole. Ein solcher Schutz muss auch für den Glauben und die Heiligtümer, die religiösen Menschen teuer sind, gelten.

IV.6. Recht auf Bildung. Gott ähnlich zu werden in der Tugend, ist das Ziel des irdischen Lebens eines Menschen. Bildung ist nicht nur ein Mittel zur Erlangung von Kenntnissen und zur Einführung des Menschen in das Leben der Gesellschaft, sondern sie ist zugleich Erziehung der Person in Entsprechung zum Plan des Schöpfers. Das Recht auf Bildung meint den Erwerb von Kenntnissen unter Berücksichtigung der kulturellen Traditionen der Gesellschaft und der weltanschaulichen Positionen der Familie und der Person. Im Kern der meisten Kulturen der Welt liegt die Religion, deshalb muss die allseitige Bildung und Erziehung des Menschen die Unterrichtung von Kenntnissen über die Religion einschließen, die die Kultur, in der dieser Mensch lebt, geschaffen hat. Dabei muss die Gewissensfreiheit respektiert werden.

IV.7. Bürgerliche und politische Rechte. In der Heiligen Schrift werden die Gläubigen ermahnt, die familiären und öffentlich wichtigen Pflichten zu erfüllen als Gehorsamsübung gegenüber Christus (siehe Lk 3, 10–14; Eph. 5, 23–33; Tit. 3, 1). Der heilige Apostel Paulus hat mehrfach die Rechte eines römischen Bürgers genutzt, um ungehindert das Wort Gottes zu predigen. Die bürgerlichen und politischen Rechte eröffnen dem Menschen breite Möglichkeiten für den tätigen

Dienst am Nächsten. Unter Ausnutzung dieses Instruments kann ein Bürger das Zusammenleben beeinflussen und sich an der Verwaltung der Angelegenheiten des Staates beteiligen. Davon wie der Mensch sein Recht zu wählen und gewählt zu werden, Verbands- und Vereinigungsfreiheit, Pressefreiheit und die Freiheit der Überzeugungen nutzt, hängt das Wohlergehen der Gesellschaft ab.

Der Gebrauch der politischen und bürgerlichen Rechte darf nicht zur Teilung und zur Feindschaft führen. Die orthodoxe Tradition der Konziliarität (соборность) erfordert die Erhaltung der Einheit der Gesellschaft auf der Grundlage unvergänglicher sittlicher Werte. Die Kirche ruft die Menschen dazu auf, ihre egoistischen Bestrebungen um des allgemeinen Wohles willen zu zügeln.

In der Geschichte der Völker, die von der Russischen Orthodoxen Kirche betreut werden, entstand die fruchtbare Vorstellung von der Notwendigkeit der Zusammenarbeit zwischen der Staatsmacht und der Gesellschaft. Die politischen Rechte können voll und ganz einem solchen Prinzip der staatlich-gesellschaftlichen Beziehungen dienen. Dazu ist eine reale Vertretung der Interessen der Bürger auf verschiedenen Ebenen der Macht und die Gewährleistung der Möglichkeit zum bürgerlichen Wirken notwendig.

Das Privatleben, die Weltanschauung und der Wille der Menschen dürfen nicht zum Gegenstand der totalitären Kontrolle werden. Für die Gesellschaft gefährlich ist die Manipulation der Wahl der Menschen und ihres Bewusstseins seitens der Machtstrukturen, politischen Kräfte, Wirtschafts- und Informationseliten. Es ist auch unzulässig, Informationen über irgendwelche Seiten des Lebens der Menschen ohne ihr Einverständnis zu sammeln, zu konzentrieren und zu nutzen. In Fällen, in denen diese Vorgänge die Verteidigung des Vaterlandes, die Bewahrung der Sittlichkeit, der Schutz der Gesundheit, der Rechte und legitimen Interessen der Bürger sowie die Vorbeugung gegen oder die Aufklärung von Verbrechen und der Vollzug der Rechtsprechung erfordern, kann das Sammeln von Informationen über einen Menschen jedoch ohne sein Einverständnis geschehen. Aber auch in solchen Fällen müssen das Sammeln und die Nutzung von Informationen entsprechend den erklärten Zielen und unter Einhaltung der Gesetzlichkeit erfolgen. Die Methoden zur Sammlung und Bearbeitung von Informationen über Menschen dürfen nicht die Menschenwürde verletzen, die Freiheit einschränken und den Menschen aus einem Subjekt der gesellschaftlichen Beziehungen in ein Objekt der maschinellen Steuerung verwandeln. Noch gefährlicher für die Freiheit des Menschen wird die Implementierung von technischen Mitteln, die den Menschen ständig be- gleiten und untrennbar in den menschlichen Körper integriert werden, falls sie zur Kontrolle über die Person und zu ihrer Steuerung eingesetzt werden können.

IV.8. Sozial-ökonomische Rechte. Das irdische Leben ist ohne die Befriedigung der materiellen Bedürfnisse des Menschen unmöglich. In der Apostelgeschichte wird von einer urchristlichen Gemeinde erzählt, in der die materielle Sorge für ihre Mitglieder besonders hoch gestellt wurde (Siehe Apg 4, 32– 37; 6, 1–6). Die richtige Verfügung über materielle Güter ist für das Erlösungswerk nicht gleichgültig. Deshalb ist es notwendig, solchen Rechten und Freiheiten eine deutliche sittliche Dimension zuzuerkennen, wie das Recht auf Eigentum, das Recht auf Arbeit, das Recht auf Schutz vor der Willkür des Arbeitgebers, das Recht auf Unternehmertum, das Recht auf einen würdigen Lebensstandard.

Die Umsetzung der wirtschaftlichen Rechte darf nicht zur Gestaltung einer solchen Gesellschaft führen, in der die Nutzung von materiellen Rechten sich in das dominierende und sogar in das einzige Ziel der Existenz eines Gesellschaftsmitglieds ver- wandelt. Eine der Bestimmungen der wirtschaftlichen und sozialen Rechte besteht darin, eine konfrontationsträchtige Differenzierung in der Gesellschaft zu vermeiden. Eine solche Differenzierung widerspricht dem Gebot der Liebe zum Nächsten. Sie schafft Bedingungen für die sittliche Degradierung einer Gesellschaft und einer Person, lässt eine Entfremdung zwischen den Menschen entstehen und verletzt das Prinzip der Gerechtigkeit.

Eine wichtige Verantwortung der Gesellschaft besteht in der Sorge um die Menschen, die unfähig sind, die eigenen materiellen Bedürfnisse zu befriedigen. Der Zugang zur Bildung und zur lebensnotwendigen medizinischen Hilfe darf nicht von der sozialen und ökonomischen Lage eines Menschen abhängen.

IV.9. Kollektive Rechte. Die Rechte einer einzelnen Person dürfen nicht zerstörerisch für die einzigartige Lebensweise und Tradition einer Familie sowie verschiedener religiöser, nationaler und sozialer Gemeinschaften sein. Gott hat das Streben eines Individuums nach gemeinschaftlicher Existenz in die menschliche Natur hineingelegt (siehe Gen 2, 18). Auf dem Wege zur Verwirklichung des Willens Gottes hinsichtlich der Einheit des menschlichen Geschlechts spielen die unterschiedlichen Arten von Gemeinschaftsleben eine wichtige Rolle, die in nationalen, staatlichen und sozialen Vereinigungen verwirklicht werden. Aber die Kirche – als gottmenschlicher Organismus – verkörpert in sich die ganze Fülle der Verwirklichung der göttlichen Gebote über die Liebe zu Gott und zum Nächsten (siehe Mt 22, 37–39).

Der Anfang eines gemeinschaftlichen Lebens ist die Familie. Nicht zufällig sprach der Apostel Paulus von der Zugehörigkeit der Familie zum Sakrament der Kirche (siehe Eph 5, 23–33). In der Familie erwirbt der Mensch Erfahrungen in der Liebe zu Gott und zum Nächsten. Über die Familie werden die religiösen Traditionen, die soziale Lebensweise und die nationale Kultur der Gesellschaft weitergegeben. Das moderne Recht muss die Familie als eine legitime Vereinigung von Mann und Frau betrachten, in der die natürlichen Bedingungen für die normale Erziehung der Kinder geschaffen werden. Das Gesetz ist auch berufen, die Familie als einen ganzheitlichen Organismus zu achten und ihn vor Zerstörung zu schützen, die durch den Ver- fall der Sittlichkeit provoziert wird. Zum Schutz der Rechte des Kindes darf ein juristisches System die besondere Rolle der Eltern bei der Erziehung, die untrennbar von der weltanschaulichen und religiösen Erfahrung ist, nicht leugnen.

Es ist notwendig, auch andere kollektive Rechte zu respektieren, wie das Recht auf Frieden, das Recht auf die Umwelt, das Recht auf die Bewahrung des kulturellen Erbes und der inneren Normen, die das Leben von unterschiedlichen Gemeinschaften regeln.

Die Einheit und die gegenseitige Verbindung von bürgerlichen und politischen, ökonomischen und sozialen, individuellen und kollektiven Menschenrechten ist in der Lage, die harmonische Gestaltung des Lebens der Gesellschaft sowohl auf der nationalen als auch auf der internationalen Ebene zu fördern. Der gesellschaftliche Wert und die Effizienz des gesamten Systems der Menschenrechte hängt davon ab, inwieweit es Bedingungen zum Wachsen der Person in der von Gott gegebenen Würde schafft und mit der Verantwortung des Menschen für sein Handeln vor Gott und den Nächsten verknüpft.

Grundsätze und Schwerpunkte der bürgerrechtlichen Tätigkeit der Russischen Orthodoxen Kirche

VI.1. Seit Alters und bis heute tritt die Orthodoxe Kirche vor der weltlichen Macht für ungerecht Verurteilte, für die Erniedrigten, für die Unglücklichen und für die Ausgebeuteten ein. Die barmherzige Fürbitte der Kirche schließt auch die ein, die eine gerechte Strafe für Verbrechen zu tragen haben. Die Kirche hat auch immer wieder dazu aufgerufen, der Gewalt Einhalt zu gebieten und die Sitten zu bändigen, wenn Konflikte entbrannt waren, in deren Folge die Menschenrechte auf Leben, Gesundheit, Freiheit und Eigentum mit Füßen getreten wurden. Schließlich wandten sich die orthodoxen Bischöfe, Geistlichen und Laien in den Jahren der atheistischen Verfolgungen an die Machthaber und an die Gesellschaft, verteidigten die Freiheit des Glaubensbekenntnisses und traten für das Recht auf die umfassende Beteiligung der religiösen Gemeinschaften am Leben des Volkes ein.

VI.2. Auch heute sind wir aufgerufen, mit Eifer – und nicht nur mit Worten sondern auch mit Taten – für die Erhaltung der Rechte und der Würde der Menschen Sorge zu tragen. Dabei ist uns durchaus bewusst, dass in der modernen Welt die Menschenrechte manchmal verletzt und die Würde des Menschen nicht nur von der Staatsmacht, sondern auch von den transnationalen Strukturen, den Wirtschaftssubjekten, von pseudoreligiösen Gruppen, terroristischen und sonstigen verbrecherischen Vereinigungen mit Füßen getreten werden. Immer häufiger müssen die Würde und die Menschenrechte vor der zerstörerischen Aggression öffentlicher Information geschützt werden.

Für unsere bürgerrechtliche Tätigkeit müssen folgende Bereiche besonders herausgestellt werden:

- die Verteidigung des Rechts der Menschen auf das freie Bekenntnis zu einer Religion, des Rechts auf das Verrichten des Gebets und den Vollzug des Gottesdienstes, auf die Bewahrung der geistig-kulturellen Tradition, auf das Einhalten religiöser Grundsätze sowohl im Privatleben als auch im Bereich des öffentlichen Wirkens;
- die Bekämpfung von Verbrechen aufgrund nationaler und religiöser Feindseligkeit;

- der Schutz der Person vor der Willkür der Machthabenden und der Arbeitgeber sowie vor Gewalt und Erniedrigung in der Familie und im Kollektiv;
- der Schutz des Lebens, der freien Wahl und des Eigentums der Menschen bei interethnischen, politischen, ökonomischen und sozialen Konflikten;
- die pastorale Betreuung der Soldaten, Sorge um die Bewahrung ihrer Rechte und Würde unter den Bedingungen von Kampfhandlungen und während des Dienstes im Frieden;
- die Sorge um Achtung der Würde und der Rechte der Menschen, die sich in sozialen Einrichtungen und in Haftanstalten befinden, mit besonderen Beachtung der Lage von Behinderten, Waisen, älteren Menschen und anderen hilfslosen Personen;
- die Verteidigung der Rechte der Nationen und ethnischen Gruppen auf ihre Religion, Sprache und Kultur;
- die Fürsorge für die, deren Rechte, Freiheit und Gesundheit unter der Tätigkeit destruktiver Sekten leiden;
- die Unterstützung der Familie in ihrem traditionellen Verständnis der Vaterschaft, der Mutterschaft und der Kindschaft;
- der Kampf gegen die Korruption und andere Arten des Verbrechens sowie gegen die Prostitution, Drogensucht und Spielsucht;
- die Sorge um die gerechte wirtschaftliche und soziale Ordnung der Gesellschaft;
- die Nichtzulassung der totalen Kontrolle über die menschliche Person, über ihre weltanschauliche Wahl und über das Privatleben durch Nutzung moderner Technologien und politischer Manipulation;
- die Erziehung zur Achtung vor dem Gesetz, die Verbreitung positiver Erfahrungen bei der Umsetzung und beim Schutz der Menschenrechte;
- die Begutachtung von Rechtsakten, gesetzgeberischen Initiativen und Handlungen der Machtorgane mit dem Ziel, die Verletzung der Rechte und der Würde des Menschen und die Verschlimmerung der sittlichen Situation in der Gesellschaft abzuwenden;
- die Beteiligung an der öffentlichen Kontrolle der Anwendung der Gesetze, insbesondere der Gesetze, die die Beziehungen zwischen dem Staat und der Kirche regeln, sowie an der Kontrolle der Umsetzung gerechter gerichtlicher Entscheidungen.

V.3. Die bürgerrechtlichen Aktivitäten der Mitglieder der Russischen Orthodoxen Kirche können sowohl auf allgemein- kirchlicher Ebene, mit dem Segen der Kirchenleitung, wie auch auf der Ebene der von Laien gegründeten öffentlichen Vereinigungen, von denen viele bereits jetzt eine erfolgreiche Arbeit im bürgerrechtlichen Bereich durchführen, stattfinden. In ihrer Tätigkeit, die auf den Schutz der Rechte und der Würde des Menschen gerichtet ist, ist die Kirche bestrebt, mit dem Staat und den gesellschaftlichen Kräften zusammenzuarbeiten. Bei der Auswahl der Partner in der Gesellschaft geht die Kirche von den Worten

Christi des Erlösers aus, die Er an die Apostel richtete: „Denn wer nicht gegen uns ist, ist für uns" (Mk 9, 40).

V.4. Auf der Grundlage der kirchlichen Lehre über die Würde, Freiheit und die Menschenrechte sind die Christen zu sittlich orientierten sozialen Aktivitäten aufgerufen. Sie können ganz unterschiedliche Formen annehmen – zum Beispiel das Zeugnis im Angesicht der Macht, intellektuelle Tätigkeiten, Durchführung von Kampagnen zum Schutz von Minderheiten und ihrer Rechte. Ohne die revolutionäre Umgestaltung der Welt anzustreben und in Anerkennung der Rechte anderer gesellschaftlicher Gruppen auf Partizipation an der gesellschaftlichen Umgestaltung auf der Grundlage ihrer weltanschaulichen Wahl, behalten sich die orthodoxen Christen das Recht vor, sich an der Gestaltung des öffentlichen Lebens zu beteiligen, die mit ihrem Glauben und mit ihren sittlichen Prinzipien nicht im Widerspruch steht. Die Russische Orthodoxe Kirche ist bereit, diese Prinzipien im Dialog mit der Weltgemeinschaft sowie in der Zusammenarbeit mit den Gläubigen anderer traditionellen Konfessionen und Religionen zu vertreten.

Das vorliegende Dokument wird von der Bischofssynode der Russischen Orthodoxen Kirche als Weiterentwicklung der Grundlagen ihrer Sozialdoktrin bestätigt. Kanonische Strukturen, Geistliche und Laien unserer Kirche müssen sich von diesem Dokument bei bedeutsamen öffentlichen Auftritten und Handlungen leiten lassen; es wird an den geistlichen Schulen des Moskauer Patriarchats unterrichtet. Das Dokument wird der brüderlichen Aufmerksamkeit der Orthodoxen Lokalkirchen in der Hoffnung angeboten, dass es dem Wachsen einer gemeinsamen Gesinnung dienen und bei der Koordinierung der praktischen Aktivitäten helfen möge. Auch andere christliche Kirchen und Gemeinschaften, staatliche Organe und öffentliche Kreise verschiedener Länder und internationale Organisationen sind eingeladen, sich am Studium und der Erörterung des Dokumentes zu beteiligen.

Übersetzung aus dem Russischen: Nadja Simon

Prophetisches Völkerrecht und Heiligung des Menschen

Micha Brumlik

1 Jüdische Wurzeln der Würde des Menschen

1.1 Prophetische Politik?

In seiner auf Deutsch unter dem Titel »Zweifel und Einmischung. Gesellschaftskritik im 20. Jahrhundert« erschienenen Aufsatzsammlung geht es dem US-amerikanischen Sozialphilosophen Michael Walzer um die Legitimität und die Irrtümer von Intellektuellen, die an progressivem politischem Handeln interessiert waren.[1]

Als unangemessene Einstellung, die Walzer etwa an Herbert Marcuse feststellt, erscheint ihm eine kritische Haltung, die vermeintlich vergessen hat, dass der Kritiker sowohl sachgemäß als auch strategisch erfolgreich nur handeln kann, wenn er sich vor Augen hält, selbst Teil der kritisierten Gesellschaft und nicht ein aus dem Jenseits absoluter Negativität senkrecht herabwirkender Bote zu sein. Für diese Haltung reklamiert Walzer die Propheten der Hebräischen Bibel, die sich allemal als integrale Mitglieder auch noch jener Königreiche Israel und Juda verstanden hätten, die sie im Namen Gottes in Grund und Boden verdammten. Damit nimmt Walzer einen gesellschaftstheoretischen Topos auf, an dem sich zuvor Max Weber in entgegengesetzter Einstellung versucht hat. „Es zeigt sich in alledem", heißt es in Webers Schrift über das antike Judentum, „dass die Propheten zwar der Art ihres Wirkens nach objektiv politische, und zwar vor allem weltpolitische, Demagogen und Publizisten waren, aber subjektiv nicht politische Parteigänger."[2]

Es scheint, als gäbe die alttestamentliche Forschung einem Verständnis der Propheten recht, die diese eher als engagierte Teilnehmer im Sinne von Walzer denn als abstrakte universalistische Moralisten im Sinne Webers sieht.[3] Unbeschadet ihrer gegensätzlichen Analyse des biblischen Prophetentums stimmen Weber und Walzer aber in ihrer heftigen Ablehnung gegen einen Intellektuellentypus überein, der sich genauso verhielte, wie Weber ihn missbilligend beschrieb: „Niemals hat die Prophetie versucht […] sozialethisch orientierte politi-

---

1 *Michael Walzer*, Zweifel und Einmischung. Gesellschaftskritik im 20. Jahrhundert, Frankfurt am Main 1991.

2 *Max Weber*, Gesammelte Aufsätze zur Religionssoziologie III, Tübingen 1988, S.288–289.

3 *Klaus Koch*, Die Profeten, I, II, Stuttgart/Berlin 1978.

sche Ideale durch Beratung von Machthabern in die Realität umsetzen zu helfen.“[4]

Diesen von Weber als jüdisch kritisierten abstrakten Moralismus versteht Walzer nun als wesentlich christliche Haltung, als den Glauben, dass durch den einen Opfertod Jesu alle Menschen gerettet werden, eine Einstellung, die als „covering law“-Universalismus durchaus auch in den prophetischen Schriften zu finden sei.[5] Hinter diesem abstrakten Universalismus will nun Walzer durch eine neue Lektüre der prophetischen Schriften eine zweite Form des Universalismus finden, dessen Kronzeuge ihm der Prophet Amos ist: „Seid ihr Kinder Israels mir nicht wie die Söhne Äthiopiens? spricht der Herr. Habe ich nicht Israel aus Ägyptenland geführt und die Philister aus Kaphtor und die Syrer aus Kir?“ heißt es im Amosbuch 9,7.

Walzers zweiter Universalismus, den er als reiterativen, ein Befreiungsnarrativ historisch gemäß wiederholenden Universalismus bezeichnet, entwickelt eine Theorie der politischen Befreiung, die allen historischen Gemeinschaften ihren eigenen, individuellen Weg einräumt und damit zugleich die Verpflichtungen für die Welt im Ganzen ermäßigt, dafür aber unsere Sinne für die Gemeinschaften, in denen wir leben, wesentlich schärft. „Wir müssen uns selbst erklären und verteidigen, unsere Klagen begründen, unsere Ansprüche rechtfertigen, uns selbst einen Ort in der moralischen Welt geben und – so gut wir können – zu ihrer Bildung und Umbildung beitragen. Das alles machen wir unter uns, in einem bestimmten Hier und Jetzt und mit einer lokalen Gruppe von Begriffen und Werten.“[6]

1.2 Amos[7] und die Begründung des normativen Völkerrechts

Wenn Walzer recht hätte, so dürfte sich bei den Propheten der Hebräischen Bibel ein Menschenrechtsuniversalismus, oder genauer gesagt, ein Universalismus ethischer Normen, die wesentlich über Israel hinausreichen und nicht nur religiöser Natur sind, nicht finden lassen. Auf den ersten Blick scheint Walzer bei dieser Lesart eindeutig im Unrecht zu sein. Zumal bei einem der frühesten Propheten, bei dem in den letzten Jahren des Nordreichs wirkenden Amos, den Walzer selbst für seinen reiterativen Universalismus bemüht, finden sich nämlich gleich eine ganze Reihe von Maßregelungen und Sanktionen gegen Fremdvölker, die wider bestimmte – nicht nur eigene – Satzungen verstoßen haben.

4 *M. Weber*, Aufsätze (Anm. 2).

5 *Michael Walzer*, „Zwei Arten des Universalismus“, in: Babylon 7/1990, S.7–25.

6 Ebd., 24.

7 Zu Amos im Ganzen unter besonderer Berücksichtigung seiner Sozialkritik: *Gunther Fleischer*, Von Menschenverkäufern, Baschankühen und Rechtsverkehrern. Die Sozialkritik des Amosbuches in historisch-kritischer, sozialgeschichtlicher und archäologischer Perspektive (BBB 74), Frankfurt am Main 1989.

Im ersten Kapitel des Amosbuches wird in 1,3–5 das Land Aram dafür gescholten, Gilead mit eisernem Schlitten gedroschen zu haben. In 1,6–8 sollen die Philister bestraft werden, weil sie ganze Ortschaften gefangengenommen haben, um sie an Edom auszuliefern, während in 1,9 die Phönizier bestraft werden sollen, weil sie Verträge nicht eingehalten haben. Edom selbst wiederum soll in 1,11–12 dafür bestraft werden, weil es „seinen Bruder mit dem Schwert verfolgte, sein Erbarmen erstickte, seinen Groll nährte, und seinen Grimm bewahrte für ewige Zeiten". Ammon wird in 1,13–14 bestraft, weil es den schwangeren Frauen von Gilead den Bauch aufgeschlitzt hat, um eigenes Gebiet zu erweitern, während Moab angeklagt wird, die Gebeine des Königs von Edom verbrannt zu haben. Schließlich wird in 2,4 das Königreich Juda angeklagt, Gottes Satzungen verworfen zu haben und Götzen nachgelaufen zu sein, während Israel, in dem Amos selbst wirkt, angeklagt wird, für Geld Unschuldige verkauft zu haben, die Armen bedrängt und Kultprostitution betrieben zu haben. So scheint der Prophet seine Hörer mit drei Rechtskreisen zu konfrontieren: Erstens, dem der – mit Ausnahme der Philister – sprachlich verwandten, nordsemitisch-kanaanäischen Fremdvölker[8], zweitens dem des den gleichen Gott verehrenden Staates Juda und jenem des eigenen Staates Israel.

Dass es (1.) bei den Normen, gegen welche die Fremdvölker verstoßen haben, um übergreifende, nicht um parteiliche Normen geht, wird zum Beispiel daran deutlich, dass einerseits Edom dessen geziehen wird, unbarmherzig seinen Bruder verfolgt zu haben, dass aber andererseits Moab dafür behaftet wird, die Gebeine des Königs von Edom verbrannt zu haben. Der Hauptvorwurf gegen Juda besteht (2.) darin, Gottes (des gemeinsamen Gottes) Weisung verlassen zu haben. Hier wird – anders als in den Völkersprüchen – an eine gemeinsame Glaubensbasis, eine gemeinsame Bundesvergangenheit appelliert. Die Vorwürfe schließlich, die Amos (3.) an seine eigene Gesellschaft richtet, sind sowohl sozial- als auch religionspolitischer Art[9], sie gelten der Bedrängung der Armen und der Kultprostitution – von Mord, Totschlag, Bruch der Verträge oder Leichenschändung ist hier nirgends die Rede. Man wird mithin erstens davon ausgehen müssen, dass Amos einen Verhaltenskodex formuliert, der auch dann als verbindlich gilt, wenn die Adressaten nicht Teil der Bundesgeschichte Israels sind und deshalb zweitens fragen müssen, welche die Legitimationsquellen dieser Ansprüche sind.

Man wird schließlich darüber hinaus fragen müssen, warum Amos in seinen Völkersprüchen ausschließlich die kleinen, sprachlich verwandten kanaanäischen Staaten erwähnt, die in ihren Taten aber gewiss mindestens ebenso verurteilungswürdigen Großmächte Ägypten und Assyrien völlig auslässt? Stellen die Rechtskreise des Amos am Ende doch nur ein System von weiter und enger gefassten Verwandtschafts- und Verbindlichkeitskreisen dar? Bevor diese Fragen beantwortet werden, seien aber zuvor die Hauptnormen dessen zusammengefasst, was Amos als ein mindestens kanaanäisch-nordsemitisches Völkerrecht

---

8 Zum historischen Hintergrund auch der kanaanäischen Nachbarn vgl. *Klaas A. D. Smelik*, Historische Dokumente aus dem alten Israel, Göttingen 1987.

9 Zum sich universalisierenden Binnenrecht Israels und Judas vgl. *Frank Crüsemann*, Die Tora. Theologie und Sozialgeschichte des alttestamentlichen Gesetzes, München 1992.

postuliert hat: Erstens ist es verboten, die landwirtschaftliche Infrastruktur eines Feindes zu zerstören. Zweitens ist es verboten, ganze Bevölkerungen zu versklaven und auszuliefern. Drittens ist es verboten, internationale Verträge zu brechen. Viertens ist es verboten, einen unversöhnlichen Bürgerkrieg zu führen. Fünftens ist es verboten, schwangere Frauen und ihre Leibesfrucht mit dem Ziel zu vernichten, die eigene Herrschaft zu erweitern. Sechstens ist es verboten, die Leichen – zumal die Leichen ausländischer Herrscher – zu schänden.
Infrastruktur, bestehende und zukünftige Bevölkerung, internationale Verträge und innerer Frieden sowie legitimes herrscherliches Prestige – das sind die Rechtsgüter, die in Amos' Völkersprüchen geschützt werden, Rechtsgüter, die offensichtlich nicht individueller Art sind, sondern den einzelnen Individuen genau dadurch Schutz gewähren, dass sie im Prinzip wechselseitig anerkannte, legitime Güter von Klein- und Stadtstaaten einer sich als verwandt fühlenden Sprachfamilie sind. Die Quelle dieser Gemeinsamkeit sieht Amos in einer Reihe von Bundesschlüssen, die jener Gott, den Juda und Israel als den ihren unter seinem eigenen Namen anerkennen, eigens mit anderen Völkern geschlossen hat: „Seid ihr mir nicht", heißt es in Am 9,7, „gleich den Kuschiten, ihr Söhne Israels, spricht Jahwe. Habe ich nicht Israel aus dem Land Ägypten herausgeführt und die Philister aus Kaphtor und die Aramäer aus Kir?"

Damit scheinen die biblischen Texte systematisch einen mittleren Weg zwischen der älteren, Weberianischen Lesart der Propheten als abstrakter, moralischer Universalisten und ihrer Walzerschen Lesart als gemeinschaftsbezogener Teilnehmer-Kritiker zu weisen. Indem Amos nämlich einerseits darauf beharrt, dass es derselbe Jahwe ist, der mit anderen Völkern Befreiungsbündnisse geschlossen hat, er andererseits aber keinen Zweifel daran lässt, dass es sich dabei um Bünde eigener Art handelt, gelingt es ihm, am strikten Monotheismus festzuhalten und gleichwohl eine situationsbedingte Spezifikation monotheistischer Normen zu behaupten.

Als Völkerrecht ließen sich dann jene Normen bezeichnen, die für die internationale Koexistenz der einzelnen Adressaten – hierbei handelt es sich stets um einzelne Staaten – miteinander unverzichtbar sind. Weniger als die genannten sechs Normen vermochte sich jedenfalls Amos als verbindlich geltendes, staatsübergreifendes Gottesrecht nicht vorstellen, mehr – etwa bestimmte Verhaltensregeln gegenüber den Armen – sah er in diesem Kontext wohl als sinnlos an. Als theologische Legitimation dafür postuliert Amos eine Reihe von Befreiungsbündnissen, die nicht nur, aber vor allem der kanaanäischen Völkerfamilie eigneten. Da diese Gemeinsamkeit von Sprache und Herkunft Assyrer und Ägypter nicht banden, scheinen ihnen auch keine völkerrechtlichen Vorhaltungen zu gelten, obgleich die Kuschiten – wahrscheinlich die Nubier –, die er im neunten Kapitel als Bundesvolk erwähnt, nun wahrlich keine Kanaanäer sind und aus seiner Perspektive noch weiter entfernt waren als Ägypten und Assyrien. Sollte deren Nichterwähnung am Ende einem politischen Interesse zuzuschreiben sein?

1.3 Prophetischer Antiimperialismus

Es gab indes Propheten, die auch diesen Mächten gegenüber universalistische Ansprüche erhoben. Der Jerusalemer Bibelwissenschaftler Moshe Weinfeld hat in diesem Zusammenhang, unter besonderem Bezug auf Jesaja, aber auch auf einige kleinere, nachexilische Propheten wie Habakuk, Sacharja und Nahum von einem antiimperialistischen Protest der Propheten gesprochen.[10] Jesajas Zorn jedenfalls gilt in besonderer Weise Assyrien: „Auf Vernichtung geht sein Sinn und auszurotten nicht wenige Völker [...]“ heißt es in Jes 10,7, während der Prophet in Jes 10,13 den König der aggressiven, aufsteigenden Großmacht Assur geradezu als personifizierte Arroganz der Macht so sprechen lässt: „Durch meine starke Hand habe ich es ausgeführt und durch meine Weisheit, denn ich verstehe mich darauf. Ich habe die Grenzen der Völker verschoben und ihre Schätze ausgeplündert; ich habe in den Staub die Bewohner gestürzt. Meine Hand griff nach den Schätzen der Nationen wie nach einem Nest. Wie man verlassene Eier einrafft, so habe ich die ganze Welt eingerafft [...]“.

Demgegenüber wird die alteingesessene Großmacht Ägypten nicht direkt geziehen, sondern lediglich aus religionspolitischen Gründen als Bündnispartner für Israel und Juda ausgeschlossen: „Wehe denen, die der Hilfe wegen nach Ägypten ziehen, die auf Kriegsrosse ihre Hoffnung setzen und vertrauen auf die Menge der Streitwagen und auf die große Schar der Reiter [...] Die Ägypter sind nur Menschen und nicht Gott, ihre Rosse sind Fleisch und nicht Geist [...]“ (Jes 31,1–3). Ebenso harsch wie Jesaja spricht Habakuk wider die Chaldäer, das sind die Babylonier, denen nicht die Teilung von Ländern oder die Verwüstung von Land vorgehalten wird, sondern Plünderung und Ausbeutung (vgl. Hab 2,17).

Die frühen Propheten, hier hat Walzer Recht, waren in politischer Hinsicht keine religiösen Missionare anderer Völker und beließen diesen im historischen Kräftespiel durchaus ihren eigenen Glauben und bauten allenfalls in eschatologischer Perspektive auf eine allgemeine Bekehrung der Völker. Weinfeld kommt in seinem resümierenden Überblick über eine Reihe verschiedener Propheten zu einer Liste von Vergehen, die beinahe identisch ist mit dem Bruch jener Normen, die Amos für wesentlich hielt: Ausrottung von Völkern, Zerstörung von Städten und Verwüstung von Ländern, Grenzversetzungen, Plünderung und Ausbeutung von Völkern, Absetzung nationaler Führer, Vertreibung der Einwohner. Betrachtet man nun die nur aus dem jeweiligen Kontext heraus verständliche Reichweite der Kritik im Namen dieses Völkerrechts, das noch keine unmittelbaren Menschenrechte kennt, so wird deutlich, wie falsch sowohl Webers als auch Walzers Charakterisierung prophetischer Politik war. Gegen Weber ist zu sagen, dass die immer an bestimmte Adressaten gerichteten Völkersprüche, die hier einige ausnehmen, um dort andere zu adressieren, von einem

---

10 *Moshe Weinfeld*, Der Protest gegen den Imperialismus in der altisraelitischen Prophetie, in: *Shmuel Noah Eisenstadt* (Hrsg.), Kulturen der Achsenzeit. Ihre Ursprünge und ihre Vielfalt, Teil 1, Frankfurt am Main 1987, S.240–257.

geschärften Bewusstsein der eigenen staatlichen, politischen und vor allem außenpolitischen Situation zeugen.

Dieses geschärfte Bewusstsein unterschiedlicher Propheten, das einmal kleinere Mächte in den Blick nimmt, um die Großmächte auszulassen, dort die Großmächte angreift[11], um die kleineren Mächte zu vernachlässigen, und das übrigens am Ende einmütig für eine bestimmte Großmacht als Träger universalen Rechts votiert, nämlich für das aufstrebende Perserreich des Kyros („So spricht der Herr zu Kyros" – heißt es in Jes 45,1–2 –, „den ich bei seiner rechten Hand ergriff, dass ich Völker vor ihm niederwerfe. [...] Ich will vor dir hergehen und das Bergland eben machen"), präsentiert in der Substanz wenig anderes als einige in ihren Auslassungen durchaus verantwortungsethisch geschärfte praktikable Maximen, die aber, anders als Walzer das wollte, sich keineswegs nur auf den Binnenraum der israelitischen und judäischen Gesellschaft beziehen.

Freilich haben auch die Großmächte, etwa Assyrien, so etwas wie ein Völkerrecht als Vasallenrecht schon gekannt.[12] Die ein Völkerrecht verkündenden biblischen Propheten erweisen sich aber im Unterschied dazu mit ihrer Betonung wechselseitiger Rechte und Pflichten nicht nur als engagierte Bürger ihrer eigenen Kultur, sondern in ihren – innen- und religionspolitische Fragen weitgehend ausklammernden – Fluchsprüchen zwar nicht als Kosmopoliten im strikt universalistischen Sinne, aber doch als engagierte Bürger einer Koine; als Bürger eines ihnen in seinen ethnischen und geographischen Grenzen bekannten Völkerkosmos, den sie im Ganzen von einem übergeordneten göttlichen Recht durchwaltet sahen, das anderer Art war als die Tora[13], sich aber auch von der Minimalethik der noachidischen Tora[14], die als Adressaten alle einzelnen Individuen hatte, deutlich unterschied.

Es fällt in diesem Zusammenhang auf, dass die einzige neuere bedeutende Veröffentlichung zur Frage frühhochkultureller Großmachtpolitik und einer ihr korrespondierenden Staatsethik, nämlich Roman Herzogs 1988 erstmals erschienenes Werk über die »Staaten der Frühzeit«[15], die prophetische Dimension mit keiner Zeile erwähnt. Die biblischen Propheten haben ganz offensichtlich sowohl das überschritten, was man als „Binnensolidarität" einer Gesellschaft bezeichnen könnte als auch das, was konventionelle Großmachtpolitik an Vasallenrecht ausbildete – eine zwischenstaatliche Reziprozitätslehre, die einem auf den einzelnen Staat blickenden Bewusstsein wohl verborgen bleiben musste.

Tatsächlich stellt die prophetische Völkerrechtslehre eine überraschende und emergente Weiterentwicklung antiken Rechtsbewusstseins dar, die übrigens auch noch das überschreitet, was Jan Assmann am Beispiel der ägyptischen „Maat"-Weisheit als konnektive Solidarität horizontaler und vertikaler Art be-

---

11 Zur außenpolitischen Situation allgemein: *Herbert Donner*, Geschichte des Volkes Israel und seiner Nachbarn in Grundzügen 2, Göttingen 1986; *Rainer Albertz,* Religionsgeschichte Israels in alttestamentlicher Zeit, Göttingen 1992, S.190f.

12 *Walter Beyerlin* (Hrsg.), Religionsgeschichtliches Textbuch zum Alten Testament, Göttingen 1985, S.153–155.

13 Vgl. *F. Crüsemann*, Die Tora (Anm. 9).

14 *Klaus Müller*, Eine Tora für die Völker. Die noachidischen Gebote und Ansätze zu ihrer Rezeption im Christentum, Berlin 1996 (^{2}1998).

15 *Roman Herzog*, Staaten der Frühzeit, München 1988 (^{2}1998).

zeichnet hat, die aber auch seiner Auffassung nach nur für die Binnensphäre des zumal ägyptischen Staates galt.[16]

1.4 Prophetisches Völkerrecht und rabbinische Menschenwürde

Es ist der erstmals bei Amos im achten Jahrhundert entwickelte Gedanke, dass der eine Gott als letzte Rechtsquelle mit ihrem Wesen nach verschiedenen politischen Gemeinschaften in je eigener, aber gleichwohl universaler Verbindlichkeit Bünde schließt, der es erlaubt, die Grenzen der Binnensolidarität zu überwinden. Dieses Recht, das von einer integralen Einheit der Menschen mit ihren staatlichen Gemeinschaften ausging, kannte eine rechtsgeschützte Individualität im engeren Sinne nicht. Der Gedanke des Schutzes eines Individuums ohne den gleichzeitigen Schutz der Integrität jener Gemeinschaft, in der es lebt, war den Propheten als Denkern einer konnektiven Tun/Ergehen-Solidarität nicht fassbar. Indem sie aber den Gedanken eines Völkerindividuen einander verpflichtenden Rechts postulierten, eines Rechts, das kraft der Betonung der Integrität des Gemeinwesens auch die Integrität der einzelnen, in ihm lebenden Menschen garantierte, haben sie eine Idee vorgedacht, die erst dann wieder zum Ausdruck kommen konnte, als die Engführungen des Jus Europaeum Christianum durch die Staatsdenker der Aufklärung überwunden wurden.

Die im achten Jahrhundert vor der christlichen Zeitrechnung bei den Wortpropheten artikulierten Grundsätze eines gerechten Zusammenlebens von Völkern und ihren Herrschern in Krieg und Frieden weisen weder die Präzision noch die Positivität der modernen Menschenrechte auf, auch lassen sie jede explizite Erwähnung eines Gedankens wie des der menschlichen Würde vermissen. Freilich deuten sich schon hier Vorstellungen von der grundsätzlichen Heiligkeit und das heißt Unantastbarkeit eines jeden menschlichen Lebens an.

Ist es zulässig, aus derlei politischen Prinzipien von Bronze- und Eisenzeit den Rückschluss zu ziehen, dass der Gedanke der Menschenwürde, wie er frühestens in der italienischen Renaissance und spätestens in aller Deutlichkeit von Kant artikuliert wurde, seine Ursprünge und seine Basis in der jüdischen, der christlichen Religion hat? Nimmt man Immanuel Kants Grundlegung ernst, kann davon keine Rede sein; betrachtet man die Angelegenheit philologisch, erst recht nicht. Nirgends in der Bibel, weder im Alten noch im Neuen Testament, finden sich ausdrückliche Formulierungen bezüglich der Menschenwürde. Diejenigen, die von der zureichenden Grundlegung der Menschenwürde in der Bibel überzeugt sind, führen dann schnell die im Buch Genesis behauptete Gottesebenbildlichkeit bzw. die Menschenebenbildlichkeit des Gottessohnes in Jesus von Nazareth an. Indes: eine Ausformulierung dieses Arguments wird man in der frühen Kirche nicht finden, beziehungsweise lange nach ihr suchen.

---

16 *Jan Assmann*, Maat. Gerechtigkeit und Unsterblichkeit im Alten Ägypten, München 1990.

Anders das rabbinische Judentum, das sich nach der Niederschlagung des Bar Kochba Aufstandes als Erbe des Pharisäismus von der Mitte des zweiten Jahrhunderts christlicher Zeitrechnung an zu formieren begann. In den Schriften der Weisen Israels, der Tannaim und Amoraim finden wir Debatten und Erörterungen, die genau jene Fragen berühren, die auch heute noch die vor allem bioethischen und politisch-ethischen Fragen einer ebenso globalisierten wie technisch beherrschbar gemachten Welt betreffen, als da sind: die Frage danach, wann überhaupt ein Mensch ein Mensch ist, welches der Wert des einzelnen menschlichen Lebens ist und wie sich dieser Wert aus den biblischen Schriften begründet.

In den heutigen bioethischen Diskussionen vor allem der Stammzellforscher wird gerne darauf hingewiesen, dass der Staat Israel ein Eldorado von moraltheologisch nicht beeinträchtigter Grundlagenforschung sei; ein Hinweis, der ohne jeden Zweifel zutrifft und in der Tat in den rabbinischen Erörterungen zum Schwangerschaftsabbruch wurzelt.

1.5 Kasuistik des Lebens?

Anders als das immer stärker platonisch geprägte Christentum kannte das rabbinische Judentum zwar auch eine dualistische Anthropologie von Leib und Seele und wich damit von der biblischen Ganzheitslehre, die sich im Begriff der „Nefesch“ kondensierte, ab – ging aber niemals so weit, das Konzept einer vom Leib getrennten, die wahre Essenz des Menschseins ausmachenden Seele zu vertreten. Die leib-seelische Einheit indes, die der Mensch ist, tritt erst in der Welt in Erscheinung – was nach Maßgabe der rabbinischen Lehre genau dann der Fall ist, wenn der Embryo den Mutterleib verlassen hat. So heißt es in der Mischna[17], „wenn eine Mutter eine schwere Geburt erfährt, so soll das Kind in ihrem Leib zerschnitten und Glied für Glied herausgenommen werden, weil ihr Leben eine höhere Priorität als das des Kindes genießt. Sofern aber der größere Teil des Kindes bereits geboren ist, so darf es nicht angetastet werden, da ein Leben nicht gegen ein anderes aufgewogen werden darf“.

Bei der Frage nach der Menschlichkeit von Menschen geht es zunächst nicht um eine moralische, sondern um eine ontologische Frage: da gemäß der rabbinischen, semidualistischen Anthropologie der in die Welt gestellte Leib den Menschen erst zum Menschen macht, kommt erst dem geborenen Menschen der unbeeinträchtigte Status absoluter Unantastbarkeit zu. Denn: bevor es nicht in die Welt tritt, ist es kein lebendiges Wesen. Eine ebenso makabre, wie rein juristisch-kasuistische Erörterung ohne jeden Realitätsgehalt (die Rabbanim hatten im zweiten und dritten Jahrhundert keinerlei strafrechtliche Vollmachten) setzt sich mit der Frage auseinander, unter welchen Umständen schwangere Frauen hingerichtet werden dürfen: eben dann, wenn die Wehen noch nicht eingesetzt

[17] *ohalot* VII,6.

haben; wenn sie jedoch auf dem Geburtsstuhl sitzt, sei vor der Hinrichtung die Geburt abzuwarten.

Dass der Embryo gleichwohl ein eigenständiges Wesen ist, geht auch aus einer Überlegung hervor, dass bei einer Frau, die im dritten Monat schwanger ist, die Hinrichtung nicht aufgeschoben werden soll, bei einer, die indes im neunten Monat schwanger ist, sehr wohl. Umso erstaunlicher ist die Aussage eines anderen Weisen, wonach es gemäß der noachidischen, alle Menschen – vor allem die Nichtjuden – betreffenden Gesetze ein todeswürdiges Verbrechen ist, einen Embryo zu töten.[18] Entscheidend ist nach Maßgabe der rabbinischen Abtreibungsdebatte, dass das Leben geborener Menschen nicht gegeneinander aufgewogen werden darf. Die Begründung hierfür fanden die Rabbanim des zweiten und dritten Jahrhunderts nun in der Tat in der biblischen Gottesebenbildlichkeit. So erklärte Rabbi Akiba im frühen zweiten Jahrhundert, dass der Respekt des Menschen vor dem Menschen in dem Ausmaß wuchs, indem er erkannte, dass er und seinesgleichen von Gott geschaffen wurden.[19]

1.6 Würde als Gleichheit in der Schöpfung

Das damit implizierte Prinzip einer universalistisch gefassten Gleichheit aller Menschen findet sich – wenn auch in narrativer Form – bereits in der Mischna, nach jüdischer Überlieferung der mündlich überlieferten Tora vom Sinai – die verschriftet seit dem zweiten Jahrhundert der Zeitrechnung bekannt ist: „Also ward der Mensch als einzelnes Individuum geschaffen, und um des Friedens unter den Menschen willen, sollte niemand zu seinem Genossen sagen: Mein Vater war größer als deiner und zugleich die Größe Gottes, gesegnet sei er, aufrufen, denn: Wenn ein Mann viele Münzen mit einem Prägestock prägt, so sind doch alle Münzen gleich – aber der König der Könige prägte jeden Menschen mit dem Prägestock des ersten Menschen und (dennoch) ist keiner mit seinem Genossen identisch. Und daher ist es die Pflicht eines jeden Menschen, zu beten (zu sagen): Um meinetwillen wurde die Welt erschaffen“.

Das damit vergleichsweise früh, wenn auch nur narrativ gefasste Prinzip der Heiligkeit der Individualität und damit eines jeden Individuums, hat sich zugleich in einer Reihe moralischer Imperative niedergeschlagen. Wiederum war es zu Beginn des zweiten Jahrhunderts Rabbi Akiba, der die wesentlichen Stichworte lieferte: „Der Mensch ist geliebt, denn er war in Gottes Antlitz geschaffen“[20] sowie, darauf folgend: „Jeder, der (menschliches) Blut vergießt, zerstört das Ebenbild Gottes“, eine Aussage, die sein Schüler Ben Azzai in einer Tossefta noch verschärfte: „Jeder, der sich nicht für den Schutz der menschlichen Gattung einsetzt, wird von der Schrift angeklagt, die Gottesebenbildlichkeit zu verkleinern“[21].

---

18 Vgl. *Ephraim Urbach*, The Sages, Princeton 1979, S.243.

19 Vgl. ebd., 217.

20 *E. Urbach*, The Sages (Anm. 18), 253.

21 Ebd., 227.

Dieser Gedanke wurde von einer ganzen Reihe vor allem narrativ argumentierender Rabbinen anekdotisch so verdeutlicht, dass die Dienstengel vor dem von Gott geschaffenen, präexistenten Adam niederfielen und von höheren Engeln darauf aufmerksam gemacht werden mussten, dass sie einem Irrtum unterlagen: Es handelte sich nicht um Gott, sondern um den ersten Menschen.[22] In weiteren Debatten, wie sie vor allem im Traktat Sanhedrin dokumentiert sind, wird deutlich, dass die Rabbanim die universalistischen, prophetischen Bücher ausgezeichnet kannten, wenn sie sich etwa auf Jesaja 43 beziehen, wonach Gott alles, auch den einzelnen Menschen, zu seinem Ruhm geschaffen hat. Damit gehört der von Gott geschaffene Mensch nicht nur der Schöpfung an, sondern wird geradezu aus ihr herausgehoben, wie Rabbi Nehemia erklärte: „Ein Mensch gleicht in seinem Wert dem ganzen Werk der Schöpfung“, – eine weitere Formulierung, welche die Abwägung von menschlichem Leben, sofern es auf der Welt ist, im Grundsatz verbietet.

Es fällt auf, dass sich die Rabbanim, die ansonsten viel Zeit und Mühe auf die Analyse einer – wie im Falle der zum Tode verurteilten, schwangeren Mutter – in der Regel virtuellen Kasuistik aufgewendet haben, die mit diesen Prinzipien verbundenen, früher oder später auftretenden Abwägungsprobleme einfach ignorierten. Eine Aussage, wie sie etwa ein Teil der Jerusalemer Priesterschaft (ausweislich der Evangelien) anlässlich der Frage, ob Jesus an die Römer überstellt werden solle, vorbrachte, hätten die Rabbanim nie getroffen: „Es ist besser, dass einer verderbe anstatt des ganzen Volkes“ (Joh 18,14).

Die Weisen Israels setzten demgegenüber auf ein strikt individualisiertes, moralisches Handeln, das dem einzelnen, menschliches Leben rettenden Individuum zugleich das Verdienst anrechnet, die Schöpfung im Ganzen gerettet zu haben, so jedenfalls die Mischna: „Jedem, der einen einzelnen Menschen rettet, wird es so angerechnet, als ob er die ganze Schöpfung gerettet habe“[23]. Folgt daraus umgekehrt, dass, wer ein einzelnes menschliches Leben zerstört, im Grundsatz auch die Schöpfung zerstört? Zu solcher Radikalität waren die stets realistisch und pragmatisch denkenden Rabbanim nicht bereit: Anders als der rigorose Bergprediger befürworteten sie genau aus dem Prinzip der Heiligkeit eines einzelnen Lebens ein Recht auf Notwehr und Selbstverteidigung, ohne indes jenen, die Selbstverteidigung übten, ein übermäßig gutes Gewissen zu verschaffen: dass, wer – aus welchem Grunde auch immer – Blut vergießt, damit zugleich Gottes Ebenbild zerstört, wird durch den verteidigbaren Zweck einer solchen Handlung nicht aufgehoben. Es war Hillel, der auch dieser Erfahrung in einer ausgerechnet auf die hellenistisch-römische Staatsreligion Bezug nehmenden Geschichte Rechnung trug: „Dieses Prinzip mag der Geschichte eines Königs gleich gesetzt werden, der ein Land eroberte, Abbilder seiner selbst aufstellen, Statuen seiner selbst errichten und Münzen mit seinem Bild prägen ließ. Als dann seine Abbilder umgestürzt, seine Statuen zerbrochen und der Wert seiner Münzen außer Kraft gesetzt wurden, wurde auch die Ähnlichkeit mit dem König zerstört. Und genau so schreibt es die Schrift einem jeden zu, der (menschliches)

---

22 Ebd., 229.
23 Ebd., 254.

Blut vergießt: Er zerstört das Ansehen des Königs (Gottes)“[24]. Keine Frage: Die Rabbanim hatten die grundsätzliche, absolute Schutzwürdigkeit des Menschen schon in einer Zeit artikuliert, als das den Vätern der Kirche in dieser Explizitheit noch nicht gelungen ist: dem Umstand zum Trotz, dass ihrem Glauben nach der göttliche Logos zum leidenden Menschen geworden war.

Gleichwohl ist nicht zu übersehen – und das wird an der zuletzt wiedergegebenen Parabel Hilles unübersehbar deutlich –, dass die Würde des Menschen als Ebenbild Gottes ganz und gar von der Würde Gottes abgeleitet ist. Man mag der Auffassung sein, dass die Würde des Menschen ohne die Würde des biblischen Gottes nicht zu denken ist, – muss aber gleichwohl zur Kenntnis nehmen, dass die neuzeitliche Philosophie, beginnend mit Pico della Mirandola bis hin zu Kant und Fichte das anders gesehen haben. Zugleich hat man sich dann in der globalisierten Welt zu fragen, ob andere, nicht auf dem biblischen Monotheismus und nicht auf der Philosophie der Aufklärung beruhende Kulturen überhaupt die Möglichkeit haben, aus ihren ganz eigenen Traditionen heraus einen Zugang zur Idee der Würde des Menschen zu finden.

Auf jeden Fall: Die im rabbinischen Judentum entwickelten Vorstellungen von der Einzigartigkeit und Unantastbarkeit des Menschen widerlegen zwar nicht die Vorstellung eines erhabenen Gottes, wohl aber das Vorurteil, dass dieser ebenso erhabene wie barmherzige Gott den Menschen in größter Distanz gegenübersteht. Das Gegenteil ist der Fall: Gerade weil Gott erhaben ist und weil er in seiner Erhabenheit und Barmherzigkeit den Menschen, die Menschen, geschaffen hat, geht diese Erhabenheit und das heißt Heiligkeit und – moralisch-politisch gesehen – Unantastbarkeit auf sie über. Während sich im christlichen Glauben die Barmherzigkeit Gottes im Tod des inkarnierten göttlichen Logos, im Tod des Messias Jesus offenbart, erweist sich im Judentum Gottes ganze Gnade bereits im Akt der Schöpfung, – einer Gnade, die auch durch die Sünde Einzelner und ganzer Völker nicht verwirkt werden kann.

Literatur

Albertz, Rainer, Religionsgeschichte Israels in alttestamentlicher Zeit, Göttingen 1992.

Assmann, Jan, Maat. Gerechtigkeit und Unsterblichkeit im Alten Ägypten, München 1990.

Beyerlin, Walter (Hrsg.), Religionsgeschichtliches Textbuch zum Alten Testament, Göttingen 1985.

Crüsemann, Frank, Die Tora. Theologie und Sozialgeschichte des alttestamentlichen Gesetzes, München 1992.

Donner, Herbert: Geschichte des Volkes Israel und seiner Nachbarn in Grundzügen 2, Göttingen 1986.

Fleischer, Gunther, Von Menschenverkäufern, Baschankühen und Rechtsverkehrern. Die Sozialkritik des Amosbuches in historisch-kritischer, sozialgeschichtlicher und archäologischer Perspektive (BBB 74), Frankfurt am Main 1989.

Herzog, Roman, Staaten der Frühzeit, München 1988 ([2]1998).

Koch, Klaus: Die Profeten, I, II, Stuttgart/Berlin 1978.

[24] Ebd., 227.

Müller, Klaus, Eine Tora für die Völker. Die noachidischen Gebote und Ansätze zu ihrer Rezeption im Christentum, Berlin 1996 (^{2}1998).

Smelik, Klaas A. D., Historische Dokumente aus dem alten Israel, Göttingen 1987.

Urbach, Ephraim: The Sages, Princeton 1979.

Walzer, Michael: „Zwei Arten des Universalismus", in: Babylon 7/1990, S.7–25.

Walzer, Michael: Zweifel und Einmischung. Gesellschaftskritik im 20. Jahrhundert, Frankfurt am Main 1991.

Weber, Max: Gesammelte Aufsätze zur Religionssoziologie III, Tübingen 1988, S.288–289.

Weinfeld, Moshe: Der Protest gegen den Imperialismus in der altisraelitischen Prophetie, in: Shmuel Noah Eisenstadt (Hrsg.), Kulturen der Achsenzeit. Ihre Ursprünge und ihre Vielfalt, Teil 1, Frankfurt am Main 1987, S.240–257.

Genese und Geltung – Die Idee der Menschenrechte in China

Wenchao Li

Die Menschenrecht(e)[1] zählen mittlerweile, nicht nur in der westlichen Welt, zu den absoluten Begriffen: Sie sind im Grunde unumstritten, wer sich gegen sie stellt, stellt sich zumindest außerhalb des politisch Korrekten, auch wenn sie gelegentlich zu leeren Pathosformeln zu verfallen drohen, die gern zur Legitimation für politisches Handeln in Anspruch genommen werden; die Menschenrechte gehören zu den bedeutendsten Errungenschaften der Menschheit in den letzten 200 Jahren, hoch war indessen der Preis, sind doch gerade sie, die Menschenrechte, als Reaktionsformen aus grausamen Verletzungserfahrungen entstanden; in den Verfassungen einer Reihe von demokratischen wie autoritären Staaten dürften sie eine prominente Stellung eingenommen haben, umso mehr gilt es, zwischen Verfassung und Verfassungswirklichkeit zu unterscheiden; auch wenn ihre historisch-ideengeschichtliche Erklärung, sei es aus dem Christentum, sei es aus der Aufklärung, sei es aus zufälligen geschichtlichen Gegebenheiten,[2] alles andere als bereits erbracht ist, unbestritten ist, dass sie, die Menschenrechte, ein genuin europäischer Begriff waren, der immer mehr an universeller Geltung gewinnt.

Der vorliegende Beitrag versucht einige Aspekte zu beleuchten, die insbesondere Fragen und Probleme betreffen, mit denen China bei der Rezeption dieser genuin europäischen Idee konfrontiert war (und ist). Diskussionen aus aktuellen Anlässen werden hier nicht berührt; die hier zu verhandelnden Aspekte mögen gleichwohl zu einem besseren Verständnis der (zum Teil kontrovers geführten) Diskussionen beitragen.

1

In seiner Rede[3] bei der Entgegennahme des Bielefelder Wissenschaftspreises des Jahres 2009 wies der Preisträger, der damalige Erfurter Soziologe Hans

---

1 Der entsprechende chinesische Begriff ist morphologisch gesehen sowohl (bzw. weder) Singular als auch (bzw. noch) Plural.

2 Siehe dazu Stefan-Ludwig Hoffmann (Hrsg.): *Moralpolitik. Geschichte der Menschenrechte im 20. Jahrhundert*, Göttingen 2010.

3 Bei der Veröffentlichung der Auszüge der Rede unter dem Titel „Der Mensch muss uns heilig sein" ließ die renommierte ZEIT den Text von zwei Fotos begleiten. Das eine zeigt einen Häftling im ehemaligen US-Gefängnis Abu Ghraib im Irak, das andere zeigt die leeren Stühle in Oslo bei der Verleihung des Friedensnobelpreises ebenfalls im Jahre 2010, denn die Verleihung musste ohne den inhaftierten Preisträger Liu Xiaobo stattfinden. *DIE ZEIT*, Nr. 52, 22. Dezember 2010, S. 49–50. Folgende Zitate sind S. 50, Spalt 5

Joas, darauf hin, der Hauptautor der Allgemeinen Erklärung der Menschenrechte im Jahre 1948 durch die UN sei eigentlich nicht der französische (oder europäische) Jurist René Samuel Cassin, der dafür den Nobelpreis (1968) bekam, gewesen; die zwei wichtigsten Hauptautoren waren Joas zufolge Charles Malik und Peng-chun Chang. „Malik", so Joas, „war ein christlicher Araber, ein griechisch-orthodoxer Philosoph aus dem Libanon" und tief beeinflusst vom neokatholischen Diskurs des Personalismus und einem „würdebezogenen" Verständnis der Rechte. Der andere Hauptautor, Peng-chun Chang, war hingegen ein chinesischer Philosoph, Dramatiker, Diplomat, mit einem konfuzianischen Hintergrund. „Als Botschafter in der Türkei hatte er Vorträge gehalten, in denen er den Konfuzianismus und den Islam oder die chinesische und arabische Geschichte miteinander verglich. Seine permanente Kritik an den Versuchen, entweder ein aufklärerisches Verständnis von ‚Vernunft' oder eine spezifische religiöse Tradition als einzig legitime Grundlage der Menschenrechte zu behaupten", soll für den intellektuellen Austausch in dem Komitee (unter der Leitung von Eleanor Roosevelt, Witwe des kurz zuvor verstorbenen Präsidenten der USA, Franklin D. Roosevelt) zentral gewesen sein.

Nun muss man darauf hinweisen, dass Chang mehr als ein traditioneller chinesischer Konfuzianer war: 1892 geboren, ging er mit 18 Jahren in die USA und studierte an der Clarke University, immerhin 12 Jahre danach, 1922, promovierte er an der Columbia University mit einer Arbeit über Chinas Weg in die Moderne[4] im Fach Pädagogik, die weiteren Wege führten ihn, wie angedeutet, unter anderem in die Türkei, nach Chile, London und schließlich New York. Wir hatten es also mit einem Weltbürger zu tun, der sowohl mit dem Chinesisch-Konfuzianischen als auch mit dem Europäischen vertraut war. Und an dem Beispiel, das bei Hans Joas zur Begründung der Menschenrechte jenseits von Religion und von Aufklärung aus historischen und demnach eher zufälligen Ereignissen und zur Begründung der Heiligkeit des Menschen als solches herangezogen wird, lässt sich ein Prozess der Generierung und Generalisierung von Werten, zu denen die Menschenrechte gehören, erkennen, die sich ihrem Ursprung nach mehr oder weniger auf bestimmte Personen, auf eine religiöse oder kulturelle Tradition oder aber auch auf eine bestimmte vernunftgeleitete Bewegung wie die europäische Aufklärung zurückführen lassen. Für unsere Diskussion ist zudem der Hinweis nicht unwichtig, Changs Beitrag solle über das diplomatische Geschick darin bestanden haben, nicht nur Thomas von Aquin, sondern auch Konfuzius in die Menschenrechtserklärung eingebracht zu haben. Was ist nun aber der Konfuzianismus?

---

entnommen. Vgl. Hans Joas: *Die Sakralität der Person. Eine neue Genealogie der Menschrechte*, Berlin 2011, dort das letzte (6.) Kapitel.

4 Vgl. Peng-Chun Chang: China at the crossroads ; The Chinese situation in perspective, London 1936.

2

Der Terminus „Konfuzianismus"[5] bezeichnet nicht eine Lehre oder gar eine Religion, die von einem Mann namens Konfuzius allein begründet worden ist. Sicherlich war Konfuzius (5. Jahrhundert v. Chr.) für die Entstehung dieser Lehre von großer historischen Bedeutung, aber ihm ist nicht die Rolle zugefallen, die der Name Jesus für das Christentum und der Name Gautama für den Buddhismus spielt. Konfuzius selbst hatte auch weder einen Anspruch auf Meisterschaft für sich noch einen Anspruch auf Ausschließlichkeit für seine Lehre erhoben. Im Gegenteil, immer wieder hatte er in seinen Gesprächen betont, dass er nur ein Vermittler sei, ein Vermittler des klassischen Altertums an seine Zeit, ein Vermittler, der „nur darstellt, aber selber nichts Neues schafft", a transmitter, and not a maker.[6] Für den Konfuzianismus ist die Lebensgeschichte des Konfuzius kaum von Bedeutung, während, mit Schopenhauer gesagt, „eine einzelne Begebenheit",[7] nämlich die des Jesu, das Fundament des Christentums bildet. Darin, in der Bedeutung des Begründers für die Lehre und die Gemeinde, unterscheidet sich der Konfuzianismus z.B. vom Christentum erheblich. Der Konfuzianismus ist also eine Lehre, die zwar den Namen des Konfuzius trägt, aber keineswegs nur die Lehre von Konfuzius enthält, er stellt vielmehr eine kulturelle und philosophische Tradition dar, hinter der eine Reihe von Autoren und vor allem Kommentatoren steht.

Der Konfuzianismus in China war allerdings nicht einfach eine Lehre unter vielen anderen, auch wenn man ihn gern, zusammen mit Buddhismus und Daoismus, als eine der drei Volksreligionen oder Sekten Chinas bezeichnet. In der chinesischen Gesellschaft nahm der Konfuzianismus, insbesondere seit der Han-Dynastie (220 v. – 202 n. Chr.), eine dominierende geistige Stellung ein. Man spricht daher, ganz zu Recht, von der chinesischen Gesellschaft als einer konfuzianischen bzw. konfuzianistischen Gesellschaft. Gerade in seiner Rolle als staatstragende Ideologie, die er selbst beansprucht, hat sich der Konfuzianismus stets zu bewähren versucht; von dieser Rolle hing sein Schicksal ab.[8] Aus der Staatspraxis heraus war der Konfuzianismus grundsätzlich offen für Bereicherungen durch andere, fremde Kulturen und hatte mit der Zeit eine starke Assimilierungskraft entwickelt. Andererseits wurde er aber stets von der staatlichen Administration mitbestimmt und in seiner Entwicklung eingeschränkt. Jegliche unangenehme Kritik am Konfuzianismus hätte daher auch als eine Kritik an der herrschenden Gesellschaftsordnung verstanden werden können, und

---

5 Teile dieser Ausführungen sind publiziert in: Wenchao Li: Die christliche China-Mission im 17. Jahrhundert. Verständnis, Universtämdnis, Mißverständnis, Stuttgart 2000 (= Studia Leibnitiana Supplementa 32), S. 80–81.

6 Konfuzius, Lunyu (Gespräche) VII 1; vgl. Konfuzius, Gespräche, übersetzt und hrsg. von Ralf Moritz, Frankfurt a. M. 1983, S. 68; Vgl. hingegen Max Weber: Die Wirtschaftsethik der Weltreligionen. Konfuzianismus und Taoismus, Studienausgabe I/19, hrsg. von Helwig Schmidt-Glintzer, Tübingen 1991, S. 157–158.

7 Arthur Schopenhauer: Sämtliche Werke, textkrit. bearb. u. hrsg. v. Wolfgang Frhr. von Löhneysen, Frankfurt a. M. 1989, Bd. V, S. 465.

8 Siehe dazu Julia Ching: Konfuzianismus und Christentum, aus dem Englisch von Detlef Köhn unter Mitarbeit von R. Bernauer, Mainz 1989, Kap. II.

jede gesellschaftliche Umwandlung hat auch den Konfuzianismus selbst beeinflusst. Diese enge Verzahnung mit der gesellschaftlichen Ordnung hatte weitreichende Folgen für den Konfuzianismus. Zum einen hatte er sich zusammen mit der Entwicklung der Gesellschaft immer wieder verwandelt und innerlich bereichert, zum anderen war er dadurch, im negativen Sinne, immer wieder dogmatisiert, zweckentfremdet und seines ursprünglichen Gedankens, des Humanismus, beraubt worden. In diesem ständigen Bezug auf die gesellschaftliche Praxis lag eine Stärke des Konfuzianismus, und selten hat eine „Lehre der Gelehrten" die Gesellschaft und das Staatsleben so tiefgehend verändert und festgehalten. Ob nun der Konfuzianismus eine Religion oder eine Philosophie sei, ist eine schwer zu beantwortende, sehr europäische Frage, in gewissem Sinne aber auch eine überflüssige. Wenn man unter dem Begriff der Philosophie die Liebe zur Weisheit (*philosophia*) und das Streben des menschlichen Geistes danach versteht, das Wesen und die letzten Zusammenhänge des Seins, die Werte und damit die Grundsätze der Lebensführung und der Daseinsgestaltung zu erkennen, ist der Konfuzianismus ohne jeden Zweifel eine Philosophie. Das ist aber eben nur die eine Seite des Konfuzianismus. Die andere ist, dass er durchaus religiös ist und manche Züge besitzt, die durchaus sakrale Bedeutung haben.[9] Zwei Gründe dafür seien hier genannt: Erstens war die Entstehung der Lehre des Konfuzius ursprünglich nicht vom religiösen Leben des chinesischen Altertums zu trennen;[10] zweitens hat die spätere Funktionserfüllung als Staatsideologie diese Züge zusätzlich gefestigt.

Wörtlich und im ursprünglichen Sinne bedeutet der Konfuzianismus[11] die „Lehre der Gelehrten", die in Deutsch oft als „Literaten" bzw. „Schriftgelehrten" wiedergegeben werden. Gelehrte dieser Sozialgruppe, Chinesisch „Ru" genannt, waren ursprünglich Teil des Priestertums, in Abgrenzung zu Schamanen („Wu") und zu Wahrsagern („Bu").[12] Die Letzteren waren für die Orakelbefragung zuständig, die Mittleren stellten die Kommunikation zwischen Göttern und Menschen her und leiteten Kultzeremonien für Götter und Geister; die Aufgaben oder die Arbeitsteilung für die Schriftgelehrten, die so genannten Konfuzianer, bestanden hingegen, modern gesprochen, in zivilen und weltlichen Angelegenheiten, wie etwa Opfer für die Ahnen, Hochzeiten und Trauerfeiern, also in der Regelung der Beziehungen zwischen den Menschen und ihren verstorbenen Ahnen und der Beziehungen der Menschen untereinander, diese bestehen klassisch gesprochen in fünffacher Weise: Herrscher und Untertan, Vater und Sohn, Mann und Frau, Gleichgesinnte (Freunde) und schließlich Gebrüder (ältere und jüngere) untereinander. Wenn man will, kann man auch von Rollen oder Positionen sprechen, die jeder Mensch je nachdem im Sozialgefüge zu erfüllen habe. Der Familie wurde eine fundamentale Funktion zugesprochen, da

---

9 Siehe dazu Julia Ching, Konfuzianismus und Christentum, S. 26; Robert P. Kramers: Some Aspects of Confucianism in Its Adaption to the Modern World, in: Proceedings of the IXth Congress for the History of Religions, Tokyo und Kyoto 1958, S. 332–333.

10 Vgl. W. Bauer, China und die Hoffnung auf Glück, München (2. Aufl.) 1992, S. 46–50.

11 Ausführlich Li, Die christliche China-Mission, S. 362.

12 Ebd., S. 361.

sie als die kleinste Bluts- und Sozialeinheit zu sehen sei, in der alle diese Beziehungen geübt würden. Dabei wurde insbesondere die Bedeutung des Pietätsgebots der Jüngeren gegenüber den Älteren[13] hervorgehoben, was allerdings nicht einfach nur Gehorsam und Folgsamkeit bedeute: Die Liebe des Vaters habe sozusagen der der Kinder zuvorzukommen, und Kinder haben am Vater ein Beispiel zu nehmen und nach dessen Tod seinen Willen fortzusetzen.[14] Sofern die Blutsverwandtschaft, auf die der Konfuzianismus großen Wert legt, hier zu einer ethischen und sozialen Verpflichtung geworden ist, fungiert die Pietät als Quelle und Wurzel aller anderen sozial-ethischen Gebote, die an sich keinen Wert haben und bloß Erweiterungen und Modalitäten der Pietät darstellen: „Ein junger Mensch soll in der Familie ehrfürchtig und gehorsam gegenüber den Eltern sein. Außer Haus begegnet er den Menschen so, wie er sich gegenüber seinen älteren Brüdern [zu Hause] verhält, mit Achtung und Aufrichtigkeit. Er ist durchdrungen von Liebe zu allen und eng mit dem Gebot der Humanität verbunden".[15] Die aktive Teilnahme an der Gesellschaft ist eine Fortsetzung der Pietät nach außen. „Im Buch der Urkunden heißt es: Habt Ehrfurcht vor den Eltern! Ehrfurcht vor den Eltern und brüderliche Zuneigung – diese Tugenden wirken in der Politik. Sie zu pflegen heißt auch, an der Ordnung von Staat und Gesellschaft mitzuwirken".[16] Mit dem Gebot gegenseitiger Erwartung und Verpflichtung (bzw. Pflichtzuweisungen) lässt sich indessen der Vorrang der Pflicht anderen gegenüber (als Vater gegenüber Kindern, als Mann gegenüber der Frau, als älteren gegenüber jüngeren Menschen, und umgekehrt) vor den eigenen Rechten begründen und rechtfertigen. Nicht von ungefähr wird bis heute die vom Konfuzianismus geprägte traditionelle chinesische Gesellschaft als eine „die Pflichten des Individuums hervorhebende Kultur" charakterisiert – die zu „einer dessen Rechte hervorhebenden Kultur" zu transformieren es gelte.[17]

Die europäische Wahrnehmung dieser weitgehend auf der sozialen Beziehung der Menschen untereinander gegründeten, konfuzianisch geprägten chinesischen Gesellschaft lässt sich ihrerseits als ein Wandel Europas selbst beschreiben: Während Gottfried Wilhelm Leibniz, der lebenslang ein reges Interesse an China und seiner Kultur zeigte, in glühendsten Farben in seinen Novissima Sinica[18] vom chinesischen Bauern und Bediensteten bis zu den höchsten Staats-

---

13 Konfuzius, Lunyu, IV,19: „Zu Lebzeiten der Eltern soll man nicht in die Ferne ziehen. Verläßt man sie aber doch, dann muß man einen festen Wohnsitz haben, [damit man im Notfall benachrichtigt werden kann]". IV,21: „Das Alter der Eltern muß einem ständig bewußt sein: es ist einerseits Grund zur Freude, andererseits Anlaß zur Sorge".

14 Konfuzius, *Lunyu*, I,11: „[Will man einen Menschen beurteilen], betrachtet man seinen Willen zu Lebzeiten seines Vaters, [da ihm eine ganz freie Handlung nicht möglich ist]; nach dem Tod des Vaters betrachtet man aber seine Taten, [denn jetzt ist er allein für sich verantwortlich]. Wenn er lange Zeit nicht vom Weg des Vaters abweicht, kann man erst sagen, daß er sich ehrfürchtig und pietätvoll verhält".

15 Konfuzius, *Lunyu*, I, 6.

16 Konfuzius, *Lunyu*, , II, 21.

17 Gan Shaoping: *Ethik der Menschenrechte*, Chinesisch, Beijing 2009, S. 8 (Kurzfassung in Deutsch).

18 G. W. Leibniz (Hrsg.): *Novissima Sinica historiam nostri temporis illustratura*, [Hannover] 1697, zweite erweiterte Aufl. 1699. Neue, historisch-kritische Edition in: Leibniz: *Sämtliche Schriften und Briefe*, hrsg. von der Berlin-Brandenburgischen Akademie der

beamten und dem Kaiser selbst ein Volk von so hoher Sittlichkeit zu schildern wusste, dass es seinesgleichen suche,[19] und während Christian Wolff in der Lehre des Konfuzius und in der chinesischen Praxis ernsthaft ein Paradebeispiel für seine eigene, auf einen Gebrauch der Vernunft gegründete Staats- und Lebensphilosophie jenseits des religiösen Glaubens zu erblicken glaubte,[20] wird Hegel scharfsinnig auf einen Punkt hinweisen, bei dem die europäische Wahrnehmung Chinas, dabei besonders die Interpretation des Konfuzianismus und die Diskussion um die Menschenrechte, bis in die Gegenwart eine nicht zu unterschätzende Rolle spielen sollte: die den individuellen Menschen ausmachende und seine unveräußerlichen Rechte begründende Frage nach der Person:[21] „Die Chinesen wissen sich als zu ihrer Familie gehörig und zugleich als Söhne des Staates. In der Familie selbst sind sie keine Personen, denn die substantielle Einheit, in welcher sie sich darin befinden, ist die Einheit des Bluts und der Natürlichkeit. Im Staate sind sie es ebenso wenig; denn es ist darin das patriarchalische Verhältniß vorherrschend, und die Regierung beruht auf der Ausübung der väterlichen Vorsorge des Kaisers, der Alles in Ordnung hält“.[22]

Hätte man Leibniz, Wolff und Hegel zu gemeinsamen Gesprächen zusammenbringen können!

Wissenschaften und der Akademie der Wissenschaften zu Göttingen, Reihe IV, *Politische Schriften*, Band 6 (1695–1697), Berlin 2008, S. 385–480. Deutsche Übersetzung des Vorwortes von Leibniz in: G. W. Leibniz: *Das Neueste von China (1697), Novissima Sinica*, hrsg. v. H. G. Nesselrath u. H. Reinbothe, Köln 1979, S.8–31.

19 „Aber wer hätte einst geglaubt, daß es auf dem Erdkreis ein Volk gibt, das uns, die wir doch nach unserer Meinung so ganz und gar zu allen feinen Sitten erzogen sind, gleichwohl in den Regeln eines noch kultivierteren Lebens übertrifft? Und dennoch erleben wir dies jetzt bei den Chinesen, seitdem jenes Volk uns vertrauter geworden ist. [...] Es ist nämlich mit Worten nicht zu beschreiben, wie sinnreich bei den Chinesen – über die Gesetze anderer Völker hinaus – alles angelegt ist auf den öffentlichen Frieden hin und auf die Ordnung des Zusammenlebens der Menschen, damit sie sich selbst so wenig Unannehmlichkeiten wie möglich verursachen. [...]“. G. W. Leibniz, Das Neueste von China (1697), § 3, S. 11/10; Leibniz, Sämtliche Schriften und Briefe, Reihe IV, Bd. 6, S. 396–397.

20 Vgl. Christian Wolff: Oratio de Sinarum philosophia practica / Rede über die praktische Philosophie der Chinesen, übersetzt, eingeleitet und hrsg. von Michael Albrecht, Hamburg (Meiner) 1988. Siehe W. Li: Konfuzius in der deutschen Frühaufklärung, in: Die Kunst der Aufklärung. Eine Ausstellung der Staatlichen Museen zu Berlin, der Staatlichen Kunstsammlungen Dresden, der Bayerischen Staatsgemäldesammlungen München und des National Museum of China, Beijing 2011, S. 84-94; ders.: Zur Frage der Natürlichen Theologie – Leibniz und Christian Wolff, in: W. Li und H. Poser (Hrsg.): Das Neueste über China. G. W. Leibnizens Novissima Sinica von 1697, Stuttgart 2000, S. 320–331.

21 Es handelt sich in der Tat um einen schwer übersetzbaren Begriff.

22 G. W. F. Hegel: Vorlesungen über die Philosophie der Geschichte, in: Hegel, Sämtliche Werke, Jubiläumsausgabe in 20 Bänden, Stuttgart-Bad Cannstatt (5. Aufl.) 1971, Bd. 11, S. 169–170.

3

Der Siegeszug der europäischen Moderne spätestens seit Beginn des 17. Jahrhunderts (man könnte auch von einem Universalisierungsprozess bis dahin europäisch geprägter Werte sprechen) hat die traditionelle chinesische Wissensordnung nachhaltig in Frage gestellt, somit auch das dieser Wissensordnung zugrundeliegende Wissensverständnis und die mit ihr verbundenen, durch sie zum Ausdruck gebrachten Werte und Weltbilder. Fragmentierung des Traditionellen und dessen darauf folgende Reorganisation durch Integration sowohl des Eigenen ins Fremde als auch des Fremden ins Eigene sind zwei wichtige Momente, ohne sie zu berücksichtigen die Entwicklung Chinas in die Moderne in den letzten 300 Jahren nur schwer zu verstehen wäre.[23] Dass die Transmission europäischer Werte daher immer auch eine Projektion europäischer Kategorien auf China darstellt, ist indessen ebenso unvermeidlich wie fruchtbar, bringt diese Projektion doch nicht nur eine neue Umstellung und Umdeutungen traditioneller chinesischen Werte hervor, erst durch sie wird ein differenzierter interkulturell zu führender Diskurs ermöglicht.

Wie viele andere, den innerchinesischen wie interkulturellen Diskurs auf fast allen Gebieten konstruierende Begriffe von „Demokratie", „Freiheit", „Wissenschaft"[24], „Philosophie"[25] bis zu „Elektrotechnik" und „Fahrrad" ist auch der heutige chinesische Begriff für Menschenrechte, „renquan", in diesem Rezeptions- und Reflexionsprozess als ein Neologismus „erfunden" und eingebürgert worden.[26] Die Diskussion darüber setzte Ende des 19. Jahrhunderts in China ein. Übersetzungen europäischer Philosophie und Sozialwissenschaften haben dabei eine entscheidende Rolle gespielt, zu den Hauptaktivisten zählten in großer Anzahl die in Japan ausgebildeten Studenten und Gelehrten.[27] Ebenfalls zu dieser

---

23 – wobei der Verlauf dieses interaktiven Prozesses sich bereits am Wandel der jeweiligen Bezeichnungen für die chinesische und für die europäische Lehre gut ablesen lässt: Die Erstere wurde anfangs als „heilige Lehre" (shengxue) bezeichnet, später wurde sie etwas neutraler „chinesische Lehre" (zhongxue), etwas kritischer „alte oder veraltete Lehre" (jiuxue) und patriotischer „nationale Lehre" (guoxue) genannt. Währenddessen wurde die europäische Wissenschaft nach einander als „Lehre der Barbaren" (yixue), „westliche Lehre" (xixue) und schließlich anerkennend als „neue Lehre" (xinxue) bezeichnet. Siehe dazu W. Li: Dekanonisierung der traditionellen Wissensordnung in China oder Wie es zur Erfindung einer chinesischen Philosophie kam, in: Ehrlich, Lothar u.a. (Hrsg.): Die Bildung des Kanons. Textuelle Faktoren – Kulturelle Funktionen – Ethische Praxis, Köln, Weimar, 2007, S. 173–185.

24 Das heutige chinesische Wort für Wissenschaft (kexue) wurde erstmals 1897 von Yan Fu (1853–1921) in dessen Übersetzung von Adam Smiths Wohlstand der Nationen gebraucht.

25 Die Schriftenkombination für Philosophie (zhexue) wurde erstmals eingeführt in einem japanischen Text von Nishi Amane aus dem Jahre 1874. 1877 wurde das Wort nach China importiert, von Huang Zunxian in dessen Ri ben guo zhi („Bericht über Japan").

26 Siehe M. Lackner (Hrsg.): New terms for new ideas. Western knowledge and lexical change in late imperial China, Leiden 2001.

27 1898 erschien eine kurze Zusammenfassung (übersetzt aus dem Japanischen) von Rousseaus Gesellschaftsvertrag, 1902 erfolgte die erste vollständige Übersetzung, ebenfalls aus dem Japanischen; ein Jahr später erschien der Geist der Gesetze von Montes-

Zeit, also Anfang des 20. Jahrhunderts, wurden die amerikanische Unabhängigkeitserklärung von 1776 und die französische Menschen-rechtsdeklaration von 1789 dem breiten und lesenden chinesischen Publikum bekannt und zugänglich gemacht. Der heutige chinesische Begriff für die Menschenrechte dürfte zum ersten Mal im September 1915 benutzt worden sein, und zwar ironischerweise von einem der Begründer der kommunistischen Partei Chinas namens Chen Duxiu in der ersten Ausgabe der von ihm herausgegebenen Zeitschrift *Neue Jugend.*

Mit den großangelegten Übersetzungen begannen auch schon die Probleme der Transformation, Unzulänglichkeiten und Sinnverschiebungen, auf die manche Schwierigkeiten und Missverständnis in sino-europäischen Dialogen noch bis heute zurückzuführen sind. Den Begriff der Freiheit könnte man, wenn man ihn zurückübersetzen würde, eher mit Autonomie (Selbstentscheidung) wiedergeben; Komponenten wie „frei von“ und „frei für“ stehen so nicht im Vordergrund; der Begriff der Partei wäre im chinesischen Zusammenhang von Anfang an pejorativ besetzt, so dass man in der Übersetzung ausdrücklich von „politischer Partei“ sprechen muss, um den Begriff von der chinesisch verstandenen „Klientelbande“ zu unterscheiden; eine Partei, die offen sagt, dass sie nur Interessen von bestimmten Sozialgruppen vertritt, wäre eine Gruppe, die nur an sich und an ihre Klientel denkt; ähnliches galt (gilt) auch für Neologismen wie Demokratie, Wissenschaft und Technik. Was die Rezeption der Menschenrechte anbelangt, waren indessen von Anfang an ihre nationalen Implikationen und patriotische Indienstnahme dominant. Sie sollten in erster Linie dazu dienen, die Monarchie abzuschaffen und für China selbst ein weitgehend westlich orientiertes Demokratiemodell zu erfinden. Nicht zuletzt vor diesem Hintergrund wurde statt von den Rechten des (individuellen) Menschen von den Rechten des Volkes bzw. der Menschengruppe gesprochen.[28]

4

„China ist ein großes Entwicklungsland mit 1,3 Milliarden Einwohnern. Infolge unzureichender Entwicklung und ungleichmäßiger Entwicklung gibt es, was den Zustand der Menschenrechte in China betrifft, noch einiges, mit dem man nicht zufrieden sein kann. Die chinesische Regierung ist dabei, kräftig-starke Maßnahmen einzuleiten, um die wissenschaftliche[29] Entwicklung voranzutreiben, die gesellschaftliche Harmonie zu fördern, sie bemüht sich, eine noch gerechtere und harmonischere Gesellschaft zu realisieren, damit das Volk noch würdiger und glücklicher leben kann“.[30]

---

quieu, übersetzt aus dem Japanischen, zwischen 1904 bis 1909 erschien eine Übersetzung aus dem Englischen in 7 Teilbänden, fast gleichzeitig lag John Stuart Mills Abhandlung über die Freiheit in zweifacher Übersetzung vor.

28 Auf eine begriffliche Differenzierung zwischen Person, Mensch, Individuum, Bürger etc. im chinesischen Zusammenhang sei hier verzichtet.

29 So eine wörtliche Übersetzung dieser Parteiparole wörtlich; damit ist eine „rationale“ oder „vernünftige“ Entwicklung gemeint.

30 Hrsg. von der Pressestelle des Ministerpräsidialamts der chinesischen Regierung im September 2010; übersetzt aus der Veröffentlichung des Textes in: *People's Daily Overseas Edition*, 27. September 2010, S. 3.

Das Zitat stammt aus dem Menschenrechtsbericht der chinesischen Regierung für das Jahr 2009. Als „Menschenrechte" werden dort unter anderem, der Reihe nach, Existenzrecht und Entwicklungsrecht des (chinesischen) Volks (sic!), Bürgerrechte und politische Rechte, Rechtsschutz, ökonomische, gesellschaftliche und kulturelle Rechte, Gleichheitsrecht von nationalen Minoritäten und Sonderschutz (Sprachen, Kulturgüter etc.), Rechte von Behinderten, Kooperationen und Austausch mit dem Ausland aufgelistet. Ob das Eingangszitat ein moderner Nachweis für die Hegel'sche Charakterisierung der konfuzianisch geprägten chinesischen Kultur als einer Gesellschaft, in der nämlich die Regierung „auf der Ausübung der väterlichen Vorsorge des Kaisers" beruhe, „der Alles in Ordnung hält", wäre, sei dahin gestellt; auch der fragliche Wahrheitsgehalt des Berichtes soll hier nicht verhandelt werden. Die vielerorts zum Ausdruck gebrachte Behauptung, so genannte asiatische Werte widersprächen universellen Menschenrechten, mag eine macht- und interessenbezogene politische Ausrede sein. Es bleibt jedoch zu fragen, ob es unter den Werten eine Hierarchie gibt und ob sie gleichzeitig realisiert werden könnten bzw. aus Sicht der chinesischen Regierung oder der Politik sollten. Denn ihrem Verständnis nach sei die Realisierung der Menschenrechte, die unumstritten zu sein scheinen, stark vom ökonomischen Entwicklungsstand eines Landes (und so, immerhin, nur indirekt von dessen kulturellen Traditionen) abhängig. Demnach sollten die ökonomischen und sozialen Rechte gewährleistet werden, die individuellen Freiheitsrechte – gemeint ist allerdings genau die das Fundament aller Menschenrechte bildende aktive Teilhabe in einer politischen Gemeinschaft – hätten hingegen hintenanzustehen. Abgesehen davon, dass gegenteilige Beweise von der internationalen Forschung noch erbracht werden müssen,[31] scheint sich in der chinesischen Gesellschaft ein Konsens darüber herausgebildet zu haben, dass in der Tat zunächst wirtschaftlicher Wohlstand geschaffen werden solle und es erst dann um die Ausweitung der bürgerlichen Freiheiten gehen könne. Wichtig seien zunächst wirtschaftliche, politische und soziale Stabilität, damit noch viel mehr Menschen am wirtschaftlichen Wohlstand teilhaben könnten. Inwieweit diese Auffassungen ihrerseits wieder der traditionellen Kultur und dem von ihr beeinflussten Verständnis von Gesellschaft verschuldet sind, muss weiterer Forschung überlassen werden. Ferner ist zu untersuchen, ob und inwieweit, wie die chinesische, in der Tat auf der konfuzianischen Tradition begründete Sichtweise behauptet, die Menschenrechte zum einen sowohl Rechte als auch Pflichten und zum anderen den Einzelnen wie auch die Gemeinschaft umfassen.

5

Angesichts erfolgreicher Vorgänge interkulturellen Austausches – als Beispiele seien für Europa die Transplantation römischer Rechtsordnung und für China die erfolgreiche Rezeption des Buddhismus genannt –, aber auch angesichts der bei solchen Adaptionsprozessen unvermeidbar sich vollziehenden Transformati-

31 Die bisherige Forschung scheint weitgehend westlich orientiert zu sein. Siehe Christoph Menke und Arnd Pollmann: *Philosophie der Menschenrechte zur Einführung*, Hamburg 2007.

on einschließlich Sinnverschiebungen des zu Transformierenden scheint eine Unterscheidung zwischen Genese und Geltung sinnvoll und angebracht zu sein. Die geschichtlichen Entwicklungen lassen sich von Kultur zu Kultur schwer vergleichen, dennoch scheint eine universale Geltung bestimmter Werte denkbar zu sein, unabhängig davon, wie und wo sie historisch aus spezifisch europäischen (oder chinesischen) Entstehungsbedingungen herausgewachsen sind. Ideen haben keine eigene Geschichte, sie werden immer wieder in Geltung gesetzt. Es soll dann nur noch die Frage in den Vordergrund gestellt werden, ob in einer bestimmten Kultur oder Gesellschaft die Geltungsbedingungen für bestimmte Werte vorliegen, wie diese Bedingungen geschaffen werden könnten, ob die Werte selbst, unter den neuen kulturellen Bedingungen, sich transformiert hätten, und inwieweit die kulturellen Bedingungen die Geltung dieser Werte begünstigen bzw. verhindern. Genannt seien hier über die Frage der Menschenrechte hinaus etwa noch die kulturell bedingte Bewertung der Biotechnologie (Menschenwürde), die Bedeutung der Familien als soziale Ressource in den asiatischen Ländern und das unterschiedliche Verständnis der Natur etc.

Die europäische Moderne, zu deren Errungenschaften ohne Zweifel auch die Anerkennung der Menschenrechte gehört, ist Ländern (Kulturen) wie China aufgezwungen worden; diese Kulturen (als Nehmer) müssen sich ein ihnen fremdes, aber anscheinend überlegenes Wissens- und Werteverständnis aneignen, ohne dabei aber das eigene völlig aufzugeben. Der Aneignungsprozess ist daher immer ein Prozess der Symbiose von Fremdem und Eigenem, Modernem und Traditionellem, und ein Prozess der Anpassung an eigene geschichtliche Tradition gleichermaßen wie an landesspezifische Kontexte. Die Rezipienten haben sozusagen einige Optionen mehr als die „Geber-Länder“ (im Fall von China z.B. westliche Medizin plus chinesische Medizin, europäische Philosophie plus chinesisches Denken). Letztere wären vielleicht nicht schlecht beraten, ihrerseits sich solche Optionen zu erarbeiten.

Literatur

Bauer, W.: China und die Hoffnung auf Glück, München (2. Aufl.) 1992.

Chang, Peng-Chun: China at the crossroads ; The Chinese situation in perspective, London 1936.

Ching, Julia: Konfuzianismus und Christentum, aus dem Englisch von Detlef Köhn unter Mitarbeit von R. Bernauer, Mainz 1989.

Hegel, G.W.F.: Vorlesungen über die Philosophie der Geschichte, in: Hegel, Sämtliche Werke, Jubiläumsausgabe in 20 Bänden, Stuttgart-Bad Cannstatt (5. Aufl.) 1971, Bd. 11, S. 169–170.

Hoffmann, Stefan-Ludwig (Hrsg.): Moralpolitik. Geschichte der Menschenrechte im 20. Jahrhundert, Göttingen 2010.

Joas, Hans. „Der Mensch muss uns heilig sein“, in: *DIE ZEIT*. Nr. 52, 22. Dezember 2010, S. 49–50.

Joas, Hans: Die Sakralität der Person. Eine neue Genealogie der Menschrechte, Berlin 2011.

Konfuzius, Lunyu (Gespräche) VII 1; vgl. Konfuzius, Gespräche, übersetzt und hrsg. von Ralf Moritz, Frankfurt a. M. 1983, S. 68.

Kramers, Robert P.: Some Aspects of Confucianism in Its Adaption to the Modern World, in: Proceedings of the IXth Congress for the History of Religions, Tokyo und Kyoto 1958, S. 332–333.

*Lackner, M. (*Hrsg.): New terms for new ideas. Western knowledge and lexical change in late imperial China, Leiden 2001.

Leibniz, G.W.: Das Neueste von China (1697), Novissima Sinica, hrsg. v. H. G. Nesselrath u. H. Reinbothe, Köln 1979, S.8–31.

*Leibniz, G.W. (*Hrsg.): Novissima Sinica historiam nostri temporis illustratura, [Hannover] 1697, zweite erweiterte Aufl. 1699. Neue, historisch-kritische Edition in: Leibniz: Sämtliche Schriften und Briefe, hrsg. von der Berlin-Brandenburgischen Akademie der Wissenschaften und der Akademie der Wissenschaften zu Göttingen, Reihe IV, Politische Schriften, Band 6 (1695–1697), Berlin 2008, S. 385–480.

Li, Wenchao: Dekanonisierung der traditionellen Wissensordnung in China oder Wie es zur Erfindung einer chinesischen Philosophie kam, in: Ehrlich, Lothar u.a. (Hrsg.): Die Bildung des Kanons. Textuelle Faktoren – Kulturelle Funktionen – Ethische Praxis, Köln, Weimar, 2007, S. 173–185.

Li, Wenchao: Die christliche China-Mission im 17. Jahrhundert. Verständnis, Universtaändnis, Mißverständnis, Stuttgart 2000 (= Studia Leibnitiana Supplementa 32).

Li, Wenchao: Konfuzius in der deutschen Frühaufklärung, in: Die Kunst der Aufklärung. Eine Ausstellung der Staatlichen Museen zu Berlin, der Staatlichen Kunstsammlungen Dresden, der Bayerischen Staatsgemäldesammlungen München und des National Museum of China, Beijing 2011, S. 84–94.

Li, Wenchao: Zur Frage der Natürlichen Theologie – Leibniz und Christian Wolff, in: W. Li und H. Poser (Hrsg.): Das Neueste über China. G. W. Leibnizens Novissima Sinica von 1697, Stuttgart 2000, S. 320–331.

Menke, Christoph und Arnd Pollmann: Philosophie der Menschenrechte zur Einführung, Hamburg 2007.

People's Daily Overseas Edition, 27. September 2010.

Shaoping, Gan: Ethik der Menschenrechte, Chinesisch, Beijing 2009.

Schopenhauer, Arthur: Sämtliche Werke, textkrit. bearb. u. hrsg. v. Wolfgang Frhr. von Löhneysen, Frankfurt a. M. 1989, Bd. V.

Weber, Max: Die Wirtschaftsethik der Weltreligionen. Konfuzianismus und Taoismus, Studienausgabe I/19, hrsg. von Helwig Schmidt-Glintzer, Tübingen 1991, S. 157–158.

Wolff, Christian: Oratio de Sinarum philosophia practica / Rede über die praktische Philosophie der Chinesen, übersetzt, eingeleitet und hrsg. von Michael Albrecht, Hamburg (Meiner) 1988.

Ist Religionsfreiheit ein Menschenrecht oder ein gesellschaftlicher Störfaktor?

Peter Antes

Durch die Gründung der Organisation der Vereinten Nationen (UNO) sollte nach dem Zweiten Weltkrieg 1948 eine neue Weltordnung geschaffen werden. Als Grundlage dafür und zugleich als Charta für diese neue Ordnung galt die „Allgemeine Erklärung der Menschenrechte“. Dadurch sollten nach dem Ende des Menschen verachtenden Naziregimes alle Mitgliedsstaaten verpflichtet werden, die Würde der Person zu achten und auf diese Weise zur Schaffung einer menschenwürdigen Welt beizutragen. Besonderes Gewicht wurde auf die Gewissens- und Glaubensfreiheit gelegt. Die Religionsfreiheit – positiv der Übertritt zu einer Religion wie negativ das Bekenntnis zu keiner Religion – wurde damit als Menschenrecht für jeden Menschen – ungeachtet seiner religiösen, ethnischen oder nationalen Herkunft – proklamiert. Ein solches Menschenrecht auf Religionsfreiheit steht im Widerspruch zur herkömmlichen Sicht mancher Religionen. Christentum und Islam sind dafür besonders markante Beispiele. Sie werden dazu gedrängt, ihre jeweilige Position zur Religionsfreiheit klar zu definieren und eventuell im Sinne der Erklärung der Menschenrechte zu korrigieren. Andererseits müssen die Staaten ihrerseits festlegen, inwieweit religiöse Vorschriften unter Berufung auf die Religionsfreiheit Ausnahmeregelungen bezüglich der im jeweiligen Lande verpflichtenden Gesetzgebung möglich oder sogar notwendig machen. Schließlich ist zu prüfen, ob alle von einzelnen Religionsgemeinschaften angewandten Methoden zur Mitgliederwerbung staatlicherseits zugelassen werden dürfen und welche gesellschaftlichen Konsequenzen mit einer massenhaften Anwerbung neuer Mitglieder durch einzelne Religionsgemeinschaften für die Mehrheitsgesellschaft verbunden sind. All dies soll im Folgenden kurz angesprochen und am Ende in einem Fazit als Antwort auf die im Titel gestellte Frage zusammengefasst werden.

1 Religionsfreiheit im Christentum und im Islam

Die Religionsfreiheit wird in Art. 18 der Allgemeinen Erklärung der Menschenrechte der UNO folgendermaßen festgelegt:

> „Jeder Mensch hat Anspruch auf Gedanken-, Gewissens- und Religionsfreiheit; dieses Recht umfasst die Freiheit, seine Religion oder seine Überzeugung zu wechseln, sowie die Freiheit, seine Religion oder seine Überzeugung allein oder in Gemeinschaft mit anderen in der Öffentlichkeit oder privat durch Lehre, Ausführung, Gottesdienst und Vollziehung eines Ritus zu bekunden.“

In Art. 18 des Internationalen Paktes über bürgerliche und politische Rechte (UN-Zivilpakt) wird die Religionsfreiheit zudem noch weiter präzisiert:

> „Jedermann hat das Recht auf Gedanken-, Gewissens- und Religionsfreiheit. Dieses Recht umfasst die Freiheit, eine Religion oder eine Weltanschauung eigener Wahl zu haben oder anzunehmen, und die Freiheit, seine Religion oder Weltanschauung allein oder in Gemeinschaft mit anderen, öffentlich oder privat durch Gottesdienst, Beachtung religiöser Bräuche, Ausübung und Unterricht zu bekunden.
> Niemand darf einem Zwang ausgesetzt werden, der seine Freiheit, eine Religion oder eine Weltanschauung seiner Wahl zu haben oder anzunehmen, beeinträchtigen würde.
> Die Freiheit, seine Religion oder Weltanschauung zu bekunden, darf nur den gesetzlich vorgegebenen Einschränkungen unterworfen werden, die zum Schutz der öffentlichen Sicherheit, Ordnung, Gesundheit, Sittlichkeit oder der Grundrechte und –freiheiten anderer erforderlich sind.
> Die Vertragsstaaten verpflichten sich, die Freiheit der Eltern und gegebenenfalls des Vormunds oder Pflegers zu achten, die religiöse und sittliche Erziehung ihrer Kinder in Übereinstimmung mit ihren eigenen Überzeugungen sicherzustellen."

Art. 27 des UN-Zivilpaktes sichert religiösen Minderheiten explizit das Recht zu, ihre eigene Religion zu bekennen und auszuüben.
Die Religionsfreiheit ist zudem in Art. 14 der Kinderrechtskonvention festgehalten:

> „Die Vertragsstaaten achten das Recht des Kindes auf Gedanken-, Gewissens- und Religionsfreiheit.
> Die Vertragsstaaten achten die Rechte und Pflichten der Eltern und gegebenenfalls des Vormunds, das Kind bei der Ausübung dieses Rechts in einer seiner Entwicklung entsprechenden Weise zu leiten.
> Die Freiheit, seine Religion oder Weltanschauung zu bekunden, darf nur den gesetzlich vorgesehenen Einschränkungen unterworfen werden, die zum Schutz der öffentlichen Sicherheit, Ordnung, Gesundheit oder Sittlichkeit oder der Grundrechte und -freiheiten anderer erforderlich sind."

Schließlich ist noch auf Art. 9 der Europäischen Menschenrechtskonvention zu verweisen, die für alle Mitgliedsstaaten des Europarates Geltung hat. Dort heißt es:

> „Jedermann hat Anspruch auf Gedanken-, Gewissens- und Religionsfreiheit; dieses Recht umfasst die Freiheit des Einzelnen zum Wechsel der Religion oder Weltanschauung sowie die Freiheit, seine Religion oder Weltanschauung einzeln oder in Gemeinschaft mit anderen öffentlich oder privat, durch Gottesdienst, Unterricht, durch die Ausübung und Beachtung religiöser Gebräuche auszuüben.
> Die Religions- und Bekenntnisfreiheit darf nicht Gegenstand anderer als vom Gesetz vorgesehener Beschränkungen sein, die in einer demokratischen Gesellschaft notwendige Maßnahmen im Interesse der öffentlichen Sicherheit, der öffentlichen Ordnung, Gesundheit und Moral oder für den Schutz der Rechte und Freiheiten anderer sind."

Bei Verstößen gegen die Europäische Menschenrechtskonvention durch einen Unterzeichnerstaat kann der Europäische Gerichtshof für Menschenrechte in Straßburg angerufen werden. Dies bedeutet auch, dass die Unterzeichnerstaaten ihrerseits darauf achten müssen, dass in ihrem rechtlichen Geltungsbereich keine Religionsgemeinschaft diese Grundsätze prinzipiell so in Frage stellt, dass deren

Verwirklichung eingeschränkt oder verunmöglicht wird. Insofern sind auch die jeweils im Land vertretenen Religionen diesen Grundsätzen unterworfen.
Für die *katholische Kirche* waren diese Vorgaben alles andere als ein willkommener Anlass zu einer Erklärung zugunsten der Religionsfreiheit. Es ist hier nicht der Ort, die lange Auseinandersetzung um die Position der katholischen Kirche zu den Menschenrechten und zur Religionsfreiheit ab der Französischen Revolution nachzuzeichnen. Stattdessen soll es genügen zu sagen, dass es viel Mühe und theologische Überlegungen gekostet hat, bis die ursprünglich ablehnende Haltung Roms durch eine positive Erklärung des II. Vatikanischen Konzils (1962–65) endgültig überwunden wurde. Bezüglich der Religionsfreiheit gilt seither, was die „Erklärung über die Religionsfreiheit (Dignitatis humanae)" verkündet:

> „Das Vatikanische Konzil erklärt, dass die menschliche Person das Recht auf religiöse Freiheit hat. Diese Freiheit besteht darin, dass alle Menschen frei sein müssen von jedem Zwang sowohl von seiten Einzelner wie gesellschaftlicher Gruppen, wie jeglicher menschlichen Gewalt, so dass in religiösen Dingen niemand gezwungen wird, gegen sein Gewissen zu handeln, noch daran gehindert wird, privat und öffentlich, als einzelner oder in Verbindung mit anderen – innerhalb der gebührenden Grenzen – nach seinem Gewissen zu handeln." (Nr. 2)

Und geradezu beschwörend heißt es im Schlusskapitel dieser Erklärung:

> „Zweifellos verlangen die Menschen unseres Zeitalters danach, die Religion privat und öffentlich in Freiheit bekennen zu können; bekanntlich ist die Religionsfreiheit auch in den meisten Verfassungen schon zum bürgerlichen Recht erklärt, und sie wird in internationalen Dokumenten feierlich anerkannt. Andererseits gibt es auch Regierungsformen, in denen die öffentlichen Gewalten trotz der Anerkennung der religiösen Kultusfreiheit durch ihre Verfassung doch den Versuch machen, die Bürger vom Bekenntnis der Religion abzubringen und den religiösen Gemeinschaften das Leben aufs äußerste zu erschweren und zu gefährden. Indem das Konzil jene glückhaften Zeichen unserer Zeit mit Freude begrüßt, diese beklagenswerten Tatsachen jedoch mit großem Schmerz feststellt, richtet es die Mahnung an die Katholiken und die Bitte an alle Menschen, dass sie sich angelegentlich vor Augen stellen, wie notwendig die Religionsfreiheit ist, besonders in der gegenwärtigen Situation der Menschheitsfamilie. Denn es ist eine offene Tatsache, dass alle Völker immer mehr eine Einheit werden, dass Menschen verschiedener Kultur und Religion enger miteinander in Beziehung kommen und dass das Bewusstsein der eigenen Verantwortlichkeit im Wachsen begriffen ist. Damit nun friedliche Beziehungen und Eintracht in der Menschheit entstehen und gefestigt werden, ist es erforderlich, dass überall auf Erden die Religionsfreiheit einen wirksamen Rechtsschutz genießt und dass die höchsten Pflichten und Rechte der Menschen, ihr religiöses Leben in der Gesellschaft in Freiheit zu gestalten, wohl beachtet werden." (Nr. 15)

Mit dieser Erklärung ist eines der wichtigsten Ziele des II. Vatikanischen Konzils erreicht worden: ein *aggiornamento*, eine Anpassung der Kirche an die Gegebenheiten der modernen Welt. Im *Protestantismus* war dies für viele Richtungen schon früher geschehen, in der *Orthodoxie* steht dies noch weitgehend aus.[1]

---

[1] Vgl. dazu Harry Noormann: Menschrechte und die Religion/en, in Asit Datta (Hrsg.): Zukunft der transkulturellen Bildung – Zukunft der Migration, Frankfurt/M: Brandes & Apsel 2010 S. 76–94 (Reihe: Bildung in der Weltgesellschaft 4, wissen & praxis 159).

Das Beispiel des Christentums zeigt, dass eine Religion kein statisches Gebilde ist, sondern geschichtlichen Wandlungen unterliegt, die auch Paradigmenwechsel beinhalten.[2] So gesehen kann manches, was man gemeinhin als kulturbedingt zu identifizieren geneigt ist, oft einfach als Ungleichzeitigkeit bezeichnet werden, indem Vorstellungen, die gestern noch im eigenen Lager vertreten wurden, heute aber als obsolet gelten (als Beispiel sei hier an die Stellung der katholischen Kirche zur Religionsfreiheit im 19. und im ausgehenden 20. Jahrhundert erinnert), in anderen Richtungen innerhalb derselben Religion oder in anderen Religionen als definitiv und unveränderlich erklärt werden.

Ein interessantes Beispiel für derartige Ungleichzeitigkeiten ist die Einstellung des *Islam* zur Religionsfreiheit. Das klassische islamische Recht kennt Religionsfreiheit nur insofern, als es Nicht-Muslimen innerhalb des islamischen Reiches immer gestattet gewesen ist, zum Islam überzutreten. Muslime dagegen dürfen weder zu einer anderen Religion konvertieren noch einfach aus dem Islam austreten. Auf einem solchen „Glaubensabfall" stand im Islam - wie im Zarenreich auf dem Austritt aus der Orthodoxie - die Todesstrafe. Deshalb trugen bei den Verhandlungen im Vorfeld der Verabschiedung der Allgemeinen Menschenrechtserklärung die UNO-Mitgliedsstaaten Saudi-Arabien und die UdSSR Vorbehalte gegen den Artikel auf Religionsfreiheit vor, weil er das Recht auf Religionswechsel einschloss. Ganz anders dagegen argumentierte der pakistanische Delegierte bei diesen Verhandlungen. Er verteidigte den Artikel und berief sich dabei ausdrücklich auf den Koran.[3]

Diese Ambivalenz ist in der islamischen Deutung der Religionsfreiheit im Sinne eines Für und Wider bis heute kennzeichnend für die innerislamische Diskussion zu diesem Thema. Deshalb soll hier nur die Stimme zitiert werden, die sich unzweideutig zur Religionsfreiheit bekennt, wohl wissend, dass sich sehr viele Belege für die entgegengesetzte Position finden lassen. Eindeutig für Religionsfreiheit spricht sich die „Islamische Charta", die „Grundsatzerklärung des Zentralrats der Muslime in Deutschland (ZMD) zur Beziehung der Muslime zum Staat und zur Gesellschaft" aus. Dort heißt es:

> „Ob deutsche Staatsbürger oder nicht, bejahen die im Zentralrat vertretenen Muslime daher die vom Grundgesetz garantierte gewaltenteilige, rechtsstaatliche und demokratische Grundordnung der Bundesrepublik Deutschland, einschließlich des Par-

---

2 Vgl. dazu Hans Küng: Das Christentum. Wesen und Geschichte, München: Piper 1994 S. 89ff.

3 Vgl. dazu Noormann, a.a.O. S. 87 sowie Eva Kalny: Der „Westen" und die Menschenrechte. Abschied vom Ursprungsmythos einer Idee, in Peripherie Nr. 109/110 (28. Jahrg. 2008, Verlag Westfälisches Dampfboot, Münster) S. 196–223 und Susan Waltz: Universal Human Rights: The Contribution of Muslim States, in Human Rights Quaterly 26 (2004, by The John Hopkins University Press) S. 799–844. Bezüglich der hier angesprochenen Thematik heißt es bei Kalny, a.a.O. S. 208 wörtlich: „Der pakistanische Delegierte Muhammad Zafrullah Khan argumentierte in der Generalversammlung unter Bezugnahme auf den Koran *für* die Religionsfreiheit (Waltz 2004: 816). Saudi Arabien protestierte unter Verweis auf Machtmissbrauch durch christliche Missionare und verweigerte seine Zustimmung (Waltz 2004: 817)." Bei dieser Auseinandersetzung spielte wohl keine Rolle, dass der pakistanische Delegierte der Ahmadiyyah-Richtung des Islam angehörte (vgl. Waltz, a.a.O. S. 811), die heute in Saudi-Arabien und Pakistan nicht mehr als muslimisch anerkannt ist, ja streng abgelehnt bzw. verfolgt wird.

> teienpluralismus, des aktiven und passiven Wahlrechts der Frau sowie der Religionsfreiheit. Daher akzeptieren sie auch das Recht, die Religion zu wechseln, eine andere oder gar keine Religion zu haben. Der Koran untersagt jede Gewaltausübung und jeden Zwang in Angelegenheiten des Glaubens." (Nr. 11)[4]

Geradezu programmatisch wird dort zudem behauptet:

> „Zwischen den im Koran verankerten, von Gott gewährten Individualrechten und dem Kernbestand der westlichen Menschenrechtserklärung besteht kein Widerspruch." (Nr. 13)

Die Stellungnahme zeigt, dass sich innerhalb des Islam ein Paradigmenwechsel ankündigt, vergleichbar dem, wie er in der katholischen Kirche stattgefunden hat, weshalb José Casanova zu Recht von ersten *aggiornamenti* auch im Islam sprechen kann.[5] Die Tatsache, dass es inzwischen in Deutschland ein Organ für Ex-Muslime[6] gibt, belegt, dass dieser Paradigmenwechsel bereits konkrete Formen angenommen hat; andererseits bedeutet dies nicht, dass auf Mission und Glaubensverkündigung verzichtet wird, wenn in derselben islamischen Charta die Forderung auf „Erlaubnis des lautsprecherverstärkten Gebetsrufs" (Nr. 20) erhoben wird, der ja bekanntlich ein Glaubensbekenntnis enthält und von daher nicht einfach mit dem Läuten von Glocken in christlichen Kirchen auf eine Stufe gestellt werden darf.

Dass hier Christentum und Islam als Beispiele gewählt worden sind, ist kein Zufall. Sie sind die weltweit am stärksten missionierenden Religionen der Gegenwart und sie erwarten von den Konvertiten einen formalen Übertritt und damit ein ebenso formales Abschwören gegenüber ihrer bisherigen Religion. Nicht alle Religionen haben ein solches Missionsverlangen und ein dem Christentum oder Islam vergleichbares Zugehörigkeitsverständnis. Viele Religionen (z.B. Judentum, Hinduismus, Jainismus oder Sikhismus) sehen Übertritte zu ihrer Religion eigentlich gar nicht vor bzw. haben erst auf das Drängen von Übertrittswilligen hin Möglichkeiten zum Eintritt in die Religion geschaffen. Andere Religionen wie etwa der Buddhismus sehen sich keineswegs in Konkurrenz mit bereits vorhandenen Religionen, sondern halten es durchaus für möglich und üblich, dass man mehreren Religionen gleichzeitig anhängt. So etwa war es im klassischen China üblich, dass man zugleich Buddhist, Daoist und Konfuzianer ist oder in Japan lässt man sich bis heute im Shinto-Tempel einschreiben und feiert dort die Geburt und die ersten Lebensjahresfeste, nicht selten heiratet man dann in einer christlichen Kirche und lässt sich am Ende des Lebens buddhistisch bestatten. Von daher bedeutet Religionsfeiheit je nach kulturellem Kontext etwas Unterschiedliches und darf nicht einfach mit dem christlichen oder islamischen Verständnis von Konversion oder Glaubenswechsel gleichgesetzt werden. Schließlich beinhaltet Zugehörigkeit zu einer Religion oft weit mehr als die Anerkennung von Glaubenswahrheiten. Sie bedeutet nämlich nicht selten zugleich ein durch religiöse Vorschriften festgelegtes Verhalten im

---

4 http://zentralrat.de/3035.php, gesichtet am 10.01.2011.

5 José Casanova: Europas Angst vor der Religion, Berlin: University Press 2009 S. 48ff.

6 Vgl. http://www.ex-muslime.de

Alltag, das seinerseits Konfliktstoff mit der bestehenden staatlichen Gesetzgebung mit sich bringen kann.

2 Religiöse Vorschriften und staatliche Gesetzgebung

Religionsfreiheit im Sinne der freien Ausübung der Religion kann im Alltag recht schnell an gesetzliche Grenzen stoßen, so dass die Religionsfreiheit nicht nur auf die Lehrinhalte der Religionen einen Einfluss ausübt, sondern die Verwirklichung der Religionsfreiheit auch zur Herausforderung für die staatliche Gesetzgebung werden kann.

Ein sehr bekanntes Beispiel ist der Widerspruch zwischen den Vorschriften des Tierschutzgesetzes zur Betäubung von Tieren zwecks Schlachtung und der jüdisch-islamischen Vorschrift der rituellen Schlachtung von Tieren ohne Betäubung. In Deutschland ging die Auseinandersetzung bis zum Bundesverfassungsgericht, das abschließend in seinem Urteil von 2002 den Muslimen das rituelle Schlachten unter bestimmten Auflagen zugestand, weil das Schächten den Juden seit jeher erlaubt ist.

Ein weiteres, stark emotional diskutiertes Thema ist in Deutschland und Frankreich die Frage, ob das Tragen eines Schleiers bzw. eines Kopftuches eine religiöse Pflicht für Musliminnen ist oder nicht. An dieser Frage scheiden sich die Geister sowohl unter den Muslimen als auch in der öffentlichen Debatte. Die Frage ist derart politisiert, dass man glaubt, das Tragen eines Kopftuches störe die öffentliche Ordnung oder es sei Zeichen einer Glaubensdemonstration mit Missionscharakter, weshalb sich sogar die Gesetzgebung in Deutschland und Frankreich damit beschäftigt hat. In Deutschland ist daher in manchen Bundesländern das Tragen eines Kopftuches für Lehrerinnen öffentlicher Schulen verboten, in Frankreich ist seit 2004 das Tragen jeglicher religiöser Symbole in öffentlichen Schulen für Lehrende wie Lernende per Gesetz untersagt. Eine Untersuchung zur Kopftuchdebatte in Frankreich und Deutschland kommt zu dem Schluss: Es „wird die dauerhafte Präsenz und wachsende Teilnahme von Muslimen in beiden untersuchten Ländern künftig zweifellos zu einer Bestärkung der laizistischen bzw. christlich-abendländischen Basis der beiden Gesellschaften beitragen und Abwehrreaktionen provozieren. Die Tatsache, dass Muslime mit differenten religiösen Mustern auf dem Wege sind, vollständige Mitglieder beider Gesellschaften zu werden, stellt eine ernsthafte und vielleicht beispiellose Herausforderung für demokratische Normen dar, vor allem weil sie eine ernst gemeinte Zustimmung zu pluralistischen Formen von Zugehörigkeit und Partizipation verlangt.“[7] Doch ist die Frage religiös motivierter Kleidung in beiden Ländern schon längst nicht mehr auf Musliminnen beschränkt. Auch Sikhs können davon betroffen sein, wenn sie sich beispielsweise weigern, beim Schulbesuch auf die Mitnahme des Dolches zu verzichten oder den Turban zugunsten

---

7 Schirin Amir-Moazami: Politisierte Religion. Der Kopftuchstreit in Deutschland und Frankreich, Bielefeld: Transcript-Verl. 2007 S. 265

des vorgeschriebenen Sturzhelmes beim Motorradfahren abzunehmen, denn nach ihrer Religion ist jeder Sikh zum Tragen der sogenannten „fünf K's“: *kes* (das ungeschnittene Haar), *kangha* (der kleine Kamm zum Ordnen des Haares, von männlichen Sikhs meist unter den Turban in die Frisur gesteckt), *kani* (Armreis aus Stahl), *kirpan* (Dolch) und *kaccha* (shortähnliche Hose) verpflichtet.

Ein anderes Feld möglicher Auseinandersetzung ist die Beschneidung. Es ist dabei wichtig zu sehen, dass die Beschneidung von Jungen – auch ohne Phimose – seit langem problemlos hingenommen wird, da sie vom Judentum her bekannt ist und im Islam weithin praktiziert wird. Die Beschneidung von Mädchen steht im krassen Gegensatz zum Recht auf Unversehrtheit des Körpers und wird daher in europäischen Staaten nicht geduldet, auf welche religiösen und kulturellen Traditionen sich auch ihre Verfechter berufen mögen.

Nicht akzeptiert wird in Europa und Amerika die Polygamie. Deshalb ist es in den letzten Jahren immer wieder zu Prozessen in den USA gekommen, wenn beispielsweise Fälle von Polygynie (Vielweiberei) bekannt wurden und die Angeklagten Mitglieder der „Kirche Jesu Christi der Heiligen der Letzten Tage“ (Mormonen) waren, die sich zur Legitimation ihrer polygynen Praxis auf das Alte Testament beriefen. Völlig inakzeptabel sind aus europäischer Sicht alle Formen von Tempelprostitution oder religiös begründete Menschenopfer, selbst wenn sich die Opfer freiwillig zur Verfügung stellen sollten.

Die zuletzt genannten Beispiele machen deutlich, dass die Religionsfreiheit nicht beliebig weit ausgelegt werden kann, sondern – wie es in Art. 18 des UN-Zivilpaktes oben gesagt wurde – „den gesetzlich vorgegebenen Einschränkungen unterworfen [ist], die zum Schutz der öffentlichen Sicherheit, Ordnung, Gesundheit, Sittlichkeit oder der Grundrechte und –freiheiten anderer erforderlich sind.“ Insofern ist ein Spannungsfeld zwischen Religionsfreiheit und staatlicher Gesetzgebung gegeben, das jeweils neu zum Ausgleich gebracht werden muss.

3 Religiöse Mitgliederwerbung

Während Religions- beziehungsweise Glaubenswechsel in der deutschsprachigen Debatte vorwiegend mit Religionsfreiheit als Menschenrecht in Verbindung gebracht wird, setzt die englischsprachige Diskussion seit einigen Jahren andere Akzente. Sie lenkt den Blick weg vom einzelnen Menschen, der einen Wechsel von einer Religion zu einer anderen oder zu gar keiner anstrebt, stattdessen analysiert sie immer häufiger die Vorgehensweisen, die zu derartigen Positionsveränderungen führen. Dieser argumentative Perspektivenwechsel schlägt sich auch in der Terminologie nieder. Nicht die Konversion ist dann das eigentliche Thema, sondern die Proselythenmacherei (*proselytization*).[8]

---

8 Vgl. dazu und zum Folgenden Grace Y. Kao: The Logic of Anti-proselytization, Revisited, in Rosalind I.J. Hackett (Hrsg.): Proselytization Revisited. Rights Talk, Free Markets and Culture Wars, London-Oakville: Equinox 2008 S. 77–107

Besonders stark wird dabei das Vorgehen amerikanischer Missionare kritisiert, deren protestantisch-fundamentalistischer Verkündigung sich die Menschen ausgesetzt sehen. Die Kritik bezieht sich auf Massenveranstaltungen größten Ausmaßes mit Tausenden und Abertausenden von Adressaten, wie sie etwa der deutsche Missionsprediger Reinhard Bonnke in zahlreichen Fußballstadien Afrikas mit außerordentlichem Erfolg durchführt. Technisch perfekt in der Werbung, sprechen dabei die christlichen Missionare die Massen an und warnen sie vor den negativen Machenschaften des Teufels in Gestalt der herkömmlichen Religionen ihrer Umwelt. Die Aufforderung, um ihres Heiles willen die bisherigen Überzeugungen aufzugeben und der hier verkündeten Botschaft zu folgen, wird in derartigen Massenveranstaltungen von vielen Menschen positiv aufgegriffen, so dass es nicht selten zu Massenkonversionen großen Stiles kommt und die traditionellen Religionen vor Ort das Nachsehen haben.
Der Erfolg, so wenden die Kritiker derartiger Missionspraktiken ein, wird durch den Einsatz von technisch hochentwickeltem Propagandamaterial erreicht, massenhysterischer Enthusiasmus heizt zudem die Stimmung an und trägt so mit zum Erfolg bei.

Die Kritiker betonen, dass auf diese Weise lokal ein Konfliktpotential zwischen den Vertretern der herkömmlichen Religionen und den Missionaren der neuen Religion geschaffen wird, wobei die traditionellen Religionen eindeutig als Opfer auf der Strecke bleiben, weil sie weder technologisch noch finanziell mit den Werbemethoden der Missionare mithalten können. Technologisch heißt dies, dass die modernsten Medien von Film, Tonbild und Satellitenfernsehen zum Einsatz kommen, und an Geld fehlt es oft auch nicht, weil Spenden aus dem Ausland reichlich fließen und zudem noch Stipendien für Auslandsbesuche wie Auslandsstudien winken und dadurch den Übertritt zur neuen Religion als recht lukrativ erscheinen lassen.

In einigen Fällen bezieht sich die Kritik auch auf die Tätigkeit nichtstaatlicher Hilfsorganisationen. Sie wirft ihnen vor, bisweilen ihre Hilfsaktionen für die religiöse Propaganda zu missbrauchen und den in Not geratenen Menschen nicht nur Hilfe, sondern gezielt eine auf Anwerbung neuer Mitglieder ausgelegte Unterstützung anzubieten.

Besonders bei der Anwerbung junger Menschen im Rahmen karitativer wie schulischer Ausbildungsförderung wird immer wieder der Vorwurf erhoben, es handele sich dabei um bewusste Manipulationen von Jugendlichen zum Zwecke der Nachwuchsförderung.

Es versteht sich von selbst, dass derartige Pauschalvorwürfe im Detail nachgewiesen werden müssen, wenn sie erhärtet werden sollen. Insgesamt aber ist dadurch die Mission und mit ihr die Proselythenmacherei stark in die Kritik geraten, so dass sie weit mehr die Diskussion zu bestimmen beginnt als das Eintreten für die Religionsfreiheit als Menschenrecht.

4 Glaubenswechsel als gesellschaftlicher Störfaktor

Die zunehmende Kritik an den Missionsmethoden hat inzwischen auch die Staaten politisch aktiv werden lassen. In nicht wenigen Staaten geht man gesetzlich gegen Mission vor oder verlangt dementsprechende Maßnahmen. Die folgenden Beispiele sollen belegen, dass sich derartige Vorgehensweisen sowohl im Bereich aller großen Weltreligionen als auch in säkularen Staaten finden lassen:

In nahezu allen Ländern mit islamischer Bevölkerungsmehrheit besteht insofern keine Religionsfreiheit, als den Muslimen nicht gestattet ist, ihre Religion zu wechseln oder sich offen zum Atheismus zu bekennen. Argwöhnisch wird dort die Aktivität christlicher Missionare verfolgt, denn es besteht der Verdacht, dass die christlichen Missionare die Kolonialpolitik westlicher Mächte im religiösen Gewand fortsetzen wollen und durch Mission den Einfluss des Westens politisch wie ökonomisch zu stärken versuchen.[9]

Die Frage nach der Zulässigkeit eines Glaubenswechsels wird gegenwärtig besonders radikal in Indien diskutiert.[10] Es bestehen starke Tendenzen zugunsten eines – bereits im Bundesstaat Orissa geltenden – Gesetzes, das Konversionen verbietet und dieses Verbot nun auf ganz Indien ausdehnen will. Hauptargument dafür ist, dass Konversionen den sozialen Frieden stören, weil sie einzelne Menschen aus ihren Familien und bisherigen sozialen Bindungen herauslösen und durch die Zugehörigkeit zu einer neuen Religion zur Entsolidarisierung der Gesellschaft beitragen werden. Damit gerät das Zusammenleben in der indischen Gesellschaft als solcher in Gefahr. Wenn ganze Teile der Gesellschaft – wie die kastenlosen Dalits – durch Konversion der gemeinsamen Kultur entzogen werden, so wird befürchtet, entstehen andere Solidaritäten, die nicht ohne Auswirkung auf das ganze Land bleiben werden. Skeptische Einschätzungen gegenüber Konversionen finden sich auch innerhalb des Buddhismus. So gibt es in Sri Lanka die Befürchtung, dass Konversionen – insbesondere zum Christentum – den buddhistischen Charakter Sri Lankas und seiner Kultur gefährden könnten und daher gegen eine solche Entwicklung durch eine entsprechende Gesetzgebung vorgegangen werden müsse.[11]

---

9 Vgl. hierzu Abdullah Saeed und Hassan Saeed: Freedom of Religion. Apostasy and Islam, London: Ashgate 2004, hier insbes. S. 116, wo es u.a. heißt, dass für viele Muslime „a close relationship exists between colonialism, Cristian missionary activities among Muslims, conversion and apostasy." Und die beiden Autoren fügen hinzu: "The fear was, and still is, that increasingly aggressive Christian missionaries, supported by a once-colonizing West, want nothing less than Christianization of large parts of the Muslim world. Where direct Christianization failed, Westernization and secularization (linked again indirectly to Christianity and the West) are believed to be intent on achieving it" (zit. nach Heather J. Sharkey: Muslim Apostasy, Christian Conversion, and Religious Freedom in Egypt: A Study of American Missionaries, Western Imperialism, and Human Rights Agendas, in Hackett, op. cit. S. 139–166, hier S. 155).

10 Vgl. dazu Sarah Claerhout und Jakob De Roover: Conversion of the World: Proselytization in India and the Universalization of Christianity, in Hackett, op. cit. S. 53–76.

11 Vgl. dazu Stephen C. Berkwitz: Religious Conflict and the Politics of Conversion in Sri Lanka, in Hackett, op. cit. S. 199–229.

Innerhalb des Christentums ist als signifikantes Beispiel für eine solche Entwicklung Russland zu nennen[12], wo die Orthodoxe Kirche im Bündnis mit der politischen Macht dazu neigt, den freien Markt der Religionen durch entsprechende Gesetze einzuschränken, auch wenn ihr klar ist, dass sie dadurch nie wieder ihre traditionelle Politik aus der Zarenzeit aufleben lassen kann, der zufolge auf Glaubensabfall von der Orthodoxie die Todesstrafe stand.

Regulierungen gegenüber dem sich abzeichnenden religiösen Pluralismus streben in der heutigen Welt nicht nur die großen Weltreligionen an, auch säkulare Staaten, die auf ihre Nicht-Einmischungstradition stolz sind, haben in den letzten Jahren gesetzliche Regelungen verabschiedet, die nur schwer mit dem Prinzip einer strikten Trennung von Religion/en und Staat („laïcité") vereinbar sind. Als Beispiele hierfür sind die Gesetze Frankreichs[13] und Belgiens[14] gegen die Sekten zu nennen, deren Ziel es ist, unbedarfte oder wenig durchblickende Bürgerinnen und Bürger – insbesondere Jugendliche und Kinder – vor einer sie in die Irre führenden Abwerbung zu schützen. Die Frage ist jedoch, ob der in Religionsfragen neutrale, laizistische Staat mit einer solchen Fürsorgepflicht nicht sein eigenes Prinzip der Nichteinmischung in die religiösen Angelegenheiten seiner Bürgerinnen und Bürger zugunsten von deren Bevormundung in Religionsfragen überschreitet.

All diese Beispiele zeigen, dass es weltweit nicht nur das eindeutige Bekenntnis zur Religionsfreiheit und damit das Recht auf religiöse Verkündigung gibt, sondern dass parallel dazu auch Tendenzen zur Regulierung des freien Marktes für Religionen und deren Werbung[15] bestehen.

5 Fazit

Die voraufgehenden Ausführungen haben gezeigt, dass es in den letzten Jahren bezüglich der Frage der Religionsfreiheit zwei konträre Positionen gibt: zum einen gilt die Religionsfreiheit als Ausdruck und Umsetzung eines unveräußerlichen Menschenrechtes, das durch die Allgemeine Erklärung der Menschenrechte der UNO und weitere international gültige Verträge abgesichert ist und sowohl die Religionen als auch die Staaten verpflichtet, entsprechende Rahmenbedingungen für deren Verwirklichung zu schaffen; zum anderen werden massive Vorwürfe und kritische Einwände gegen die Missionspraktiken potenter Akteure vorgetragen, sodass sowohl religiös geprägte als auch säkulare Staaten restriktive Gesetzesmaßnahmen ergreifen, weil sie befürchten, ein völlig freier,

---

12 Vgl. dazu Olga Kazmina: Negotiating Proselytism in 21st Century Russia, in Hackett, op. cit. S. 339–364.

13 Vgl. dazu James A. Beckford: Laicité, „dystopia", and the reaction to new religions in France, in James T. Richardson (Hrsg.): Regulating Religion. Case Studies from Around the Globe, New York: Kluwer 2004 S. 27–40.

14 Vgl. dazu Willy Fautré: Belgium's anti-sect policy, in Richardson, op. cit. S. 113–126.

15 Vgl. dazu als Überblick Jean-François Mayer: Conflicts over Proselytism – An Overview and Comparative Perspective, in Hackett, op. cit. S. 35–52

unregulierter Markt der Religionen könne zum gesellschaftlichen Störfaktor werden und das friedliche Zusammenleben der Menschen im Staat ernsthaft bedrohen. Die angeführten Beispiele, die sich mühelos um andere erweitern ließen, belegen, dass die Auseinandersetzung, welche der beiden Positionen die Oberhand gewinnen wird, bereits voll im Gange ist und sicher noch an Schärfe zunehmen wird. Deshalb kann man nur hoffen, dass die Vertreter der Religionen wie der Politik dieses Konfliktpotential klar erkennen und alles dafür tun, dass nicht durch die legitime Einschränkung der Gefahr einer Konversion als gesellschaftlicher Störfaktor das Prinzip der Religionsfreiheit selbst aufgegeben wird.

Literatur

Amir-Moazami, Schirin: Politisierte Religion. Der Kopftuchstreit in Deutschland und Frankreich, Bielefeld: Transcript-Verl. 2007.

Beckford, James A.: Laicité, „dystopia", and the reaction to new religions in France, in James T. Richardson (Hrsg.): Regulating Religion. Case Studies from Around the Globe, New York: Kluwer 2004 S. 27–40.

Berkwitz, Stephen C.: Religious Conflict and the Politics of Conversion in Sri Lanka, in Rosalind I.J. Hackett (Hrsg.): Proselytization Revisited. Rights Talf, Free Markets and Culture Wars, London-Oakville: Equinox 2008 S.199–229.

Casanova, José: Europas Angst vor der Religion, Berlin: University Press 2009.

Claerhout, Sarah und Jakob De Roover: Conversion of the World: Proselytization in India and the Universalization of Christianity, in Rosalind I.J. Hackett (Hrsg.): Proselytization Revisited. Rights Talf, Free Markets and Culture Wars, London-Oakville: Equinox 2008 S. 53–76.

Fautré, Willy: Belgium's anti-sect policy, in James T. Richardson (Hrsg.): Regulating Religion. Case Studies from Around the Globe, New York: Kluwer 2004 S. 113–126.

Kao, Grace Y.: The Logic of Anti-proselytization, Revisited, in Rosalind I.J. Hackett (Hrsg.): Proselytization Revisited. Rights Talf, Free Markets and Culture Wars, London-Oakville: Equinox 2008 S.77–107.

Kalny, Eva: Der „Westen" und die Menschenrechte. Abschied vom Ursprungsmythos einer Idee, in Peripherie Nr. 109/110 (28. Jahrg. 2008, Verlag Westfälisches Dampfboot, Münster) S. 196–223.

Kazmina, Olga: Negotiating Proselytism in 21st Century Russia, in Rosalind I.J. Hackett (Hrsg.): Proselytization Revisited. Rights Talf, Free Markets and Culture Wars, London-Oakville: Equinox 2008 S. 339–364.

Küng, Hans: Das Christentum. Wesen und Geschichte, München: Piper 1994.

Mayer, Jean-François: Conflicts over Proselytism – An Overview and Comparative Perspective, in Rosalind I.J. Hackett (Hrsg.): Proselytization Revisited. Rights Talf, Free Markets and Culture Wars, London-Oakville: Equinox 2008 S.35–52.

Noormann, Harry: Menschrechte und die Religion/en, in Asit Datta (Hrsg.): Zukunft der transkulturellen Bildung – Zukunft der Migration, Frankfurt/M: Brandes & Apsel 2010 S. 76–94 (Reihe: Bildung in der Weltgesellschaft 4, wissen & praxis 159).

Saeed, Abdullah und Hassan Saeed: Freedom of Religion. Apostasy and Islam, London: Ashgate 2004.

Sharkey, Heather J.: Muslim Apostasy, Christian Conversion, and Religious Freedom in Egypt: A Study of American Missionaries, Western Imperialism, and Human Rights Agendas, in Rosalind I.J. Hackett (Hrsg.): Proselytization Revisited. Rights Talf, Free Markets and Culture Wars, London-Oakville: Equinox 2008 S. 139–166.

Waltz, Susan: Universal Human Rights: The Contribution of Muslim States, in Human Rights Quaterly 26 (2004, by The John Hopkins University Press) S. 799–844.

http://zentralrat.de/3035.php, gesichtet am 10.01.2011.

http://www.ex-muslime.de.

Menschenwürde und biomedizinische Ethik – eine theologische Perspektive

Ulrich H.J. Körtner

1 Geschichtlichkeit und geschichtlicher Wandel von Menschenbildern

„Die Würde der Menschen", so lautet die provokative These des Philosophen Franz Josef Wetz, „ist antastbar."[1] Denkt man an die heftigen Kontroversen über Chancen und Grenzen der Biomedizin, so scheint er Recht zu haben.[2] Wert und Begriff der Menschenwürde verstehen sich immer weniger von selbst, obwohl die durch die Menschenwürde begründeten Menschenrechte hoch im Kurs stehen. Wer ein Mensch im Sinne der Menschenrechte ist, ab wann und bis wann menschliches Leben als schützenswertes Leben eines Menschen zu gelten hat, steht selbst in einem Land wie der Bundesrepublik Deutschland zur Diskussion, in deren Verfassung die Unantastbarkeit der Menschenwürde vom Moment der Zeugung an deutlich fester als etwa in der österreichischen Verfassung verankert ist.

Auch wenn die Idee der Menschenwürde historisch und systematisch betrachtet nicht exklusiv vom christlichen Menschenbild abgeleitet wird, so gehört dies doch zu den wichtigen Wurzeln des Gedankens. Gerade das macht ihn heute für manche philosophischen Richtungen suspekt. Die Berufung auf die Menschenwürde wird gelegentlich als bloße Rhetorik abgetan, ihre christliche Begründung als religiöser Partikularismus kritisiert.

Tatsächlich sind nicht nur moralische Werte im allgemeinen, sondern auch „Grundwerte" wie Menschenwürde und Menschenrechte das Ergebnis historischer Prozesse und beruhen auf einem gesellschaftlich-politischen Konsens. Ihre konkrete Ausdeutung führt immer wieder in einen Konflikt der Interpretationen, wie zum Beispiel die bioethischen Auseinandersetzungen um den ontologischen und moralischen Status von Embryonen und die ethische Zulässigkeit der Forschung an embryonalen Stammzellen oder der Präimplantationsdiagnostik zeigen. Daran vermag auch die Berufung auf Immanuel Kant nichts zu ändern, der in seiner „Grundlegung zur Metaphysik der Sitten" zwischen der Würde des Menschen als einem unendlichen Wert, der sich jeder ökonomischen Tauschlogik widersetze und allen sonstigen möglichen Werten unterschieden hat.[3] Denn

---

1 *F.J. Wetz*, Die Würde der Menschen ist antastbar. Eine Provokation, Stuttgart 1998

2 Zum Folgenden vgl. auch *U. Körtner*, Freiheit und Verantwortung. Studien zur Grundlegung theologischer Ethik, Freiburg i.Ue./Freiburg i.Br.[2]2010, S. 79ff.

3 I. Kant, , Grundlegung zur Metaphysik der Sitten, in: ders., Werke in sechs Bänden, hg. v. W. Weischedel, Bd. IV, Darmstadt 31983, S. 7–102, hier S. 68: „Im Reich der Zwecke

der Verweis auf die von Kant behauptete Selbstzwecklichkeit des Menschen, welche nach biblischem Zeugnis in der Gottebenbildlichkeit des Menschen gründet, bietet zum Beispiel keine hinreichende Antwort auf die strittige Frage, wann das menschliche Leben beginnt beziehungsweise ab wann menschliches Leben das Leben eines neuen Menschen ist. Selbst innerhalb von Theologie und Kirche werden in bioethischen Fragen unbeschadet der Berufung auf ein gemeinsames christliches Menschenbild unterschiedliche Positionen vertreten.

Werte und sogar die Menschenwürde stellen keine objektive Realität dar, sondern „institutionelle Tatsachen" (Axel W. Bauer). „Ihre grundsätzlich gegebene Interpretierbarkeit macht sie anfällig für Funktionalisierung, sie erlaubt jedoch auch einer Gesellschaft, sich aus konkretisierbaren Motiven und Erfahrungen heraus für oder gegen eine bestimmte inhaltliche Füllung zu entscheiden."[4] Aber das ist eine Frage des gesellschaftlichen Konsenses und nicht einer metaphysischen Wertordnung. Daraus folgt jedoch nicht, daß die Berufung auf Menschenwürdeargumente in bio- und medizinethischen Diskursen grundsätzlich obsolet ist. Sie haben auf eine orientierende Funktion, haben aber für materialethische Einzelprobleme nur bedingt eine normative Kraft.

Auf die Frage, was der Mensch ist, gibt es keine einhellige Antwort. So unterschiedlich die verschiedenen Menschenbilder in Vergangenheit und Gegenwart, so verschieden auch die ethischen Konzeptionen.

Die stereotype Rede von *dem* Menschenbild, zum Beispiel dem christlichen, ist freilich eine unhistorische Konstruktion. Nicht nur gibt es *das* christliche oder *das* humanistische Menschenbild in dieser Form gar nicht, sondern beide unterliegen geschichtlichen Transformationsprozessen, die unter anderem das Ergebnis der Auseinandersetzung mit der Aufklärung, mit den Ergebnissen und Fortschritten der modernen Natur- und Humanwissenschaften sowie gesellschaftlichen Umbrüchen, zum Beispiel dem Übergang von der Agrar- zur Industriegesellschaft und weiter zur postindustriellen Dienstleistungs- und Wissensgesellschaft sind.

Überdies gibt es nicht nur in dogmatischen, sondern auch in anthropologischen Fragen zwischen den verschiedenen christlichen Konfessionen signifikante Unterschiede, die etwa den Naturbegriff, das Verständnis menschlicher Freiheit und den Sündenbegriff betreffen. Damit hängt zusammen, daß die Antworten der Kirchen und der einzelnen Christen in ethischen Fragen unterschiedlich ausfallen können. Die christliche Sicht des Menschen weist also eine gewisse Pluralität auf, die teilweise sogar quer zu den Konfessionen besteht. Insofern ist es sachgemäßer, statt von *dem* christlichen Menschenbild von christlichen Menschen*bildern* zu sprechen.

Menschenbilder sind das Ergebnis komplexer kultur- und religionshermeneutischer Prozesse. Die Frage ist daher einseitig gestellt, wenn sie nur lautet, wie lange der technologische Fortschritt (noch) mit einem bestimmten Men-

---

hat alles entweder einen Preis oder eine Würde. Was einen Preis hat, an dessen Stelle kann auch etwas anderes, als Äquivalent gesetzt werden; was dagegen über allen Preis erhaben ist, mithin kein Äquivalent verstattet, das hat eine Würde."

4 *O. Riha*, Aktuelle Probleme der Medizin- und Bioethik, in: Theologische Literaturzeitung 127, 2002, Sp. 715–728, hier Sp. 728.

schenbild vereinbar ist. Ebenso muß gefragt werden, wie weit es einer weltanschaulichen oder religiösen Tradition gelingen kann, geschichtliche Veränderungen produktiv zu verarbeiten und überkommene Traditionsbestände neu zu interpretieren, so daß sie es auch noch Menschen der Gegenwart erlauben, das eigene Dasein unter Gegenwartsbedingungen sinnvoll zu deuten. Zweifellos hat eine bestimmte Anthropologie in ethischer Hinsicht immer auch eine kritische Funktion. Kritik und Hermeneutik stehen *aber zueinander in einem dialektischen Wechselverhältnis.*[5] Das bedeutet nicht, daß der technologische Fortschritt kritiklos hinzunehmen ist. Im Spannungsfeld von Hermeneutik und Kritik sind vielmehr die Ambivalenzen dieses epochalen Prozesses in den Blick zu nehmen.

Die Frage der *Technikkritik* lautet: Wo liegen die Grenzen des ethisch Zulässigen, jenseits deren der Einsatz von Wissenschaft und Technik zur Inhumanität führt? Das *hermeneutische* Problem der Technik aber lautet, was es für das Selbstverständnis eines Menschen bedeutet, wenn er sich künftig als das technisch erzeugte Produkt anderer Artgenossen begreifen muß. Wie kann unter diesen Umständen der Begriff der Menschenwürde noch mit Sinn gefüllt werden? Oder was soll gar noch der der jüdischen und der christlichen Tradition entstammende Gedanke der Gottebenbildlichkeit bedeuten? Wird der Mensch noch in, mit und unter den technischen Begleitumständen seiner Menschwerdung zu dem persönlichen Glauben finden, daß ihn letztlich Gott geschaffen hat „samt allen Kreaturen“ (Martin Luther)?

Wenn für den biblischen Schöpfungsglauben ein Wahrheitsanspruch erhoben werden kann, muß er selbst noch unter den Bedingungen der modernen Biomedizin gelten. Sollte sich die Überzeugung von der Gottebenbildlichkeit des Menschen mit der Anwendung bestimmter Reproduktionstechniken prinzipiell erledigen, dann wäre die Schöpfungsgeschichte obsoleter Mythos.[6] Wenn sich in der Rede von der Geschöpflichkeit und Gottebenbildlichkeit des Menschen aber ein im Glauben erschließbares Daseinsverständnis ausspricht, dann muß dieses auch noch in der Gegenwart eine Möglichkeit menschlicher Selbstdeutung sein. Hilfreich kann dabei die Unterscheidung zwischen Verfügungswissen und Orientierungswissen sein. Grundlegende Orientierung findet unsere Lebensführung und unser Handeln nicht in abstrakten Prinzipien, sondern in sinnstiftenden Geschichten, in Metaphern und Symbolen. Auf dieser Ebene ist auch der Glaube an die Schöpfung und die Gewißheit der eigenen Geschöpflichkeit angesiedelt.

---

5 Siehe ausführlich *U. Körtner*, Unverfügbarkeit des Lebens? Grundfragen der Bioethik und der medizinischen Ethik, Neukirchen-Vluyn 2001; *ders.*, „Lasset uns Menschen machen“. Christliche Anthropologie im biotechnologischen Zeitalter, München 2005, bes. S. 23ff (Kapitel I). Das dialektische Wechselverhältnis von Technikhermeneutik und Technikkritik wird von einer Heuristik der Furcht, wie sie Hans Jonas gefordert hat, zu wenig beachtet. Die Heuristik der Furcht besagt, daß schlechten Zukunftsprognosen prinzipiell Vorrang vor positiven Zukunftsszenarien zu geben und daher im Zweifelsfall auf technischen Fortschritt zu verzichten ist. Vgl. *H. Jonas*, Das Prinzip Verantwortung. Versuch einer Ethik für die technologische Zivilisation, Frankfurt a.M. (1979) 1984, S. 63ff.

6 Vgl. das berühmte „erledigt“ bei *R. Bultmann*, Neues Testament und Mythologie. Das Problem der Entmythologisierung in der neutestamentlichen Verkündigung (BEvTh 96), hg. v. E. Jüngel, München 1988, S. 16.

Hilfreich ist die wissenssoziologische Unterscheidung zwischen technisch-instrumentellem Wissen und Orientierungswissen. Wir finden die grundlegende Orientierung für unser Leben und Handeln nicht in abstrakten Prinzipien, sondern in sinnstiftenden Narrativen, Metaphern und Symbolen. Auf dieser Ebene sind der Schöpfungsglaube und die Überzeugung, ein Geschöpf Gottes zu sein, angesiedelt.

Wenn nach dem Beitrag christlicher Theologie zu den aktuellen Debatten über Menschenwürde und Menschenrechten gefragt wird, lautet die Behauptung nicht, die moderne Idee der Menschenwürde gründe ausschließlich oder primär auf theologischen Prämissen. Die Aufgabe besteht auch nicht darin, die säkularen Menschenrechte a posteriori theologisch zu legitimieren. Die modernen Menschenrechte bedürfen keiner Ableitung aus theologischen Lehrsätzen, sondern stehen für sich, wenngleich sie ebenso begründungsoffen wie begründungsbedürftig sind. Die theologische Herausforderung besteht darin, einen christlichen Zugang zum modernen Menschenrechtsgedanken und zur Idee der Menschenwürde zu finden, der es Theologie und Kirche ermöglicht, einen produktiven Beitrag zur Weiterentwicklung der Menschenrechte zu leisten.[7]

2 Übersetzungsprobleme

Die Diskussion über die Konsistenz von Menschenwürdeargumenten und ihren möglichen religiösen Hintergrundannahmen ist ein Beispiel für das grundlegende Problem der Übersetzbarkeit theologischer Gehalte in die bioethischen Diskurse einer pluralistischen Gesellschaft. Das Problem der „Bilingualität" spielt nicht auf dem Gebiet der Bioethik, sondern auch auf anderen Feldern der Sozialethik eine wichtige Rolle und wird besonders von den verschiedenen Theorien einer „public theology" diskutiert.[8]

Das Übersetzen ist die Grundfigur aller Hermeneutik. Jede Übersetzung von einer Sprache in die andere ist immer schon eine Interpretation, wie umgekehrt jeder Akt des Verstehens immer auch ein Akt des Übersetzens ist; auch dann, wenn es nicht um die Übertragung eines fremdsprachigen Textes in die eigene Sprache geht. Jedes Verstehen ist insofern ein Übersetzen, als es um die Aneignung des Gehörten oder Gelesenen in die eigene Lebenswelt geht. Insofern es keine Interpretation ohne Applikation gibt, ist die Übersetzungsproblematik hermeneutisch elementar.

Jedes Verstehen ist freilich immer ein *Anders*-Verstehen, und jede Übersetzung führt zu Bedeutungsverschiebungen, die ebenso mit einem Sprachgewinn wie einem Sprachverlust verbunden sein können. Eine Übersetzung im Verhältnis 1:1, sei es von einer Sprache in eine andere, sei es von einem soziokulturel-

---

7 Vgl. *W. Huber/H.E. Tödt*, Menschenrechte: Perspektive einer menschlichen Welt, Radius, Stuttgart 1977.

8 Vgl. *H. Bedford Strohm*, Öffentliche Theologie in der Zivilgesellschaft, in: *I. Gabriel* (Hg.), Politik und Theologie in Europa. Perspektiven ökumenischer Sozialethik, Ostfildern 2008, S. 340–366.

len Kontext in einen anderen, gibt es nicht. Jede Übersetzung macht Erfahrungen der unaufhebbaren Andersheit und Fremdheit, die nur um den Preis von Gewaltsamkeiten negiert werden können, und steht immer auch vor dem Problem der Unübersetzbarkeit. „Wird ein Text in eine andere Sprache übertragen, so ist das Ergebnis ein Text, der nicht einfach er selbst ist, aber auch nicht nur auf einen anderen verweist. Die Übersetzung ist die Andersheit des übersetzen Textes; durch sie ist der übersetzte Text da, und dennoch ist er entzogen.“[9]

Was allgemein zum Problem der Hermeneutik und der Übersetzung gesagt wurde, gilt nun auch für die Übersetzbarkeit religiöser oder theologischer Aussagen in nicht-religiöse Kontexte. Klassisch ist das Problem in der durch Rudolf Bultmann angestoßenen Entmythologisierungsdebatte durchgespielt worden. Grenzen der Übersetzbarkeit vom mythischen in ein nichtmythisches Denken werden bei Bultmann z.B. erkennbar, wenn er die Rede vom „Handeln Gottes“ für theologisch unaufgebbar hält und selbst die Frage stellt, ob in seinem Konzept der existentialen Interpretation des Neuen Testaments „ein mythologischer Rest“ bleibe.[10] Ähnliche Probleme ergeben sich bei Dietrich Bonhoeffers Programm einer nicht-religiösen Interpretation biblischer bzw. christlicher Begriffe, das Fragment geblieben ist, jedoch die neuere protestantische Theologie international stark inspiriert hat.[11]

Die gegenteilige Frage lautet freilich, ob eine vollständige Übersetzung theologischer und nicht-theologische Sätze dem bioethischen Diskurs einer pluralistischen Gesellschaft überhaupt förderlich ist. Wollte man im Ernst religiöse Begründungen als nicht verallgemeinerungsfähige Gruppenmoral aus dem Diskurs ausschießen, liefe dies auf die Zumutung hinaus, daß die Bürgerinnen und Bürger bei der öffentlichen Entscheidungsfindung in moralischen Fragen eben jene religiösen Hintergründe verleugnen sollen, aus denen sich ihre moralische Sensibilität speist und die diese Fragen für sie überhaupt erst zu moralischen Fragen macht.

Im deutschsprachigen Kontext mahnt ausgerechnet ein Philosophie wie Jürgen Habermas, der sich doch dem Erbe aufgeklärter Religionskritik verpflichtet weiß, einen Mehrwert religiöser Sprach- und Traditionsbestände ein.[12] Das klingt zunächst überraschend. Habermas ist überzeugt, „daß wir als Europäer Begriffe wie Moralität und Sittlichkeit, Person und Individualität, Freiheit und Emanzipation“ gar nicht wirklich verstehen können, „ohne uns die Substanz des heilsgeschichtlichen jüdisch-christlicher Herkunft anzueignen“[13]. Habermas unterstellt dabei – bis auf weiteres – die Unübersetzbarkeit zentraler Gehalte religiösen Glaubens und Denkens. „Solange die religiöse Sprache inspirierende,

---

9 *G. Figal*, Gegenständlichkeit. Das Hermeneutische und die Philosophie, Tübingen 2006, S. 57.

10 R. Bultmann, a.a.O. (Anm. 6), S. 63.

11 Vgl. *D. Bonhoeffer*, Widerstand und Ergebung. Briefe und Aufzeichnungen aus der Haft, hg. v. Chr. Gremmels, E. Bethge und R. Bethge, in Zusammenarbeit mit I. Tödt (DBW 8). Gütersloh 1998.

12 *J. Habermas*, Zwischen Naturalismus und Religion. Philosophische Aufsätze (stw 1918), Frankfurt a.M. 2009.

13 J. Habermas, Nachmetaphysisches Denken. Philosophische Aufsätze, Frankfurt a.M. 1998, S. 23.

ja unaufgebbare semantische Gehalte mit sich führt, die sich der Ausdruckskraft einer philosophischen Sprache (vorerst?) entziehen und der Übersetzung in begründende Diskurse noch harren, wird Philosophie auch in ihrer nachmetaphysischen Gestalt Religion weder ersetzen noch verdrängen können."[14] In diesem Sinne rekurriert Habermas in der bioethischen Debatte über den Umgang mit embryonalem Leben und heutige Formen der Eugenik auf die Kategorie des „Unverfügbaren"[15], erteilt aber zugleich allen Versuchen einer Resakralisierung der Natur eine deutliche Absage[16].

Freilich kann man im Sinne der von Jüngel vorgenommenen Unterscheidung fragen, inwiefern Habermas, der sich dezidiert als religiös unmusikalisch bezeichnet, in der Sprache der christlichen Überlieferung das Evangelium oder nur die Stimme des Gesetzes hört. Auch sollten, diejenigen, die Habermas für eine Rehabilitierung der Religion und eine Kritik an älteren Säkularisierungsthesen zu vereinnahmen versuchen, nicht übersehen, daß die Verdrängung der Religion zwar derzeit für illusorisch gehalten, als Fernziel aber keineswegs aufgegeben wird. Die von Hegel propagierte Aufhebung der Religion in die Philosophie wird also lediglich in eine unbestimmte Zukunft verlegt.

Was die Rolle religiöser Begründungen auf Ebene des Politischen betrifft, bestehen auffällige Unterschiede zwischen der biopolitischen Debatte in Deutschland und in den USA. „Während in den USA die Katholische Kirche und die fundamentalistischen Kirchen aus der Stammzellfrage einen Konflikt über den säkularen oder religiösen Charakter der USA machten und bewußt und explizit eine thematische Bindung an die Abtreibungsfrage suchten, eine Konstruktion, die von den Befürwortern der Forschung, man möchte fast sagen – mit Dank – aufgenommen wurde, fehlte der Debatte in Deutschland eine vordergründig religiöse Dimension, wie auch die Abtreibungsfrage und die Frage der Rechte der Embryonen in keiner Weise im Vordergrund standen."[17] Die Kirchen in Deutschland waren und sind peinlich darauf bedacht, das Problem des Embryonenschutzes in erster Linie nicht als religiöse Frage, sondern als ein komplexes ethisch-philosophisches und verfassungsrechtliches Problem darzustellen. Während in den USA die gesellschaftliche Polarisierung zwischen den Kräften des religiösen Fundamentalismus und den Kräften des medizinischen Fortschritts stattfand, wurde der politische Konflikt in Deutschland als Auseinandersetzung zwischen den Vertretern von Menschenrechten und Solidarität und den Vertretern des Wissenschafts- und Forschungsstandorts Deutschland inszeniert. Dabei operieren die Kirchen im Rahmen des staatskirchenrechtlichen Modells einer Kooperation von Staat und Kirche, wogegen in den USA eine striktere Trennung zwischen Staat und Kirche besteht und auch die historischen Konfessionen freikirchlich organisiert sind.

---

14 J. Habermas, a.a.O. (Anm. 13), S. 60.

15 *J. Habermas*, Die Zukunft der menschlichen Natur. Auf dem Weg zu einer liberalen Eugenik?, Frankfurt a.M. 2001, S. 59ff.

16 J. Habermas, a.a.O. (Anm. 15), S. 48 u. 51.

17 *H. Gottweis/B. Prainsack*, Religion, Bio-Medizin und Politik, in: *M. Minkenberg/U. Willems* (ed.), Politik und Religion. Politische Vierteljahresschrift, Sonderheft 33, 2002, S. 412–432, hier S. 428.

3 Menschenwürde und biblisches Menschenbild

In Zusammenhang der genannten hermeneutischen Probleme bioethischer Diskurse fällt auf, daß sich kirchliche Verlautbarungen zwar auf die Botschaft der Bibel berufen, mit biblischen Texten jedoch in einer Weise eklektizistisch umgehen, die zu theologischer Sachkritik nötigt.[18] Man weist zum Beispiel darauf hin, daß „Menschenwürde" ein säkulares Äquivalent für „Gottebenbildlichkeit" ist und zitiert als Beleg 1. Mose 1,27: „Gott schuf den Menschen zu seinem Bilde; zum Bilde Gottes schuf er ihn". Die stereotype Zitation dieses Bibelwortes, die kurzschlüssige Gleichsetzung der Gottebenbildlichkeit mit dem seinerseits klärungsbedürftigen Personbegriff und seine umstandslose Übertragung auf Blastozysten sind jedoch kaum das Ergebnis solider Exegese. Die eingehende Beschäftigung mit den Ergebnissen wissenschaftlicher Bibelauslegung, die auf die Vielschichtigkeit biblischer Aussagen über den Lebensbeginn hinweist[19], sucht man in den ökumenischen Texten zur Bioethik vergebens.

Die wissenschaftliche Exegese weist darauf hin, daß der Gedanke der Gottebenbildlichkeit kein Allgemeingut biblischen Denkens ist, sondern sowohl im Alten Testament bzw. der jüdischen Bibel als auch im Neuen Testament eine theologische Spitzenaussage ist, die – das mag überraschen – eine allenfalls marginale Rolle spielt. Auch wenn das systematisch-theologische Gewicht derartiger Aussagen in keiner Weise geschmälert werden soll, ist doch zu beachten, daß die Bibel, zumal das Alte Testament, vom Lebensbeginn „nicht nur auf der Ebene theologischer Begründungen, sondern viel konkreter, auf der Ebene der Wahrnehmung und Erfahrung alltäglicher Phänomene wie Zeugung, Schwangerschaft und Geburt" redet.[20] Von der Bibel ist zu lernen, wie theologische Aussagen lebensweltlich eingebettet und vermittelt werden müssen.

Es ist exegetisch fragwürdig, wenn ontologische oder metaphysische Grundannahmen in biblische Texte eingetragen werden, um diese einer systematisch-theologischen Gesamtinterpretation biblischer Theologie dienstbar zu machen. So heißt es zum Beispiel in Psalm 139,13–16: „Du hast meine Nieren bereitet und hast mich gebildet im Mutterleibe. Ich danke dir dafür, daß ich wunderbar gemacht bin; wunderbar sind deine Werke; das erkennt meine Seele. Es war dir mein Gebein nicht verborgen, als ich im Verborgenen gemacht wurde, als ich gebildet wurde unten in der Erde. Deine Augen sahen mich, als ich noch nicht bereitet war, und alle Tage waren in dein Buch geschrieben, die noch werden sollten, von denen keiner da war." Das ist keine naturwissenschaftliche Be-

---

18 Vgl. dazu auch *M. Heimbach-Steins/G. Steins*, Ornament, Fundament, Argument oder was sonst? Zur Rolle der Bibel als Kanon in theologischer Ethik und in gemeinsamen katholisch-evangelischen Texten, in: Zeitschrift für Evangelische Ethik 45, 2001, S. 95–108, hier S. 98.

19 Siehe dazu *H. Utzschneider*, Der Beginn des Lebens. Die gegenwärtige Diskussion um die Bioethik und das Alte Testament, in: Zeitschrift für Evangelische Ethik 46, 2002, S. 135–143; *A. Lindemann*, Schwangerschaftsabbruch als ethisches Problem im antiken Judentum und im frühen Christentum, in: Wort und Dienst 26, 2001, S. 127–148.

20 H. Utzschneider, a.a.O. (Anm. 19), S. 136.

schreibung der embryonalen Entwicklung im modernen Sinne, sondern hymnische Sprache, religiöse Poesie.

Gleiches gilt für das Hiobbuch, wenngleich hier nicht das Lobpreis des Schöpfers, sondern eine Klage angestimmt wird: „Deine Hände haben mich gebildet und bereitet; danach hast du dich abgewandt und willst mich verderben? [...] Du hast mir haut und Fleisch angezogen; mit Knochen und Sehnen hast du mich zusammengefügt; Leben und Wohltat hast du an mir getan, und deine Obhut hat meinen Odem bewahrt. [...] Warum hast du mich aus meiner Mutter Leib kommen lassen? Ach daß ich umgekommen wäre und mich nie ein Auge gesehen hätte! So wäre ich wie die, die nie gewesen sind, vom Mutterleib weg zum Grabe gebracht." (Hiob 10,8.11–12.18–19)

Texte wie Psalm 139 oder Hiob 10 lassen sich nicht ohne weiteres mit kirchlichen Positionen zur Bioethik kurzschließen. Vor allem widerspricht es den biblischen Texten, wenn der ontologische und moralische Status von Embryonen abstrakt diskutiert wird. Der Mensch wird in der Bibel als ein Beziehungswesen gesehen, dessen Menschwerdung und Leben ein Prozeß und ein Beziehungsgeschehen sind.

Kirchliche Stellungnahmen blenden auch gern den Umstand aus, daß das Alte Testament der Christen die Bibel der Juden ist. Die jüdische Auslegung der einschlägigen Stellen, die gern von christlicher Seite für den Personstatus von Embryonen und sogar von befruchteten menschlichen Eizellen im Reagenzglas ins Feld geführt werden, weicht von kirchlichen Dokumenten teilweise erheblich ab. Nach jüdischer Auffassung ist die Geburt die entscheidende Zäsur, mit der das Leben eines Menschen beginnt. Dafür glaubt man sich durchaus auf die jüdische Bibel berufen zu können. Daher werden auch in Fragen der Stammzellforschung oder der PID im Judentum werden Positionen vertreten, die zwar im Widerspruch zur lehramtlichen Position der römisch-katholischen Kirche stehen, jedoch auch von einzelnen evangelischen Ethikern eingenommen werden. Es ist gerade das von der evangelischen Theologie betonte Kriterium der Schriftgemäßheit, welches unterschiedliche Sichtweisen des Lebensanfangs zuläßt, weil die biblischen Grundlagen einer christlichen Anthropologie keineswegs so eindeutig sind, wie es kirchliche Stellungnahmen häufig unterstellen.

Aus biblischer Sicht ist der Lebensbeginn ein mehrdimensionales Geschehen. Es hat eine soziale Dimension, eine biologische und eine schöpfungstheologische Dimension: „1. Der Mensch geht aus der intimen Gemeinschaft der Eltern hervor, wächst im Mutterleib heran und bringt sein Leben in die größere Gemeinschaft der Familien und Sippen ein. In dieser Gemeinschaft ist er von seiner Zeugung an aufgehoben (soziale Dimension). 2. Der Lebensbeginn ist an stoffliche, wir würden sagen: ‚natürliche' Substrate gebunden, den Samen und den Mutterleib. In dieser stofflichen Umgebung und aus ihr heraus wird der Mensch, wie es gelegentlich in einer durchaus technischen Metapher [...] (vgl. 5. Mose 25,9) heißen kann, ‚gebaut' (biologische Dimension).[21] 3. Der Mutterleib ist schließlich auch der diskrete Ort, an dem durch göttliches Wirken, jedenfalls aber auf wunderbare und unverfügbare Weise das Individuum, die Person gebildet wird, die später zu sich selbst ‚Ich' zu sagen vermag (‚schöpfungstheo-

21 Vgl. Dtn 25,9, wo die Zeugung eines Kindes mit einem Hausbau verglichen wird.

logische' Dimension). In allen drei Dimensionen ist der Lebensbeginn kein isolierbarer Augenblick, kein Zeitpunkt, sondern eine Lebensphase, ein Prozeß, in dem der Mensch biologisch Gestalt gewinnt, sie über seine Eltern einem sozialen Kontext einstiftet und – in der Rückschau des Erwachsenen – durch Gottes Schöpferhand seine Personalität und Individualität, seine Würde, empfängt."[22] Keinesfalls wird aber das Schöpfungshandeln Gottes mit dem biologischen Zeugungsakt identifiziert oder darauf reduziert.

Das christliche Menschenbild, auf das sich kirchliche Stellungnahmen zur Bioethik berufen, ist demgegenüber ein Gemisch aus biblischen Motiven, einer kantischen Interpretation des Menschenwürdebegriffs und einer vom katholischen Naturrechtsdenken beeinflußten Auslegung des Grundgesetzes. Demgegenüber soll im Folgenden ein theologisches Verständnis von Menschenwürde skizziert werden, das sich an den Einsichten der paulinischen Rechtfertigungslehre und ihrer reformatorischen Neuinterpretation orientiert.

4 Die Strittigkeit des Menschen und die Strittigkeit Gottes

Vor einigen Jahren hat James D. Watson, der zusammen mit Francis Crick im Jahre 1953 den Aufbau der Chromosomen, das heißt der im Zellkern gespeicherten Erbinformationen entdeckt und damit die Grundlagen für die Gentechnik geschaffen hat, das christliche Menschenbild als Störfaktor der Forschung bezeichnet und erklärt, die Berufung auf einen Schöpfergott und seine Gebote rechtfertige unnötiges Leiden, das heute durch Gentechnik und Eugenik vermeidbar wäre.[23] Der Philosoph Ronald Dworkin hält zwar viele Ängste vor dem eugenischen Mißbrauch der Gentechnik für verständlich. Die Alternative wäre nach seiner Ansicht jedoch „unverantwortliche Feigheit vor dem Unbekannten".[24] Im Sinne einer Güterabwägung werde das mögliche Risiko des Mißbrauchs durch die Hoffnung aufgewogen, daß sich die Zahl genetischer Defekte und von Mißbildungen senken lasse und möglicherweise wünschenswerte Eigenschaften, wie z.B. die Intelligenz, gesteigert werden könnten.

Es wäre verfehlt, wollte man sich über den neuen Über-Humanismus moralisch entrüsten, ohne Gegenargumente beizubringen. Auch wäre der vorschnelle Rückzug auf das sturmfreie Gebiet des Glaubens theologisch fatal. Im ethischen Diskurs einer pluralistischen Gesellschaft genügt es nicht, religiöse Gewißheiten im Stil dezisionistischer Bekenntnisse vorzutragen. Für den Glauben gibt es keine rationale Letztbegründung, wohl aber gute Gründe, über die sich mit vernünftigen Argumenten Auskunft geben läßt.

---

22 H. Utzschneider, a.a.O. (Anm. 19), S. 139f.

23 *Frankfurter Allgemeine Zeitung* vom 26.9.2000.

24 *R. Dworkin*, Die falsche Angst, Gott zu spielen, in: DIE ZEIT Nr. 38, 16.9.1999, S. 15 u. 17, hier S. 17.

Es bedarf keiner theologischen Begründung, um die Haltlosigkeit des reduktionistischen Menschenbildes, das z.B. bisweilen aus den Erkenntnissen der Molekularbiologie abgeleitet wird, zu durchschauen. Die Frage, was der Mensch ist, läßt sich rein biologisch nicht beantworten. Die Antwort nämlich, es handele sich um das *animal rationale*, definiert ihn als Tier und reduziert das Wesen des Menschen auf eine *differentia specifica*, die ihn von anderen Tiergattungen unterscheidet. Eines aber ist deutlich: Die Strittigkeit des Menschen ist nicht allein eine interessante Frage für ein philosophisches Oberseminar. Unterschiedliche Bestimmungen des Menschseins entscheiden am Ende über das Existenzrecht von Menschen.

Die Frage des Menschenbildes betrifft also nicht nur die Wesensbestimmung des Menschen. Anthropologie sucht letztlich immer auch nach Gründen, die das Dasein des Menschen rechtfertigen. Wenn ein Mensch sich selbst bzw. das Daseinsrecht nicht rechtfertigen kann, z.B. weil er noch gar nicht geboren ist, weil er geistig schwer behindert oder verwirrt ist, weil er im Koma liegt und dauerhaft das Bewußtsein verloren hat, wer oder was rechtfertigt dann sein Recht auf Leben?

Die Antwort, welche hierauf die reformatorische Tradition des Christentums gibt, lautet: Gott rechtfertigt das Leben eines jeden Menschen. Der Mensch ist der von Gott gerechtfertigte Mensch, und eben darum braucht er sich selbst und sein Dasein nicht zu rechtfertigen. Das ist der Hauptgesichtspunkt, den die protestantischen Kirchen in das ökumenische Gespräch über das christliche Menschenbild einbringen.

Doch ebenso strittig wie ein christliches Menschenbild im allgemeinen ist nun gerade das reformatorische Menschenbild im besonderen. Der Radikalität, mit welcher die evangelische Tradition von der Rechtfertigung des Sünders allein aus Gnaden durch den Glauben spricht, korrespondiert die Radikalität ihrer Sicht der Sünde. Das „radikal Böse“ (Immanuel Kant) wird derart radikal gesehen, daß selbst noch vom gerechtfertigten Sünder behauptet wird, er sei Gerechtfertigter und Sünder zugleich – „simul iustus et peccator“. Das jedenfalls ist die paradoxe und ärgerlich klingende Formulierung Martin Luthers, die bis heute von ihrer Anstößigkeit nichts verloren hat.

Nicht nur ein nachaufklärerisches modernes Bewußtsein tut sich mit dem vermeintlichen Pessimismus dieser Anthropologie schwer. Auch im ökumenischen Gespräch bereiten Luthers radikale Aussagen nach wie vor erhebliche Verständnisschwierigkeiten. Ob sich hinter unterschiedlichen Sprachformen, in denen die Konfessionen von der Sünde und ihrer verbleibenden Realität im Leben der Glaubenden sprechen, lediglich ein Unterschied in der Sprache oder aber eine unüberwindliche theologische Grunddifferenz in der Sache verbirgt, ist immer noch eine offene Frage. Das haben die Auseinandersetzungen um das „simul iustus et peccator“ im Zusammenhang mit der „Gemeinsamen Erklärung zur Rechtfertigungslehre“ von Lutherischem Weltbund und römisch-katholischer Kirche gezeigt.[25]

---

[25] Zum Stand der ökumenischen Diskussion siehe *Th. Schneider/G. Wenz* (Hg.), Gerecht und Sünder zugleich? Ökumenische Klärungen (Dialog der Kirchen 11), Freiburg i.Br./Göttingen 2001.

Die Strittigkeit des Menschen und die Strittigkeit eines theologisch angemessenen Menschenbildes verweisen letztlich auf die Strittigkeit Gottes selbst. Strittig ist Gottes Existenz ebenso wie seine Güte und seine Gerechtigkeit. Darin besteht das Theodizeeproblem. Theologie als „Konfliktwissenschaft"[26] bedenkt den inneren Zusammenhang, der zwischen dem Strittigsein Gottes und der Strittigkeit des Menschen besteht.[27] Das Ineinander der Strittigkeit des Menschen und des Strittigseins Gottes aber kommt am deutlichsten im Leiden und Sterben Jesu Christi zum Vorschein, der nach biblischem Zeugnis das fleischgewordene Wort Gottes ist. Weil Gott und Mensch wechselseitig aufeinander bezogen sind – selbst noch im Widerspruch der menschlichen Sünde – betont die evangelische Tradition den Zusammenhang der Lehre von der Rechtfertigung des Sünders allein durch den Glauben und der Theodizeeproblematik. Die Rechtfertigung des sündigen Menschen ist demnach zugleich als Selbstrechtfertigung Gottes zu denken. Denn es ist nicht nur der Mensch, der Gott anklagt, sondern die Existenz des sündigen und zur Bosheit fähigen Menschen als solche wirft die Frage nach der Gerechtigkeit Gottes auf. Gemeint sind damit aber nicht etwa nur die anderen Menschen, sondern ich selbst! Es ist konkret *meine* Existenz und *mein* Handeln, die anderen Menschen zur Anfechtung werden und an der Gerechtigkeit Gottes und seiner Existenz zweifeln lassen können.

Der Spruch über dem Eingang zum Orakel zu Delphi „*gnothi seauton* – erkenne dich selbst!" wird im Christentum abgewandelt: „Erkenne dich selbst – vor Gott!" Gemeint ist aber nicht eine *abstrakte*, sondern eine konkrete bzw. *existentielle* Selbst- und Gotteserkenntnis. Daher schreibt Luther in seiner Auslegung zu Psalm 51: „Eigentlicher Gegenstand der Theologie ist der Mensch als der in Sünde verschuldete und verlorene (homo reus et perditus) und Gott als der Gott, der den Sünder rechtfertigt und rettet (Deus iustificans vel salvator)."[28] Erst das Rechtfertigungsgeschehen ist also nach Luther der Ort, in dem der Mensch zu voller Selbst- und Gotteserkenntnis gelangt. Erst wer sich als gerechtfertigten Sünder erkennt, d.h. als vergebungsbedürftigen und der Vergebung tatsächlich teilhaftig gewordenen Menschen, begreift erst wirklich das Wesen Gottes, das grundlose Liebe ist. Von hier aus erschließt sich auch die Welt als gute Schöpfung Gottes, deren Erkenntnis durch die Macht der Sünde verdunkelt oder durch Unglauben verstellt ist.

Im ersten der beiden alttestamentlichen Schöpfungsberichte ist es Gott, der so spricht: „Lasset uns Menschen machen, ein Bild, das uns gleich sei, die da herrschen über die Fische im Meer und über die Vögel unter dem Himmel und über das Vieh und über alle Tiere des Feldes und über alles Gewürm, das auf Erden kriecht." Der biblische Gott ist es, der den Menschen nach *seinem* Bilde formt, und gerade darin liegt des Menschen unantastbare Würde. Der biblische Schöpfungsmythos leitet seine Leser an, die Welt und sich selbst gewissermaßen mit den Augen Gottes zu betrachten.

---

26 *O. Bayer*, Theologie, Gütersloh 1994, S. 105, 505 u.ö..

27 Gerade die neuere evangelische Theologie setzt unter Berufung auf die Theologie der Reformatoren nicht beim Sein Gottes, sondern bei seinem Strittigsein ein. Vgl. *G. Ebeling*, Dogmatik des christlichen Glaubens, Bd. I, Tübingen ²1982, S. 169ff.

28 *M. Luther*, WA 40/II,328. Vgl. auch *J. Calvin*, Institutio I,1,1.

Dann nimmt die anthropologische Grundfrage, was der Mensch sei, eine überraschende Wende. In Psalm 8 fragt der alttestamentliche Beter: „Was ist der Mensch, daß du, Gott, seiner gedenkst, und des Menschen Kind, daß du dich seiner annimmst?" (Psalm 8,5) In der Form des Gebets wird die Frage nach dem Wesen des Menschen nicht an diesen selbst, sondern an Gott gerichtet. Nicht allein durch den Kontrast zwischen seiner Größe und seiner Nichtigkeit, die der Psalm anspricht, sondern dadurch, daß er der Mensch Gottes ist, wird der Mensch nach biblischer Auffassung im Letzten bestimmt. Seine Stellung im Kosmos ist nicht Verdienst aufgrund besonderer Eigenschaften und Fähigkeiten, sondern Gnade. Und aus der Frage des Psalmisten, womit es der Mensch überhaupt verdient hat, von Gott beachtet und umsorgt zu werden, spricht dankbares und demütiges Erstaunen. Nur wo solches Erstaunen mitschwingt, in das sich zum Beispiel der beobachtende Naturwissenschaftler oder der behandelnde Arzt einschließt, wird nach theologischer Überzeugung die Würde des Menschen in ihrer ganzen Tiefe erfaßt.

Die Welt im Sinne des biblischen Schöpfungsmythos mit den Augen Gottes zu betrachten, bedeutet zweifellos nicht, der Mensch solle sich die Selbstaufforderung Gottes, Menschen nach dem eigenen Bilde zu schaffen, zu eigen machen. Die vielfach ausgesprochene Warnung vor menschlicher Hybris, welche die treibende Kraft des biomedizinischen Fortschritts sei, greift freilich zu kurz. Denn mit dem naturwissenschaftlichen, technologischen und medizinischen Fortschritt ist dem Menschen eine Verantwortung zugewachsen, aus der er sich nicht mit dem Hinweis auf die vermeintliche Unverfügbarkeit des Lebens davonstehlen kann. Es ist gerade der Zwang zur bewußten, das heißt aber auch rechenschaftspflichtigen, Verfügung über das eigene wie über fremdes Leben, das den Menschen nicht nur nach allgemeiner anthropologischer Erkenntnis, sondern auch nach biblischem Zeugnis kennzeichnet.

Alle Verfügung über das eigene wie über fremdes Leben muß aber ethisch – und aus christlicher Sicht gesprochen: vor Gott – verantwortet werden. Die Frage lautet also, welche Formen des Welt- und Selbstumgangs dem Bekenntnis zur Geschöpflichkeit und Gottebenbildlichkeit des Menschen gemäß sind und welche ihnen widersprechen. Zur ethisch verantworteten und zur religiös begründeten Lebensführung gehört immer auch ein bewußter Umgang mit dem menschlichen Körper. Eingriffe in die natürliche Beschaffenheit des Menschen können dem Bekenntnis zu Gott ebenso entsprechen wie widersprechen. Medizinisch-technische Manipulationen sind aber nicht schon als solche unbedingt ein Angriff auf die Integrität der Schöpfung. Sie können im Gegenteil der praktische Ausdruck einer Schöpfungsfrömmigkeit sein, welche der biblischen Bestimmung des Menschen unter den Bedingungen unseres naturwissenschaftlich-technischen Zeitalters gerecht zu werden versuchen.

5 Humanität nach dem Tode Gottes

Die bioethischen Diskussionen zeigen, wie schwierig es für den Menschen ist, nach dem vermeintlichen Ende des christlichen Gottes menschlich zu bleiben. Damit soll nicht behauptet werden, daß sich die Idee der Menschenwürde ausschließlich christlich begründen ließe, wohl aber auf die Aporien hingewiesen werden, in welche dieser Gedanke gerät, wenn die Möglichkeit seiner religiösen Begründbarkeit bestritten wird.

Das hat sich unter anderem in der Debatte gezeigt, die der Philosoph Peter Sloterdijk mit seinem Essay *Regeln für den Menschenpark* ausgelöst hat. In einer umstrittenen und, wie mir scheint, verqueren Interpretation von Martin Heideggers *Brief über den Humanismus* behauptet Sloterdijk nicht nur die Antiquiertheit des Menschen, wie wir ihn bislang kannten, sondern auch die Antiquiertheit des abendländischen Humanismus.[29] Von Heidegger zu Friedrich Nietzsche fortschreitend, aber auch Platons *Politeia* bemühend, buchstabiert Sloterdijk das Wort „Humanismus" als vergeblichen Versuch der Selbstzähmung des „nicht festgestellten Tieres" Mensch. In Anbetracht der neuen Biotechnologie wirft er die Frage auf, ob an die Stelle der Selbstzähmung die Selbstzüchtung, an die Stelle des althergebrachten Humanismus und seines Menschenbildes eine neue Form der „Anthropotechnologie",[30] an die Stelle des alten Menschen ein neuer Übermensch, ein „Über-Humanist",[31] treten müsse.

Der Abgesang auf die christliche Tradition ist jedoch vielleicht ein wenig voreilig. Allerdings besteht die Aufgabe, ihr unabgegoltenes Potential und ihre kritische Kraft neu zu entdecken. So irren die neuen Über-Humanisten zum Beispiel in der Annahme, daß der eugenische Einsatz der Gentechnik zur endgültigen Befreiung des Menschen vom Schicksal führe. In Wahrheit führen die Fortschritte auf den Gebieten der medizinischen Genetik, der prädiktiven Medizin und der Reproduktionsmedizin zu neuen Erscheinungsformen des Schicksals. Der christliche Gottesglaube, der im Menschen das Ebenbild Gottes sieht, ist keineswegs eine Variante des Schicksalsglaubens, wie Dworkin unterstellt, sondern hat im Gegenteil, historisch betrachtet, zur Depotenzierung des Schicksals geführt, dem nach antiker Vorstellung selbst die Götter unterworfen waren. Daher hat das neuzeitliche Dementi des christlichen Gottes, für welches die mehrdeutige Formel des Todes Gottes geprägt wurde, keineswegs den Weg zur endgültigen Befreiung des Menschen vom Schicksal geebnet, sondern, wie der Philosoph Odo Marquard argumentiert, zur Wiederkehr des Schicksals, das heißt zum Entstehen neuer Kontingenzen geführt.[32]

Bedrängend ist diese Entwicklung beispielsweise auf dem Gebiet der prädiktiven Medizin, wo sich die Schere zwischen heute schon möglicher Diagnostik und Prognostik und fehlenden Therapieansätzen weit öffnet. Der Einsatz

---

29 *P. Sloterdijk*, Regeln für den Menschenpark. Ein Antwortschreiben zum Brief über den Humanismus, in: DIE ZEIT Nr. 38, 16.9.1999, S. 15 u. 18–21.

30 P. Sloterdijk, a.a.O. (Anm. 29), S. 21.

31 Ebd.

32 *O. Marquard*, Abschied vom Prinzipiellen. Philosophische Studien, Stuttgart 1980, S. 81.

prädiktiver Untersuchungsmethoden zum Beispiel in der pränatalen Medizin kann einerseits der Prophylaxe dienen, andererseits aber immer neue Entscheidungskonflikte heraufbeschwören.

Theologisch gesprochen ist es die von unserer biologischen Beschaffenheit unabhängige zuvorkommende und freie Gnade Gottes, welcher der Mensch seine Anerkennung und Rechtfertigung verdankt. In Anbetracht des biomedizinischen Fortschritts eröffnet sich ein neuer Zugang zur Geschöpflichkeit und Gottebenbildlichkeit des Menschen nicht über die Resakralisierung des Natürlichen, sondern über die rechtfertigungstheologische Rekonstruktion der Schöpfungslehre.

Bioethisch relevant ist auch die eschatologische Dimension des Rechtfertigungsglaubens, weil sich aus ihr eine kritische Sicht auf die latente oder offene Gefahr einer soteriologischen Überhöhung der modernen Medizin zur Heilslehre ableiten läßt. Einerseits schließt das Gebot der Nächstenliebe die Verpflichtung zum Heilen ein. Auch die im Neuen Testament geschilderten Heilungswunder Jesu und die alte Denkfigur des Christus medicus stehen dafür.[33] Andererseits stehen alle menschlichen Heilungsversuche unter dem eschatologischen Vorbehalt. Eschatologie ist die christliche Lehre vom Reich Gottes bzw. von der Vollendung der Welt durch Gott. Heilung und Heil sind nach dieser Lehre voneinander zu unterscheiden. Andernfalls steht der medizinische Fortschritt in der Gefahr, vom Geist der Utopie zur Barbarei verführt zu werden. Die Geschichte und insbesondere die Medizinverbrechen des 20. Jahrhunderts belehren uns, daß der Wunsch, Menschen zu heilen, eine ungeheuer beflügelnde und zerstörerische Kraft entfalten kann. Wird der „therapeutische Imperativ“ als ein kategorischer Imperativ mißverstanden, wird die Medizin sehr schnell inhuman – bis hin zu unethischen Experimenten am Menschen.[34]

Es sind vor allem jene, die als Unheilbar gelten, welche sehr schnell der Dynamik eines utopischen Gesundheitsbegriffs zum Opfer fallen. Nicht zuletzt die Diskussion über neue Formen der Selektion oder der Menschenzüchtung verstärkt daher die Notwendigkeit, das Recht auf Unvollkommenheit zu verteidigen und seine positive Bedeutung für die Humanität unserer Gesellschaft zu verdeutlichen.

Nach Ansicht der reformatorischen Tradition gründet die Würde des Menschen in der zuvorkommenden Gnade Gottes, welche in der neutestamentlichen Botschaft von der bedingungslosen Rechtfertigung des Sünders ihre Zuspitzung erfährt. Darum hängt auch das Lebensrecht eines Menschen gerade nicht von bestimmten intellektuellen Fähigkeiten oder seiner körperlichen Verfassung ab. Dies folgt aus dem Zusammenhang, der zwischen Rechtfertigungslehre und Christologie besteht. Die christliche Anthropologie nimmt nicht an einer allgemeinen Idee des Menschen und seiner Idealgestalt, sondern am leidenden und gekreuzigten Christus Maß, der „keine Gestalt“ hatte, „die uns gefallen hätte“

---

33 Vgl. *M. Honecker*, Christus medicus, KuD 31, 1985, S. 307–323; *J. Hübner*, Christus medicus. Ein Symbol des Erlösungsgeschehens und ein Modell ärztlichen Handelns, KuD 31, 1985, S. 324–335.

34 *A. Kuhlmann*, Politik des Lebens – Politik des Sterbens. Biomedizin in der liberalen Demokratie, Berlin 2001, S. 34f.

(Jesaja 53,2). Von hier aus ist auch die Gottebenbildlichkeit des Menschen, die im Rahmen der christlichen Schöpfungslehre ausgesagt wird, näher zu bestimmen.

Im Blick auf die Bewegung des sogenannten Transhumanismus, die eine Veränderung der menschlichen Spezies durch den Einsatz technologischer Verfahren befürwortet[35], ist zu sagen, daß auch die christliche Anthropologie den Unterschied zwischen dem alten und dem neuen Menschen kennt. Auch sie spricht davon, daß noch nicht offenbar geworden ist, was wir sein werden.[36] Aber es handelt sich hierbei um eine eschatologische Differenz, d.h. um den Hinweis auf die letztgültige Bestimmung und Vollendung des Menschen, die von ihm selbst nicht zu leisten ist. Der alte Mensch aber in seiner Endlichkeit, seiner Unvollkommenheit und Gebrochenheit, in seinem Versagen und seiner Schuld ist es, dem die bedingungslose Zuwendung Gottes gilt und den der Mensch Gottes als seinesgleichen lieben soll.

Daß auch der im Glauben von Gott gerechtfertigte Mensch Sünder bleibt, ist eine Grundaussage reformatorischer Anthropologie. Der gerechtfertigte Sünder vermag weder sich selbst noch die Welt zu verbessern, weder auf dem Weg der Moral noch durch irgendeine „Anthropotechnologie". Der alte Mensch im biblischen Sinne ist nicht verbesserungs-, sondern vergebungsbedürftig. Das schöpferische Wort der Vergebung aber macht ihn nicht besser, sondern neu.

Diese Argumentation könnte in der Weise mißverstanden werden, als ob sie nicht hinreichend zwischen menschlichem Fortschritt und Erlösung unterschiede. Beabsichtigt ist jedoch genau das Gegenteil. Der biomedizinische Fortschritt ist zu begrüßen, solange er nicht als eine Form der Selbsterlösung verstanden und propagiert wird, die körperliche und psychische Gesundheit mit Heil und Erlösung verwechselt und Medizin und Gesundheit zu einer Quasi-Religion überhöht. Das Recht auf Unvollkommenheit stellt kein grundsätzliches Argument gegen den medizinischen Fortschritt dar. Im Gegenteil sind biomedizinische Forschung und medizinischer Fortschritt aus christlicher Sicht gutzuheißen, sofern ihr Ziel darin besteht, die Lebensqualität derer zu verbessern, die unter Krankheit oder Behinderung leiden. Problematisch ist es allerdings, wenn ein bestimmtes Verständnis von Normalität zur Diskriminierung von Menschen mit Behinderungen führt. Das Recht auf Unvollkommenheit widerspricht jeder Form von Paternalismus. Kranke Menschen haben das Recht, eine medizinische Behandlung zu verweigern, und das Lebensrecht gilt uneingeschränkt auch für das kranke oder behinderte Leben.

So bestünde denn der Beitrag des Christentums zur anthropologischen und gesellschaftspolitischen Diskussion der Gegenwart darin, auf eine Möglichkeit der Kontingenzbewältigung hinzuweisen, die vom Zwang des selbstproduzierten bzw. von anderen verfügten Schicksals befreit. Es ist dies ein Ethos des Sein-Lassens und der Verschonung, das sich darauf gründet, daß sich der Mensch nicht selbst verdankt und in die Welt bringt.

---

35 Zur Einführung in die Debatte siehe *O. Krüger*, Virtualität und Unsterblichkeit. Die Visionen der Posthumanisten, Freiburg i.B. 2004.; *B. Gesang*, Perfektionierung des Menschen, Berlin/New York 2007.

36 I Joh 3,2.

Ein Verständnis von Menschenwürde und Menschenrechten aus der Sicht der paulinischen Rechtfertigungslehre steht der Idee einer universalen Erklärung von Menschenpflichten, wie sie der katholische Theologe und weitere international angesehene Persönlichkeiten vorgeschlagen haben, kritisch.[37] Küng und seine Mitstreiter sind überzeugt, die Idee universaler Menschenrechte müsse durch die Idee universaler Menschen ergänzt werden. Theologisch gesprochen mißachtet dieses Konzept jedoch den Unterschied zwischen Gesetz und Evangelium, weil es die Rechte des Menschen an seine Gegenleistung bindet. Die Idee allgemeiner Menschenpflichten könnte zur Folge haben, daß die uneingeschränkte Gültigkeit der Menschenrechte untergraben wird.[38]

Die Entwicklung und Pflege eines Ethos, auch eines Ethos der Wissenschaft, ist nicht nur eine Frage des Menschenbildes, sondern auch der Bildung, nämlich der Selbstbildung und Menschwerdung des Menschen. Sie schließt die Pflege der religiösen Dimension unseres Menschseins ein. Praktisch wird ein christliches Verständnis von Menschenwürde jedoch nicht nur auf dem Weg der Selbstbegrenzung handelnder Subjekte, sondern auch im Wohlwollen und in der Güte gegenüber den Mitmenschen mit ihren Nöten und grundlegenden Bedürfnissen.

---

37 Vgl. *H. Schmidt*, Allgemeine Erklärung der Menschenpflichten – Ein Vorschlag, Piper, München 1998.

38 Vgl. *U. Körtner*, Evangelische Sozialethik: Grundlagen und Themenfelder (UTB 2107), Göttingen [2]2008, S. 128ff.

Literatur

Bayer, O., Theologie, Gütersloh 1994.

Bedford Strohm, H., Öffentliche Theologie in der Zivilgesellschaft, in: I. Gabriel (Hg.), Politik und Theologie in Europa. Perspektiven ökumenischer Sozialethik, Ostfildern 2008, S. 340–366.

Bonhoeffer, D., Widerstand und Ergebung. Briefe und Aufzeichnungen aus der Haft, hg. v. Chr. Gremmels, E. Bethge und R. Bethge, in Zusammenarbeit mit I. Tödt (DBW 8). Gütersloh 1998.

Bultmann, R., Neues Testament und Mythologie. Das Problem der Entmythologisierung in der neutestamentlichen Verkündigung (BEvTh 96), hg. v. E. Jüngel, München 1988.

Calvin, J., , Institutio I,1,1.

Dworkin, R., Die falsche Angst, Gott zu spielen, in: DIE ZEIT Nr. 38, 16.9.1999, S. 15 u. 17.

Ebeling, G., Dogmatik des christlichen Glaubens, Bd. I, Tübingen [2]1982.

Figal, G., Gegenständlichkeit. Das Hermeneutische und die Philosophie, Tübingen 2006.

Frankfurter Allgemeine Zeitung vom 26.9.2000.

Gottweis, H./B. Prainsack, Religion, Bio-Medizin und Politik, in: M. Minkenberg/U. Willems (ed.), Politik und Religion. Politische Vierteljahresschrift, Sonderheft 33, 2002, S. 412–432.

Gesang, B., Perfektionierung des Menschen, Berlin/New York 2007.

Habermas, J., Die Zukunft der menschlichen Natur. Auf dem Weg zu einer liberalen Eugenik?, Frankfurt a.M. 2001.

Habermas, J., Nachmetaphysisches Denken. Philosophische Aufsätze, Frankfurt a.M. 1998.

Habermas, J., Zwischen Naturalismus und Religion. Philosophische Aufsätze (stw 1918), Frankfurt a.M. 2009.

Heimbach-Steins, M./G. Steins, Ornament, Fundament, Argument oder was sonst? Zur Rolle der Bibel als Kanon in theologischer Ethik und in gemeinsamen katholisch-evangelischen Texten, in: Zeitschrift für Evangelische Ethik 45, 2001, S. 95–108.

Honecker, M., Christus medicus, KuD 31, 1985, S. 307–323.

Huber, W./H.E. Tödt, Menschenrechte: Perspektive einer menschlichen Welt, Radius, Stuttgart 1977.

Hübner, J., Christus medicus. Ein Symbol des Erlösungsgeschehens und ein Modell ärztlichen Handelns, KuD 31, 1985, S. 324–335.

Jonas, H., Das Prinzip Verantwortung. Versuch einer Ethik für die technologische Zivilisation, Frankfurt a.M. (1979) 1984.

Kant, I., Grundlegung zur Metaphysik der Sitten, in: ders., Werke in sechs Bänden, hg. v. W. Weischedel, Bd. IV, Darmstadt [3]1983, S. 7–102.

Körtner, U., Evangelische Sozialethik: Grundlagen und Themenfelder (UTB 2107), Göttingen [2]2008.

Körtner, U., Freiheit und Verantwortung. Studien zur Grundlegung theologischer Ethik, Freiburg i.Ue./Freiburg i.Br.[2]2010.

Körtner, U., „Lasset uns Menschen machen“. Christliche Anthropologie im biotechnologischen Zeitalter, München 2005.

Körtner, U., Unverfügbarkeit des Lebens? Grundfragen der Bioethik und der medizinischen Ethik, Neukirchen-Vluyn 2001..

Krüger, O., Virtualität und Unsterblichkeit. Die Visionen der Posthumanisten, Freiburg i.B. 2004.

Kuhlmann, A., Politik des Lebens – Politik des Sterbens. Biomedizin in der liberalen Demokratie, Berlin 2001.

Lindemann, A., Schwangerschaftsabbruch als ethisches Problem im antiken Judentum und im frühen Christentum, in: Wort und Dienst 26, 2001, S. 127–148.

Luther, M., WA 40/II.

Marquard, O., Abschied vom Prinzipiellen. Philosophische Studien, Stuttgart 1980.

Riha, O., Aktuelle Probleme der Medizin- und Bioethik, in: Theologische Literaturzeitung 127, 2002, Sp. 715–728.

Schmidt, H., Allgemeine Erklärung der Menschenpflichten – Ein Vorschlag, Piper, München 1998.

Schneider, Th./G. Wenz (Hg.), Gerecht und Sünder zugleich? Ökumenische Klärungen (Dialog der Kirchen 11), Freiburg i.Br./Göttingen 2001.

Sloterdijk, P., Regeln für den Menschenpark. Ein Antwortschreiben zum Brief über den Humanismus, in: DIE ZEIT Nr. 38, 16.9.1999, S. 15 u. 18–21.

Utzschneider, H., Der Beginn des Lebens. Die gegenwärtige Diskussion um die Bioethik und das Alte Testament, in: Zeitschrift für Evangelische Ethik 46, 2002, S. 135–143.

Wetz, F. J., Die Würde der Menschen ist antastbar. Eine Provokation, Stuttgart 1998.

Die Menschenrechte und das Menschenrecht der „Askese“. Bibelwissenschaftliche Überlegungen zu einer anthropotechnischen Maxime

Alois Stimpfle

Sämtliche Menschenrechte sind garantiert,
ausgenommen das Recht auf Ausreise aus der Faktizität.
Peter Sloterdijk

Wettkämpfer aber verzichten auf alles.
Paulus

Im Zusammenhang mit den Menschenrechten auf „Askese“ zu verweisen, mag höchst eigenartig klingen. Diesbezüglich gar einen fundamentalrechtlichen Universalanspruch erheben zu wollen muss vielleicht sogar als frivol gelten angesichts weltweit gängiger Einschränkungen oder Missachtungen existentieller menschlicher Freiheitswerte. Die befremdliche Zuordnung von Menschenrecht und Askese verdankt sich einem Diktum Peter Sloterdijks, diesen Überlegungen als Motto vorangestellt.[1] Das Interesse an der provozierenden These vom „(Menschen)Recht auf Ausreise aus der Faktizität“ beruht auf dem darin implizierten Erinnerungspotential, das über eine sowohl hermeneutische wie auch kulturwissenschaftliche Auseinandersetzung hinaus zu einer konstitutiven bibeltheologischen Beobachtung animiert. In formaler Hinsicht kann Sloterdijks „anthropotechnisch“[2] gemeintes Votum bewusst machen, dass die Normativität der Menschenrechte nicht sakrosankter, sondern kontingenter Natur ist und die Liste der Menschenrechte somit grundsätzlich erweiterungsfähig bzw. ergänzungsbedürftig. In inhaltlicher Hinsicht vermag Sloterdijks Maxime den Blick zu öffnen für ein anthropologisches Essential der biblischen Theologie und Frömmigkeitspraxis. Dessen besondere Bedeutung im Rahmen der Frage nach Religion im (inter)kulturellen Kontext liegt in der Fokussierung auf die integrative Potenz und Pragmatik von Religion. Eine entsprechende Kompetenz des „Übens“ als elementares Lebensgut des Menschen einzufordern, wird nicht nur nachvollziehbar, sondern erweist sich als dringlich geboten.

1 Sloterdijk, P., Du musst dein Leben ändern. Über Anthropotechnik, Frankfurt a.M. 2009, 692. Zitationsverweise innerhalb des weiteren Textverlaufs beziehen sich auf diese Quelle.

2 Zu Begriff und Auffassung von „Anthropotechnik“ vgl. Sloterdijk, Leben (Anm. 1), 23.699–714.

1 Die Menschenrechte als geschichtliches Phänomen

Wie schon des Öfteren führt auch im Jahre 2010 die Verleihung des Friedensnobelpreises regelrecht plakativ vor Augen, mit welcher Problematik das Phänomen Menschenrechte verbunden ist. Deutlich wird nicht nur, wie es um die Realexistenz der Menschenrechte im globalen Horizont der Weltpolitik steht. Deutlich wird vor allem auch, was es mit der ideengeschichtlichen Sache der Menschenrechte auf sich hat: ihren hermeneutischen Axiomen, ihren ethischen Implikationen, ihren situativen Kontigenzen, ihren gesellschaftlichen Setzungen.

1.1 Individuum und Gesellschaft

Wo die einen beim chinesischen Preisträger Liu Xiaobo außergewöhnlichen und bewundernswerten Einsatz für fundamentale menschliche Rechte erkennen, nehmen die anderen gesellschaftsgefährdende Agitation wahr und diagnostizieren kriminelle Energie, die die Staatsgewalt unterminiere. Was in den Augen einer neuzeitlich-demokratischen Auffassung auszeichnungswürdig erscheint, muss im Rahmen eines hierarchisch-zentralistischen Kollektivismus sanktioniert werden. Es dokumentiert sich eine banale Verschränkung, die auf eine ärgerlich-gesetzmäßige Geschichte zurückblickt: Humanistische Ideen und humanitäre Postulate können als lebensdienliche Ideale durchaus universal anerkannt sein, ohne dass sie deshalb gleichzeitig und überall innerstaatlich als identische Grundrechte konkretisiert werden müssten.[3] Des Pudels Kern liegt in diesem Fall in der individualrechtlichen Orientierung, die für den Menschenrechtsgedanken konstitutiv ist bis in seinen Anfang hinein: Geboren aus dem Blick auf das Individuum zielen seine Rechtsansprüche seit den ersten Deklarationen des 18. Jahrhunderts auf den Schutz der Freiheiten und Lebensgüter des Einzelnen. Es ist der Konflikt zwischen dem Autonomiestreben des Individuums und dem normativen Herrschaftsanspruch einer autochtonen Machtinstanz, dem Vorstellung und Überzeugung, Klassifizierung und Festschreibung von allgemeinen, unantastbaren Menschenrechten entspringen. Die sozusagen genetisch angelegte Spannung bleibt natürlicherweise nicht auf die Geburtsstunde der Menschenrechte beschränkt. Schließlich liegt von der Natur der Sache her die liberale Selbstbestimmung des Individuums nicht immer auf einer Linie mit dem Inte-

---

[3] Vgl. Kammasch, T. / Schwarz, St., Art. Menschenrechte, in: NP 15/1 (2001) Sp. 383–391, hier 383: „Wenn auch mit den M(enschenrechten) ein das positive Recht transzendierender, philos(ophisch)-naturrechtlicher Begründungsanspruch geltend gemacht wird, gelangen sie doch erst als institutionell bzw. verfassungsmäßig verbürgte und einklagbare Grundrechte zu ihrer vollen Verwirklichung.“ Zur konfliktträchtigen „rechtliche(n) Gewährleistung von Menschenrechten“ vgl. Saladin, P., Die Rechtsgeltung von Menschenrechten als Beispiel für die Rechtserheblichkeit ethischer Kriterien, in: HCE III (1982) 197–220 (hier 197–203); Tödt, H.E., Menschenrechte – Grundrechte, in: Böckle, F. u.a. (Hg.), Christlicher Glaube in moderner Gesellschaft, Teilband 27, Freiburg u.a. 1982, 5–57 (hier 10f.).

resse der Allgemeinheit, ganz zu schweigen vom Interesse eines mehr oder weniger transzendental legitimierten Kollektivs und seinem normierenden Selbstverständnis – eine Realität, die bekanntlich nicht nur für rest- oder postkommunistische Oligarchien gilt.[4]

Dass die christlichen Kirchen viel Zeit benötigten, um sich mit der Menschenrechtsidee anzufreunden, hängt nicht allein mit hypertrophem Hierarchieverständnis und machtbesessener Ignoranz zusammen.[5] Als grundlegendes Hemmnis kann auch in diesem Fall eine divergierende Beurteilung des Verhältnisses von Individuum und Gesellschaft angenommen werden.[6] Von daher sieht Peter Saladin die Problemstellung „allgemeiner und darum beunruhigender: Ist nicht die entschiedene Ausrichtung sehr vieler (vor allem freiheitsorientierter) Menschenrechte auf das Individuum Folge eines *Subjektivismus* und *Individualismus*, wie er das (von einem stoisch-christlichen Menschenbild getragene) europäische Denken jedenfalls seit der Renaissance, noch deutlicher seit der Reformation und dann wiederum in Idealismus und Liberalismus prägt? Wenn dies aber zutrifft – und es trifft wohl in höherem Maße zu, als es sich Theorie und Praxis der Menschenrechte bewusstmachen –, ist es dann nicht eine verkürzte oder gar verfälschte christliche Botschaft, welche in den vergangenen Jahrhunderten die Forderung nach Menschenrechten wenigstens mittelbar fundierte? Und wenn das richtig ist: Wie konnte es zu solcher Pervertierung kommen?“[7] Von einem biblischen Welt- und Menschenverständnis her müsste die gängige individualrechtliche Fokussierung der Menschenrechtsvorstellung kommunitär

---

4 Zur Frage von Partikularität und Universalität vgl. Ernst, G./Sellmaier, St. (Hg.), Universelle Menschenrechte und partikulare Moral, Stuttgart 2010. Ceming, K., Religionen und Menschenrechte. Menschenrechte im Spannungsfeld religiöser Überzeugungen und Praktiken, München 2010.

5 Ein knapper Überblick zur gemeinsamen Geschichte findet sich bei Saladin, Rechtsgeltung (Anm. 3), 239f; Tödt, Menschenrechte (Anm. 3), 46–48. Zur Diskussion um den religiösen Ursprung der Menschenrechte vgl. zuletzt Joas, H., „Der Mensch muss uns heilig sein“, in: DIE ZEIT 52 (2010) 49f.

6 Die Rechtsauffassung, wie sie beispielsweise Wetzer und Welte´s Kirchenlexikon von 1897 (Bd. 10, Freiburg, 2. Aufl., Sp. 849) vertritt, zeigt die konstitutive Verknüpfung von individuellen und kommunitären Ansprüchen, wenn es heißt: „Der Zweck des Rechtes ist die Selbständigkeit und Freiheit desjenigen, dem die Rechtsbefugnis zukommt. Das Recht, welches der ausgleichenden Gerechtigkeit entspricht, bewirkt – und darin liegt sein Zweck –, dass jedes Glied der Gesellschaft allen anderen Gliedern gegenüber in dem Seinigen geschützt wird, also in demselben frei und selbständig ist und so frei die ihm auferlegten Pflichten erfüllen kann. Das Recht, welches der legalen Gerechtigkeit entspricht, bezweckt die Sicherung der Gesammtheit in ihrem Bestand und in ihrer Wirksamkeit zur Erreichung ihres Zieles. Das Recht endlich, welches die austheilende Gerechtigkeit berücksichtigt, hat den Zweck, das Individuum der Gesellschaft gegenüber vor Überlastung sicherzustellen und ihm seinen Antheil an den öffentlichen Gütern zu wahren. Alle drei Arten von Rechten mit den ihnen entsprechenden Gesetzen und Pflichten bilden zusammen ein System, ein geordnetes Ganze, dessen Endzweck die Herstellung einer gesellschaftlichen Ordnung ist, wie sie für freie, vernünftige Wesen in ihrem Zusammenleben mit Rücksicht auf ihr Endziel gefordert wird.“ Augenfällig ist, dass die kirchliche Sozial- und Staatslehre individuelle Grundrechte anerkennt und einfordert, lange bevor sie von „Menschenrechten“ spricht.

7 Saladin, Rechtsgeltung (Anm. 3), 205.

erweitert werden: „Verlangt nicht gerade das Evangelium eine rechtliche Verfassung des Menschen, welche die *Rechte* des einzelnen entschiedener als heute verbindet mit *Pflichten* des einzelnen gegenüber seinem Nächsten und gegenüber (kleineren und größeren) Gemeinschaften?“[8]

1.2 Not und Freiheit

Als ausschlaggebender Grund, den Bürgerrechtler Liu Xiaobo für den Friedensnobelpreis 2010 vorzuschlagen, gilt dessen langes und gewaltloses Engagement für die Berücksichtigung fundamentaler Menschenrechte – sind diese laut Nobelkomitee doch Voraussetzung für Frieden im Sinne einer „Verbrüderung zwischen den Nationen“ (Alfred Nobel). Nun findet sich der Einsatz des Preisträgers für eine gerechtere und freiere Gesellschaft situiert in einem staatlichen System, in dem die Kollektividee als Maßstab gesellschaftlichen Wohlergehens gilt. Für das Gemeinwohl verantwortlich fühlt sich eine Einheitspartei, der mit allen zur Verfügung stehenden Mitteln daran gelegen ist, dieses Gemeinschaftsziel zu gewährleisten auf der Basis eines organisatorischen Handlungsrahmens und mit Hilfe eines funktionierenden Regelsystems. Werte wie Rede-, Presse-, Versammlungs-, Meinungs- und Religionsfreiheit gelten dabei als ebenso kontraproduktiv wie die Vorstellung von freien Wahlen und staatlicher Gewaltenteilung. Überzeugung steht gegen Überzeugung – was notwendigerweise zu Freiheitsentzug führt, wenn eine unfehlbare, sakrosankte Machtinstanz über das Wahrheitsmonopol verfügt. Logischerweise haben sich die Andersdenkenden Konsequenzen wie Unfreiheit und Rechtlosigkeit selbst zuzuschreiben; ihre Klagen über Unrecht sind Nomenklatur, die entsprechenden Nöte selbstverschuldet bzw. umerziehungsbedingt.

Die Symptomatik und Gesetzmäßigkeit dieses Zusammenhangs lässt sich aus der Geschichte der Menschenrechte dokumentieren. Letztlich antwortet die Charta der Menschenrechte mit ihren Rechtsansprüchen auf „kollektive Erfahrungen hist(orischen) Unrechts“[9]. Erfahrungshintergrund ist die herrschende Ideologie institutionalisierter Macht, die sich als potentiell strukturelle Rechtlosigkeit objektiviert. Die Faktizität und Konstanz evozierter rücksichtsloser Ungerechtigkeit lassen basale Rechte Machtloser einfordern und erkämpfen. Menschenrechte sind so gesehen jeweils das Produkt eines Machtkontextes, dessen Unverhältnismäßigkeit die nekrophile Tendenz besitzt, Eigenheit auszublenden und Selbstbestimmung zu übergehen, was zur Not hilflos-ohnmächtiger Wert- und Würdelosigkeit führt. Indem der jeweilige Machtkontext abhängig ist von geschichtlich bedingten Perspektiven, kann ein Perspektivenwechsel zeitigt neue Nöte sichtbar werden lassen, weil er neue Fragen zeitigt. Gleichzeitig verlangt er dann auch andere Antworten, weil sich komplementäre Rechtsansprüche generieren.

---

8 Ebd.

9 Hilpert, K., Art. Menschenrechte in: LThK 7 (2006) Sp. 120–127, hier 120.

So ließ in den letzten Jahrzehnten die christliche Position angesichts struktureller Defizitsituationen und innerhalb des komplementären Zusammenhangs von Menschennot und Menschenrecht die biblisch-prophetische Option für „die Armen“ in den Diskurs einfließen.[10] Dies nicht im Sinne eines apologetisch besserwisserischen „Und-die-Bibel-hat-doch-Recht“, vielmehr als Verstehensimplikat, das die humanistische Setzung über ein bloße „Gutmenschen“-Idee hinausführen möchte: „Ein Umgang mit Menschen- und Grundrechten, der sich an biblischen Kriterien orientiert, will diese nicht verchristlichen, auch nicht pauschal legitimieren. Er sucht unter den widerstreitenden säkularen Menschenrechtstendenzen die zu fördern, die christlichen Kriterien am ehesten entsprechen, und den Sinn von humanistischen Postulaten zu entschlüsseln, die sich kontrafaktisch behaupten müssen.“[11]

---

10 Die relevanten Texte der katholischen Soziallehre finden sich bei Hilpert, Menschenrechte (Anm. 8), 123, zusammengestellt. Zur biblischen Grundlage der Menschenrechtsidee vgl. – neben der spezifischen Forschungsliteratur zur sozialgeschichtlichen Kritik der Propheten (u.v.a. Kilian, R., Ich bringe Leben in euch, Stuttgart 1975, bes. 34–46) – aus der reichhaltigen Literatur: Lüpke, J.v., Ebenbild im Widerspruch. Menschwürde und Menschenrechte im Spiegel der Erzählung vom Brudermord (Gen 4,1–16), in: Oorschot, J.v./Iff, M. (Hg.), Der Mensch als Thema theologischer Anthropologie, Neukirchen-Vluyn 2010, 114–145; Otto, E. (Hg.), Menschenrechte im Alten Orient und im Alten Testament, in: Altorientalische und biblische Rechtsgeschichte. Gesammelte Studien, Wiesbaden 2008, 120–153; Davies, O., Monotheismus und Pluralismus. Menschenrechte und das Schweigen Gottes, in: Swarat, U. (Hg.), Der Monotheismus als theologisches und politisches Problem, Leipzig 2006, 103–177; Vuidaskis, V., Elemente einer Theorie und Praxis der Menschenrechte in der altjüdischen Kultur. Eine soziologische Studie, Würzburg 1999; Vetter, D., Die Gleichheit aller Menschen nach Israels Bibel. Zur Erklärung der Menschenrechte vor zweihundert Jahren, in: ders., Das Judentum und seine Bibel. Gesammelte Aufsätze, Würzburg 1996, 282–288; Schwendemann, W., Recht - Grundrecht - Menschenwürde. Eine Untersuchung von Ex 21,2–11 im Rahmen theologischer Anthropologie, in: BN 77 (1995) 34–40; Liwak, R., Menschenwürde und Menschenrechte. Anmerkungen zu alttestamentlichen Perspektiven, in: Altes Testament. Forschung und Wirkung (FS Henning Graf Reventlow), Frankfurt 1994, 139–158; Magonet, J., Menschenrechte in der hebräischen Bibel, in: KuI 8 (1993) 107–118; Crüsemann, F., Menschenrechte und Tora und das Problem ihrer christlichen Rezeption, in: KuI 8 (1993) 119–132; Blank, J., Gottes Recht will des Menschen Leben. Zum Problem der Menschenrechte in der Bibel, in: ders., Studien zur biblischen Theologie, Stuttgart 1992, 11–36; Borowitz, E., Die schriftliche und mündliche Überlieferung der Tora und die Menschenrechte. Grundlagen und Defizite, in: Conc 26 (1990) 105–111; Furger, F., Der Dekalog - eine Urcharta der Menschenrechte?, in: Der Weg zum Menschen. Zur philosoph. u. theol. Anthropologie (FS A. Deissler), Freiburg 1989, 294–309; Patrick, D., Studying Biblical Law as a Humanities, in: Semeia 45 (1989) 27–47; Braulik, G., Das Deuteronomium und die Menschenrechte, in: ThQ 166 (1986) 8–24; Westermann, C., Das Alte Testament und die Menschenrechte, in: ders., Erträge der Forschung am Alten Testament. Gesammelte Studien III, München 1984, 138–151; Balthasar, H.U., Die „Seligkeiten“ und die Menschenrechte, in: IKaZ 10 (1981) 526–537; Lang, B., Grundrechte des Menschen im Dekalog, in: ders., Wie wird man Prophet in Israel? Aufsätze zum Alten Testament, Düsseldorf 1980, 80–89.

11 Tödt, Menschenrechte (Anm. 3), 55.

1.3 Wert und Würde

Wie zentral die Kategorie „menschliche Not“ und die Wahrnehmung ihrer Derivate in Gestalt fragmentierter Lebenssituationen und prekärer Daseinsbewältigung sind, zeigt sich im Konzert der Diskussion um den Friedensnobelpreis 2010 paradigmatisch insofern, als in den Fokus besonderer Aufmerksamkeit plötzlich die universitäre Sinologie rückt.[12] Ihre Vertreter nämlich bringen, um die Vorgehensweise der chinesischen Staatsmacht erklärbar zu machen, die Kategorie „Kultur“ als hermeneutischen Schlüssel ins Spiel – mit dem Ergebnis: Auf der Basis von „Kultur“ als Verstehensparadigma lasse sich nahezu zwingend eine weltregional je eigene ideologische und anthropologische Imprägnierung eruieren.[13] Das monadenhaft je Eigene erweise sich für den jeweiligen Außenstehenden als das fremdartig je Andere. Jeweilige Gültigkeiten und Geltungen seien relativ, was höchst fragwürdige westliche Menschenrechtsstandards bestätigten.[14] Die Kritik an einer derartigen „kulturalistischen“ Perspektive gibt zu bedenken, dass sich jegliche Art von Autoritarismus und Despotismus einer solchen objektivistischen Deskription und ihrer relativistischen Tendenz bedienen könne.

Gerade wegen dieser Ambivalenz und ihren rechtspolitischen Konsequenzen kann das Erklärungsmuster „Kulturalität“ bewusst machen, auf welch schwachen Argumentationsbeinen der in Menschenrechtsfragen gängige Appell an die „Menschlichkeit“ steht. Wenn es um deren konkrete Umsetzung geht, wird deutlich, wie schnell sich „Menschlichkeit“ als Setzung verflüchtigt zur bloßen Idee, die weltanschaulichen Überzeugungen und gesellschaftspolitischen Notwendigkeiten unterworfen wird. Die menschliche Not bleibt im Fokus des staatlichen Handlungsinteresses nur, wenn der Menschenrechtsgedanke verortet wird in „einer einzigen Grundidee: der Anerkennung und des rechtlichen Schutzes

---

12 Vgl. nur die mediale Präsenz in der SZ vom 10.12.10, S. 15; 17.12.10, S. 12.17.

13 Heiner Roetz (Geschichte und Philosophie Chinas; Ruhr-Universität Bochum) spricht von „kulturalistische(n) Argumentationsfiguren“, die sich u.a. auf linguistische Überlegungen berufen: „Dann wird das Chinesische zum welthistorischen Opponenten der indoeuropäischen Sprachen, indem die syntaktischen Strukturen hier ein entpersonalisiertes, kollektivistisches und dort ein subjektbezogenes, individualistisches Weltbild prägen.“ Roetz verweist auf das entsprechende geistes- und sozialwissenschaftliche Reframing: „Auch die Moderne, die ihrem klassischen Selbstverständnis nach die Verwirklichung eines universal gültigen Prinzips der `freien Subjektivität´ mit seinem institutionellen Pendant, der freien, von ihren Bürgern konstituierten Republik sein wollte, wird wieder in den `objektiven Geist´ der Kulturen oder der großen `Zivilisationen´ zurückgeholt. Als `multiple´ Moderne soll sie nun neben der nur noch `westlichen´ auch in andern Formen, darunter einer chinesischen, präsent sein, die sich durch ihre indigenen `prämordialen´ Wertungsaxiome signifikant voneinander unterscheiden.“ (SZ, 17.12.10, S. 12).

14 So fragt Adolf Dietz (Geistiges Eigentum, Wettbewerbs- und Steuerrecht; Max-Planck-Institut) an: „Was sollen die Chinesen denn eigentlich wollen: eine von unverantwortlichen Finanzmärkten kontrollierte Demokratie? Eine von privaten Medienmoguln gesteuerte politische Debatte? Eine Menschenrechtsordnung, die nach dem Motto `was Menschenrecht ist, bestimmen wir´ völkerrechtlich verbürgte soziale Grundrechte keineswegs immer als Menschenrechte anzuerkennen bereit ist?“ (SZ, 17.12.10, S.17).

menschlicher Würde, d.h. der jedem Menschen zugehörigen unaufhebbaren, sowohl allgemeinen wie auch spezifischen Wertigkeit des Menschlichen, der `Subjektivität´ des Menschen und damit des Verbots einer `Verzweckung´"[15].

Freilich drängt sich die Frage auf, woran Wert und Würde des Menschen innerhalb eines säkularisierten, immanentistischen Menschenbildes letztlich festgemacht werden können.[16] Die christliche Theologie beansprucht hierbei eine aufklärend-„apokalyptische" Rolle insofern, als sie „alle menschliche Wirklichkeit umgriffen, begleitet, getragen und durchdrungen von der Wirklichkeit Gottes"[17] bekennt. Von daher bemisst sich menschliche Not an der Überzeugung von der sozusagen transzendentalen himmlischen Würde des Menschen – dem Wert, der ihm ausnahmslos und unvoreingenommen zukommt in seiner Gott-Ebenbildlichkeit, Gott-Beziehung und Gott-Teilhabe.[18]

1.4 Offenheit und Verantwortung

Angesichts der Kommunikationsdiastase einer universalen Wertigkeit, des Konfliktpotentials einer situationsbezogenen Anwendung und der Reibungsverluste einer konkreten Umsetzung ruft die Reaktion auf den Friedensnobelpreis 2010 eine Dimension der Menschenrechte in Erinnerung, die genau so unbequem wie

15 Saladin, Rechtsgeltung (Anm. 3), 199.

16 Zur säkularen (Selbst)Perspektive der Moderne und ihrer Auswirkung auf Wahrnehmung und Beurteilung von Transzendent-Heiligem vgl. Petit, J.-C., Das Heilige in einer vom Menschen konstruierten Welt, in: Endres, M./Zaborowski, H. (Hg.), Phänomenologie der Religion. Zugänge und Grundfragen, München 2004, 339–351. Zur Menschenwürde als humanistisches Bekenntnis und ihre Begründbarkeit vgl. Tödt, Menschenrechte (Anm. 3), 44: Menschenwürde „war begründungsfähig in einer Zeit, als man dem metaphysischen Rekurs auf eine in sich identische Vernunftnatur des Menschen traute. Würde hatte damals der Mensch, weil er etwas repräsentierte, was höher war als er selbst in seiner empirischen Erscheinungsweise… Wem dieser Rekurs nicht offen steht, dem bleibt nur die Möglichkeit, sich bekenntnishaft so zu verhalten, dass er die Menschenwürde als zu respektierende Wirklichkeit akzeptiert und seinen Lebensentwurf daraufhin einrichtet. Im Denkhorizont eines immanenten Humanismus lässt sich die Menschenwürde also nicht begründen, sondern nur voraussetzen".

17 Tödt, Menschenrechte (Anm. 3), 45; zur Explikation seines Anspruchs vgl. 46–55.

18 Vgl. u.a. Baranzke, H., Menschenwürde und Menschenrechte. Vom Anspruch der Freiheit in Recht, Ethik und Theologie, in: dies., Handeln verantworten. Grundlegungen – Kriterien – Kompetenzen, Freiburg 2010, 47–95; Lüpke, J.v., Ebenbild im Widerspruch. Menschenwürde und Menschenrechte im Spiegel der Erzählung vom Brudermord (Gen 4,1–16), in: Oorschot, J.v./ Iff, M. (Hg.), Der Mensch als Thema theologischer Anthropologie, Neukirchen-Vluyn 2010, 114–145; Bielefeld, H., Die Menschenwürde als Fundament der Menschenrechte, in: Jahrbuch Menschenrechte, Wien 2005, 143–155; Link, Chr., Gottesbild und Menschenrechte, in: Mathys, H.-P. (Hg.), Ebenbild Gottes – Herrscher über die Welt. Studien zu Würde und Auftrag des Menschen, Neukirchen-Vluyn 1998, 147–169; Schürmann, H., Menschenwürde und Menschenrechte im Lichte der „Offenbarung Jesu Christi" (Skizze), in: Studien zur neutestamentlichen Ethik, Stuttgart 1990, 269–286; Blank, J, Gottes Recht will des Menschen Leben. Zum Problem der Menschenrechte im Neuen Testament, in: Conc 15 (1979) 213–218.

basal ist: Alles Recht ist von Menschen gesetzt![19] Nicht dass der Aspekt ihrer Geschichtlichkeit als kontextbedingte Konstruktionen die Menschenrechte relativieren wollte in ihrem universalen Geltungsanspruch, der jedem Menschen zukommt, allein weil er Mensch ist. Die Kontingenz, die mit dieser Setzung verbunden ist, macht in Folge ihrer Situationsbedingtheit vielmehr darauf aufmerksam, dass andere Situationen neue Rechtsbereiche anmahnen. Insofern ist der Kanon der Menschenrechte grundsätzlich offen. Die Liste der Menschenrechte und die Bereiche ihrer Ausgestaltung müssen als unabgeschlossen gelten, erweiterungsbedürftig je nach geforderten Notwendigkeiten.[20] Ganz allgemein generieren sich diese aus Beeinträchtigungen der Grundvollzüge menschlichen Lebens. Entsprechende Bedrohungen wahrzunehmen verlangt Aufmerksamkeit, die zu Engagement aus Verantwortung animiert. Freilich gibt es „Verantwortung als geschichtlich immer neu zu entdeckende … nur in der Offenheit, in der dem Menschen offene Möglichkeiten begegnen und ihn herausfordern. Eben daraufhin ist das Menschenrechtsdenken letztlich angelegt: Es will durch Recht Spielräume offen halten, frei halten, in denen dem Menschen – als unverfügbarer Person – Verantwortung begegnen und er sie wahrnehmen kann"[21]. Dabei muss sich das konstitutiv emanzipatorische Element der Menschenrechtsidee dahingehend entgrenzen, „dass Grundrechte nicht mehr nur als Abwehrrechte des Bürgers gegen den Staat begriffen werden dürfen, dass sie vielmehr auch von *`privaten Mächten´* aller Art zu respektieren und, wenn nötig, gegen sie rechtlich durchzusetzen sind…"[22].

---

19 Nach Joas (Anm. 5), 50, „müssen wir zugeben, dass der Glaube an die Menschenrechte und die universale Menschenwürde ein Glaube ist und nicht eine Tatsachenbehauptung." Joas fährt erläuternd fort: „Damit meine ich nicht, dass wir letzte Werte nur in existenzieller Weise wählen könnten – ohne alle vernünftige Überlegung. Ich meine, dass wir unsere Bindungen an Werte nicht plausibel machen und verteidigen können, ohne Geschichten zu erzählen – Geschichten über Erfahrungen, aus denen unsere Bindungen erwuchsen, oder über die Folge, die ein Verstoß gegen unsere Werte in der Vergangenheit hatte. Wir werden nie verstehen, warum andere Menschen sich an andere Werte gebunden fühlen als wir oder andere Artikulationen ähnlicher Werte als evident empfinden, wenn wir nicht ihren Geschichten zuhören." Zusätzlich sieht Joas einen Kommunikationsprozess nötig, um eine „Wertegeneralisierung" (in Anknüpfung an Talcott Parsons) zu erreichen.

20 Als kleines Beispiel aus der Vielzahl aktueller Akkommodationsansprüchen: Auf der Basis der Behindertenrechtskonvention der Vereinten Nationen müsste laut Theresia Degener (Professorin für Recht und Disability Studies; Ev. Fachhochschule Rheinland-Westfalen-Lippe) „das bislang vorherrschende medizinische Modell von Behinderung in der Rehabilitation von einem *menschenrechtlichen* Modell abgelöst werden" (kursiv A.St.). (Quelle: http://www.konbinet-nachrichten.org; 15.01.2010, 16.25 Uhr)

21 Tödt, Menschenrechte (Anm. 3), 45.

22 Saladin, Rechtsgeltung (Anm. 3), 199. Neben herkömmlichen Bedrohungen sieht Saladin (202) „neue noch kaum erfasst. So wird heute in vielen Ländern mehr gefoltert als wohl je zuvor; dem menschlichen Leben droht plötzliche oder schleichende Vernichtung, dem menschlichen Denken und Fühlen verstärkte Banalisierung, Lähmung und Pervertierung als Folge etwa einer immer entschiedeneren Orientierung der Massenmedien am kommerziellen Erfolg und einer zunehmenden Trägheit von Medienproduzenten und –konsumenten. Neue Technologien schaffen neue Gefahren für Leben und Gesundheit wie auch für das existentiale Bedürfnis nach Ruhe, Geborgenheit, Privatheit".

Eine christliche Position kann die Aufmerksamkeit für Menschenrechte als Versuch, „zeitgenössische Krisenerfahrungen zu überwinden“[23], fördern und prononcieren, sowohl von ihrem konfessorischen Background wie von ihrer kirchlichen Wirkungsgeschichte her. Sie betont auf der Basis einer kosmisch-universalen Schöpfungs- und Neuschöpfungsüberzeugung die relationale Seite, wie sie für menschliches Dasein konstitutiv ist – und sie ruft gleichzeitig zwei damit zusammenhängende Gefahren in Erinnerung: Zum einen die kontraproduktive Abhängigkeit von „Mächten und Gewalten“[24], zum anderen den verantwortungslosen Verzicht auf Eigeninitiative zugunsten einer subsidiaritätsblinden Institution.[25]

2 Das Menschenrecht der Askese im anthropotechnischen Programm P. Sloterdijks

Die Geschichtlichkeit der Menschenrechte und das ihr entsprechende semantische und pragmatische Koordinatenfeld bilden die Matrix, in deren Deutungshorizont auch Sloterdijks Votum für Askese als Menschenrecht verortet werden muss. Das auf den ersten Blick befremdliche Anliegen zeigt sich dann in einer komplexen und doch konzisen Programmatik.[26] Ihr konkreter Aufhänger ist der drohende Klimakollaps, in seinem diffusen und doch offensichtlichen Schrecken paradigmatisch für existentielles Bedrohtsein als menschliches Konstitutiv. Die schleichende ökologische Apokalypse identifiziert Sloterdijk dabei als Symptom einer tiefer gehenden lebensweltlichen Problematik. Danach wurzelt die aktuelle Endzeitkulisse im Wesentlichen in der „Wiederverweltlichung des asketisch zurückgezogenen … Subjekts“ (692), heute von den „Vereinigten Staaten der Gewöhnlichkeit“ mit Erfolg propagiert und protegiert. Gegenüber dieser ideologischen Normativität einer sich aufgeklärt verstehenden Moderne fordert Sloter-

---

23 Höffe, O., Die Menschenrechte in der Kirche, in: HCE III (1982) 236–255, hier 237.

24 Vgl. neben dem „Urmythos“ Ex 23,1–25 v.a. 1 Kor 8,5f; Eph 1,21u.ö.; Kol 1,16 u.ö.; 1 Tim 2,5.

25 Vgl. Horner, F., Ethische Kriterien für die Entwicklung sozialer Grundrechte, in: HCE III (1982) 221–236, bes. 226–228.

26 Um nicht missverstanden zu werden, stellt Sloterdijk (30f) in seiner Einleitung klar, dass das Thema ob seiner existentiellen Gewichtigkeit nicht bloß theorie-philosophischer Natur ist, sondern die „eigene Verfasstheit“ involviert und deshalb auf engagierter „Parteilichkeit“ weil individueller Betroffenheit beruht: „Die folgenden Untersuchungen … bezeugen die Erfahrung, dass es Gegenstände gibt, die ihrem Kommentator keine vollkommene *epoché*, keinen Rückzug in die Interesselosigkeit, gestatten, auch wenn die Zeichen auf Theorie stehen – somit auf Abstinenz von Vorurteilen, Kapricen und eifernden Obsessionen. Mit einem solchen Gegenstand, der seinen Analytiker nicht in Ruhe lässt, haben wir es hier zu tun. Es wäre dem Thema nicht gemäß, wollte sich der Autor ganz hinter dem Zaun der Absichtslosigkeit verbergen. Die Materie selbst verwickelt ihre Adepten in eine unentrinnbare Selbstbezüglichkeit, indem sie ihnen den übenden – den `asketischen´, formfordernden und habitusbildenden – Charakter ihres eigenen Vorhaltens vor Augen stellt.“

dijk das Menschenrecht auf „Ausreise aus der Faktizität“ ein – ein anthropotechnisches Existential, das sich als „Askese“ im Sinne der etymologischen Ursprungsbedeutung von „Üben“ realisiert. Im titularischen Appell „Du musst dein Leben ändern“ ist das „athletische“ Anliegen konkretisiert und auf den Punkt gebracht. Letztlich erweisen sich die anthropotechnischen Überlegungen und das „Ausstieg“-Szenario Sloterdijks motiviert durch eine latente Not des Menschen, die ob der holistischen Bedrohung des Lebens nach forensischem Beistand ruft und im Rahmen der besonderen Würde und der spezifischen Verantwortung des Individuums eine verbürgte Zusage anmahnt.

2.1 Die Autorität der globalen Krise und ihr absoluter Imperativ

Akuter Ausgangspunkt von Sloterdijks innovativem Menschenrechtsanspruch ist die rasante Eintrübung der gesellschaftspolitischen Atmosphäre durch das Dilemma der „Großen Katastrophe“ (702), wie sie sich in den globalen ökologischen Verwerfungen aufdrängt und menetekelhaft augenfällig macht. Angesichts des nachhaltigen Desasters sieht sich die Menschheit mit ihrem drohenden Ende konfrontiert – eine Not, die als ungefragte Autorität zur Rede stellt und eine Entscheidung verlangt. Auf diese Weise erscheint die globale Krise regelrecht als „Göttin des Jahrhunderts“, in der uns analog zur klassischen Definition des Heiligen das Ungeheure wie das Erhabene zugleich begegnet: „Sie bleibt verhüllt, gibt sich aber in Zeichen schon zu erkennen; sie ist unterwegs, jedoch in ihren Vorboten bereits authentisch da; sie offenbart sich individuellen Intelligenzen in grellen Visionen und übersteigt zugleich die humane Fassungskraft; sie beruft Einzelne in ihren Dienst und macht sie zu Propheten; in ihrem Namen wenden sich ihre Delegierten an die Mitwelt, werden aber von den meisten wie Belästiger abgewehrt.“ Was ihre und deren Botschaft uns wahrnehmen lässt, formiert sich zur Einsicht, dass es so nicht weitergehen kann. Die implizierte Unausweichlichkeit vernehmen wir als ultimativen Aufruf zur Veränderung. Wir sehen uns einem „absoluten Imperativ“ (708) ausgesetzt, der im Namen des Lebens eine Pflicht einfordert, durch die Leben als Daseinsmöglichkeit konstituiert wird und somit zu seinem Recht kommt – worin wiederum menschliches Recht als allgemeines wurzelt. Die autoritativ erinnerte Pflicht des Einzelnen gilt freilich auch den kommunitären Strukturen und gesellschaftlichen Organisationsgebilden. Ihre Modalitäten der kulturellen, sozialen und politischen Lebensgestaltung bilden schließlich nicht nur den Rahmen dafür, das verpflichtende „Sein-Leben-Ändern“ wahrzunehmen, sondern auch den Boden für Inanspruchnahme und Pflege des komplementären Rechts des „Übens“.

In diesem Sinne präsentiert sich die akute Krise in ihrer erd- und menschheitsumspannenden Globalität und nachhaltigen Totalität als Paradigma wie als Symptom: Paradigmatisch steht sie für die menschliche Existenz als bedrohte, symptomatisch für die symbolische, mentale und spirituelle Intelligenz des Menschen als fehlgeleitete. Beiden Defizienzphänomenen ist freilich gleichzeitig mit ihren letalen Tendenzen eine biophile Potenz inhärent, die auf Genesung zielt, heilender Gesundung und potenter Vitalität dient.

2.2 Die Not des Individuums in der horizontalistisch-normierenden Gesellschaft

Die ruinöse Erosion des kosmischen *oikos* lässt das Ende der Erde als Haus des Lebens prognostizieren. Umweltkatastrophen zerstören Lebensbedingungen und führen einem reflektierten Dasein die Zerbrechlichkeit, mehr noch, die irreversible Zerstörung des Lebendigen vor Augen. Die ökologische Krise erweist sich als XXL-Paradigma für die Gefährdung des Lebens. Diese Paradigmatik bedrohter menschlicher Existenz sieht Sloterdijk in stringentem Zusammenhang mit ihrer Symptomatik für anthropologische Not.

Die Evidenz dieser Komplementarität hängt zusammen mit einem Verständnis vom Menschen, das zunächst auf einem evolutionär-immunologischen Vitalismuskonzept basiert: Leben erfährt sich grundsätzlich Daseinsrisiken ausgesetzt. Jegliche Art von Existenz schützt sich deshalb natürlicherweise gegen Lebensbeeinträchtigungen, seien diese vage befürchtet oder als akute Bedrohung erlebt. So erweist sich eine explizite Immunologiestruktur als charakteristisch für alle Formen des Lebendigen. Um Situationen von Lebensnot zu vermeiden bzw. um sich aus entsprechender Not zu befreien, immunisieren sich Lebewesen in einem unablässigen Prozess von Abgrenzung und Assimilation, Akkommodation und Überbietung. Für menschliches Leben gilt diese Immunisierungsstrategie über ein rein biologistisches Verständnis hinaus, geht es doch für den Menschen insbesondere und wesensmäßig um die Bewältigung psychischer und sozialer Endlichkeiten, ethischer und spiritueller Defizienzgewissheiten.[27] Von daher gehört nach Sloterdijk zum Menschsein wesentlich das „übende" Engagement, eine Potenz, die den Menschen im Blick auf Lebensvalenz ständig motiviert und animiert, „über sich hinaus" zu gelangen. Diese „Athletik" als Stärkung der Immunkräfte gegen vereinnahmende Einflüsse und depravierende Mächte gilt für den Menschen konstitutiv bis dahin, dass er mit und aus der Übung des „Sich-Übersteigens" erst entsteht. Im Rahmen dieser genuinen „Vertikalität" gehört zum Spezifikum menschlichen Daseins deshalb die Dimension der „Vertikalspannung", als Pflicht des Menschen wie auch als sein Recht. Diese empirisch-evolutive „Transzendentalität"[28] findet Sloterdijk in einer brei-

---

27 Für den „homo immunologicus" nimmt Sloterdijk drei „Immunitätsebenen" an. Von der dritten Ebene geben „Anthropotechniken" Auskunft, „die symbolischen, mentalen und physischen Verfahren, mit denen die Menschen verschiedenster Kulturen in geschichtlicher Zeit versucht haben, ihren kosmischen und sozialen Immunstatus angesichts von konfusen Lebensrisiken und akuten Todesgewißheiten zu verbessern" (Anthropologische Aufklärung, in: Lessing-Akademie (Hg.), Lessing-Preis für Kritiker 2008, Wolfenbüttel 2008, 34–52, hier 46f.).

28 Die Zuschreibung „transzendental" darf hier nicht im gängigen epistemologischen oder gar theologischen Sinn aufgefasst werden. Sloterdijk (20f) hat eine anthropologische Ka-

ten geistesgeschichtlichen Tradition bezeugt – das naturale Motiv anthropologisch-ganzheitlich geweitet. Als Gewährsmänner fungieren vor allem Friedrich Nietzsche und dessen „Artistenmetaphysik“ (191) sowie Martin Heidegger und dessen „Außer-sich-Sein“-Anthropologie (696).

Nietzsche hat als „Schliemann der Askesen“ (29) die Erde als den „Planet der Übenden“ (61) entdeckt, den „Planet derer, die begonnen haben, ihrer Existenz unter vertikalen Spannungen in zahllosen mehr oder weniger streng codierten Anstrengungsprogrammen Formen und Inhalte zu geben“. Freilich ist der menschliche „Wille zur Macht“ – eine Formel „für die inhärente Differentialenergetik des an sich arbeitenden Daseins“ (106) – durch „die Ressentimentprogramme von Kranken und die Entschädigungskünste von Beleidigten“ (62) pervertiert worden. Es gilt, das „Kommando lebensverneinender Askesen“ (64) abzustreifen, um nach dem Tod Gottes „entspiritualisierte Askesen wieder möglich, wünschenswert und vital“ (66) werden zu lassen. Über die Not der Befreiung aus den Fängen der „priesterlichen, `bionegativen´, spiritualistischen Askesen“ (64) hinaus – eine Fokussierung, die der ekklesiogen-antiklerikalen Haltung Nietzsches zuzuschreiben sei – muss die besondere Aufmerksamkeit der Sorge gelten, wie der Zug nach oben, die Vertikalspannung, nach dem Tod Gottes aufrecht erhalten werden kann. Die Antwort liefert Zarathustra mit seinem Appell, den „Übermenschen“ als „ein aus sich rollendes Rad“ zu gebären: „Diese Regel enthält nicht weniger als Nietzsches Theologie nach dem Tode Gottes: Es wird auch weiterhin Gott und Götter geben, allerdings nur noch menschheitsimmanente und allein in dem Maß, wie es Schaffende gibt, die am Erreichten anknüpfen, um höher, schneller und weiter zu gehen.“ (192) Nun sieht Sloterdijk mit dieser lebensweltlich fokussierten Maxime die Möglichkeit eines pervertierten „Über-sich-hinaus“ freilich eher potenziert als aufgehoben. Schließlich ist das Vertikalbedürfnis des Menschen, gerade wegen seiner Potenz und Dynamik, höchst verführbar und spielend zu missbrauchen.

Ausdruck solcher Fehllenkungen des „von oben geforderten Lebens“ sind für Sloterdijk zum einen „die kuranten Entspannungsideologien“, wie sie als „Trivialmoralen, humane Kumpaneien und Wellnessprogramme“ (106) ihr Unwesen treiben. Weil dadurch die „Kinder der banalisierten Aufklärung“ (2) von ihrem „Recht auf Ausreise aus der Faktizität“ abgehalten werden, „werden die meditativen Enklaven mit der Zeit unsichtbar, die Wohngemeinschaften der Weltfremdheit lösen sich auf. Die heilsamen Wüsten veröden, die Klöster ent-

---

tegorie bzw. Eigenschaft im Blick, die er – in streng immanenter Fragestellung – verankert sieht im Leben und „seine(r) mit autotherapeutischen oder `endoklinischen´ Kompetenzen ausgestattete(r) Integrationsdynamik“. Die damit verbundenen Immunologisierungsmechanismen und deren Tendenz der Lebenssteigerung lässt ihn von „organismische(n) Vorformen eines Sinns für Transzendenz“ sprechen. Somit „lieg(e) hier eine Vorstufe des Verhaltens vor, das man in menschlichen Kontexten als religiöses oder spirituelles zu bezeichnen gewohnt ist“. Berücksichtigt man das Anliegen Sloterdijks, „die anthropotechnischen Binnensprachen in den spirituellen Systemen selbst explizit“ machen zu wollen (32), dann wird deutlich, worin Unterschied und Gemeinsamkeit bestehen zwischen seiner Vorstellung von menschlicher „Transzendentalität“ und einer dezidiert theologischen, wie der Karl Rahners z.B. (vgl. zu Letzterem: Losinger, A., Der anthropologische Ansatz in der Theologie Karl Rahners, St.Ottilien 1991).

leeren sich, Urlauber treten an die Stelle von Mönchen, Ferien ersetzen die Weltflucht. Die Halbwelten der Entspannung geben dem Himmel wie dem Nirvana empirisch Sinn." (692) Konsequenz für eine Gesellschaft derartig liberal-horizontaler „Nachkommen der Himmelsvertriebenen" (11) ist die normierende Normalität von Stumpfheit, Niedergeschlagenheit, Verranntheit und Banalität (vgl. 698): „Gerade für die jüngere Moderne war und blieb es typisch, eine Allianz zwischen Barbarei und Erfolg vor großem Publikum zuzulassen, anfangs mehr unter der Form von trampelhaftem Imperialismus, heute in den Kostümen der invasiven Vulgarität, die durch die Vehikel der Popularkultur in praktisch alle Bereich vordringt." (27)

Die Tendenz zu solcher Verfallsentwicklung ist grundsätzlich natürlich damit gegeben, dass der Mensch im Laufe seiner Ontogenese ein Ich erwirbt und ein Interesse an der Welt entwickelt. Beides impliziert potenziell das Vergessen seiner Grundbegabung und seiner Grundfähigkeit.[29] Ausgenutzt und protegiert wird diese Tendenz der Ausblendung freilich durch diverse Machtinteressen der „Vereinigten Staaten der Gewöhnlichkeit". Dabei bleibt die Fehllenkung des menschlichen Über-sich-hinaus-Konstitutivs nicht auf jeweils innergesellschaftliche Bereiche beschränkt. Längst ist sie keine Sache innerer Angelegenheiten mehr, sondern prägt auf globaler Ebene die kulturelle und soziale Atmosphäre. Das Phänomen und seine Konsequenzen kennzeichnet Sloterdijk als „Desintegrationskatastrophe", die sich als egoistisch-beliebige Vordergründigkeit etabliert: „Ihr leisten vor allem die Produktions- und Konsumverhältnisse in den Wohlstandsregionen und Entwicklungszonen der Erde Vorschub, sofern sie in blinder Überausbeutung endlicher Ressourcen gründen. Die Vernunft der Nationen erschöpft sich noch immer in dem Bemühen, Arbeitsplätze auf der *Titanic* zu erhalten. Die Crash-Lösung ist auch deswegen wahrscheinlich, weil sie einen hohen psychoökonomischen Kostenvorteil mit sich bringt: Sie brächte die Erlösung von den chronischen Spannungen, die infolge der globalen Evolution auf uns einwirken. Die Auftürmung des *Mount Improbable* zu den Höhen einer operativ integrierten Welt`gesellschaft´ wird bloß von den glücklichen Naturen als ein Projekt erfahren, an dem mitzuwirken sie vitalisiert. Sie allein erfahren das Dasein in der Gegenwart als ein stimulierendes Privileg und möchten zu keiner anderen Zeit gelebt haben. Weniger glückliche Naturen haben den Eindruck, noch nie habe In-der-Welt-Sein so müde gemacht. Was liegt da näher als die Formel der Massenkultur: der Unterhaltung den Vorrang geben und im übrigen damit rechnen, dass kommt, was kommen muss?" (707f)

Skeptischen Sarkasmus angesichts der globalisierten Pervertierung des menschlichen „Askese"-Konstitutivs hält Sloterdijk für einen der üblichen Distanzierungsversuche, die nicht mehr sein können „als sekundäre Modifikationen einer allem zuvorkommenden Selbstauslieferung" (698). Der Not des Einzelnen ist damit schon deshalb nicht geholfen, weil Komplexität und Kompliziertheit die Welt-Perspektive des aufgeklärten Individuums konturieren. Denn eine

[29] Vgl. Benke, Ch., Sloterdijk und die Mystik, in: GuL 79 (2006) 204–215, hier 207f. mit Verweis auf Sloterdijk, P., Der mystische Imperativ. Bemerkungen zum Formwandel des Religiösen in der Neuzeit, in: Ders. (Hg.), Mystische Zeugnisse aller Zeiten und Völker. Gesammelt von Martin Buber, München 1993, 9–42.

„über sich selber ins Bild gesetzte Aufklärung hat ihre Paradoxien offengelegt, sie ist bis in die Bezirke vorgedrungen, wo die Dinge, um einen bekannten Erzähler zu zitieren, `kompliziert und traurig werden´“ (11).

Dieses postmodern anmutende Unsicherheitsbewusstheit und die entsprechende Konsequenz menschlicher Existenznot sieht Sloterdijk bereits bei Heidegger, seinem zweiten Gewährsmann, thematisiert: Als „In-der-Welt-Sein“ findet sich Dasein immer schon auf einer ungemütlich offenen Bühne vor und ist deshalb „immer schon in Sorge aufgegangen“ (698). Im Bewusstsein nämlich des „`Hineingehaltenseins´ ins Offene“ (21) erlebt sich der Mensch „als `Organ´ der Existenz“ und damit als „auf Außer-sich-Sein angelegt“ – eine Seinsweise der Selbstverlorenheit, „da sie sich immer schon als Bei-den-Dingen-Sein und als Mit-Sein mit Anderen vollzieht“ (696). Der damit verbundene „Distanzverlust“ äußert sich als Sorge, die nichts anders meint als „das Zugeständnis des Menschen an die Welt, dass er sich gegen ihre Infiltration nicht abzudichten vermag“ (697). So muss der Mensch kontinuierlich in Erwartung der „Begegnung mit potentiell todgebenden Irritations- und Invasionsmächten“ (21) leben. Und deshalb muss auch die Beobachtung nicht verwundern, dass die „Wiederverweltlichung des zurückgezognen Subjekts … die Erwartung nicht erfüllt (hat), wonach der Verzicht auf eingebildete Glückseligkeiten dem physischen oder tatsächlichen Glück unmittelbar zugute komme“ (697). Indem sich menschliches Dasein als „Existenz“ konstituiert, impliziert es mit dieser „Außer-sich-Sein“-Essenz die Not der Sorge. In diesem Tenor resümiert Sloterdijk: „Von Anbeginn ist das Dasein durch Weltlichkeiten kolonialisiert. Weil es immer schon in Sorge aufgegangen ist, muss es Prioritätenlisten erstellen und sie wie sein innerstes Anliegen abarbeiten. Versuche der Distanznahme können nie mehr darstellen als sekundäre Modifikationen einer allem zuvorkommenden Selbstauslieferung. Die Äußerlichkeiten, von denen Marc Aurel behauptet hatte, sie stünden fremd vor unserer Tür, haben in Wahrheit das Haus besetzt. Der vorgebliche Hausherr ist von den Gästen besessen, und er kann von Glück sagen, wenn sie ihm einen Rückzugswinkel lassen.“ (698)

2.3 Die Würde des Einzelnen in vertikaler Offenheit und ko-immunitärer Verantwortung

Was als existentielle Not des Menschen in Erscheinung tritt, gründet in einer pervertierten Umorientierung der für den Menschen konstitutiven Lebenspotenz: seine Trans-Zendentalität, die herrührt von seinem ex-istenten Wesen, das ihn als Über-Steiger generiert und protegiert. In der prekären Defizienz der diagnostizierten Realisierungsversuche spiegelt sich die Tragik des Missbrauchs bzw. der Ignoranz menschlicher Vertikalität und Offenheit. Diese mit dem Dasein gegebene Potentialität des Über-sich-hinaus bildet das sozusagen heilige Spezifikum der menschlichen Existenz: Ein erhabenes Versprechen, das im Rahmen der realen Kontingenz zwar mit „Distanzverlust“ (697) und „Desintegrationskatastrophe“ (707) droht, gleichzeitig aber jene unausrottbare Sehnsucht evoziert, die den Menschen nach Eigentlichkeit, Ganzheit, Vollkommensein streben lässt. Exakt darin gründen Wert und Würde des Einzelnen – und liegen sein Menschenrecht auf „Askese“ und seine Menschenpflicht zum „Üben“ verankert.

In diesem Verständnis lässt sich Nietzsches Metapher vom Menschen als „Seil, geknüpft zwischen Tier und Übermensch“ (106) als Hinweis lesen auf „Züge eines Wesens, das zur surrealistischen Anstrengung verurteilt ist“ (29). Ebenso verweist Heideggers „Lehre von der Sorge“ darauf, dass „sich die Sterblichen auf den Lastcharakter des Daseins einzustellen haben“ (62). In der Diktion Sloterdijks geschlussfolgert: Es gibt „kein Menschenrecht auf Nicht-Überforderung“ (705). Wenn nämlich transzendentale Konstitution verflacht, sich ins Horizontale der Alltagsgeschäftigkeit verflüchtigt oder sich in der Vergötzung banalisierter Lebensformen gefällt, geht der Mensch seiner Lebensquelle und Lebendigkeitsressource verlustig – was seit der „Rückkehr des Erhabenen“ (705) in Gestalt der Göttin „Große Katastrophe“ (702) nicht mehr nur das ignorante Belieben des Einzelnen betrifft.

Von daher müsste eigentlich allen der Zusammenhang von „Askese“-Recht und –Pflicht bewusst und die Verantwortung klar geworden sein, die der Einzelne kraft seines „körpereigenen Vermögens zur Überwindung des Tödlichen“ (20) trägt. Freilich können sich angesichts der Globalität und Totalität der Krise das Bedürfnis und die Notwendigkeit, „salutogene Energien freizusetzen“ (698), nicht auf den Einzelnen beschränken. Die „Monstrosität des konkret gewordenen Universellen“ (708) erfordert ein Immunologisierungsengagement, das „das Eigene nicht im Horizont des organismischen Egoismus“ (710) definiert, sondern dem des überindividuellen „Kulturaltruismus“. Das gängige Konzept der privaten Immunologisierung wurde abgelöst von der „Einsicht, dass gemeinsame Lebensinteressen höchster Stufe sich nur in einem Horizont universaler kooperativer Askesen verwirklichen lassen … Sie drängt auf eine Makro-Struktur globaler Immunisierungen: Ko-Immunismus“ (713).

Sloterdijk sieht den bei dieser Vorstellung von Verantwortung implizierten „absoluten Imperativ“ vorabgebildet in Hans Jonas´ „ökologischem Imperativ“, der alles Handeln an „`der Permanenz echten menschlichen Lebens auf Erden´“ (708) bemessen wissen will. Drei Aspekte bleiben dabei bestimmend: Erstens richtet sich der Appell, „in täglichen Übungen die guten Gewohnheiten gemeinsamen Überlebens anzunehmen“ (714), zuerst an den Einzelnen, der beginnen muss bei und mit seinem individuellen Egoismus. Der Appell ist sich zweitens bewusst, dass die „Lage des Menschen“ geprägt ist von „Überforderungen auf der einen Seite, Überschüsse(n) auf der anderen“ (706). Deshalb betrifft der Appell drittens auch und gerade die Gesellschaftspolitik, die als Akteur für strukturbildende Maßnahmen und Rahmenbedingungen gefordert ist – dezidiert in Zugeständnis und Gewährleistung des „Menschenrechts auf Askese“.

2.4 Der exemplarische „Asketismus“ in der biblisch-christlichen Tradition

Zur Verdeutlichung und Veranschaulichung der Dringlichkeit einer menschenrechtlich verbrieften „Askese“-Praxis rekurriert Sloterdijk in vielfältiger Weise auch auf die biblisch-christliche Tradition. In ihr sieht er einen klassischen Gegenentwurf zum Lebens-Programm des neuzeitlichen Gesellschaftssystems, das die anthropologische Übungsstrategie auf eine Leistungssteigerung fokussiert, die letztlich nur noch dem reibungslosen Ablauf von Arbeit und Produktion dient – Ausdruck eines Fortschrittsgeistes, der von einem „Antivertikalismus“ und einer an irdene Vordergründigkeit und oberflächliche Performance gebundenen Aspiritualität geprägt ist. Demgegenüber demonstriert die biblisch-christliche Alternative mit ihrer „weltflüchtigen“ Radikalität eine gegenweltliche Option mit immenser Nachhaltigkeit.

2.4.1 Die religiöse Binnensprache in „anthropotechnischer“ Hermeneutik

Freilich will Sloterdijk das biblisch-christliche Verständnis von „Askese“ sowie die daraus resultierenden „Übungs“-Praktiken heute nicht distanzlos adaptiert wissen. Eine adäquate Prolongierung muss den Tod Gottes zur Kenntnis nehmen, der zur Desavouierung der herkömmlichen Vorstellung von Religion[30], Glaube[31], Wahrheit[32] und Theologie[33] führt. Was ungeschmälert bleibt, ist der „jenseitssüchtige Überschwang surrealer Aufstiege“ (698). Dieser sollte wahrgenommen werden – verstanden freilich als auf die immanente Existenz gerichtet. Denn wenn es gelingt, „die Kräfte der Weltflucht in gute Immanenz umzuleiten, spendet ein erfüllendes Diesseits genügend Licht, um die Spezialeffekte des Jenseits zu überstrahlen“ (692).

---

30 „Womit wir es [bei Religion] tatsächlich zu tun haben – in Dimensionen, deren Vermessung kaum begonnen hat –, sind mehr oder weniger mißinterpretierte anthropotechnische Übungssysteme und Regelwerke zur Selbstformung im inneren wie äußeren Verhalten.“ (134)

31 „Der Glaube ist ein purer Antizipationseffekt insofern, als er schon wirksam wird, wenn er aufgrund der Antizipation die Existenz der Antizipanten zielwärts mobilisiert. Man müsste dies, in Analogie zum Placebo, den Movebo-Effekt nennen.“ (384)

32 Auf Tertullians „*certum est quia impossibile* beruht praktisch alles, was Europäer seit zweitausend Jahren von vertikalen Dingen wissen. Noch durch Simone Weils großartige Übertreibungsthese: *`La vie humaine est impossible'* – das menschliche Leben ist unmöglich – weht der Wind der Gewissheit, die aus der Unmöglichkeit entspringt. Was wir Wahrheit nennen, ist die Resultierende aus dem Streit zwischen Erdenschwere und Antigravitation.“ (323f)

33 „Es ist der gute Wille zum strikt Absurden, zum grenzenlos Widersinnigen, zur vollendeten Unmöglichkeit, der die Theologie zur Theologie macht. Er allein hindert sie daran, in eine gewöhnliche Ontologie zurückzugleiten.“ (323)

Voraussetzung hierfür ist eine stringente Über-Setzung des sogenannten „religiösen“ Sprachspiels und seiner Terminologie. In diesem Anliegen verwendet Sloterdijk beispielsweise kontinuierlich das Denotat „spirituell“, wobei er es einerseits negativ mit „spiritualistisch“ konnotiert, andererseits – „in die Sprache und Optik der allgemeinen Übungstheorie“ (17) übertragen – als zentrale Haltung der „ethischen Unterscheidung“ (225 u.ö.) positiv versteht.[34] Diese Art von „Explizitmachung des Impliziten“ (18) will „weder naturalistische noch funktionalistische Interessen bedienen“ (32), ist vielmehr dem Anliegen einer Hermeneutik der „Fortsetzung des kognitiv Vorhandenen mit anderen Mitteln“ (19) geschuldet. Der Verfremdungseffekt, der mit der „Alternativsprache“ (33) verknüpft ist, erklärt sich „ausschließlich durch interne Übersetzungen, dank welcher die anthropotechnischen Binnensprachen in den spirituellen Systemen selbst explizit gemacht werden“ (32). Diese Art der „Verdeutlichung“ als „Auseinanderfaltung des Bekannten in größere, hellere, profilreichere Oberflächen“ (19) bildet den Rahmen, innerhalb dessen Sloterdijk auf das biblisch-christliche Übungssystem und seine reichhaltigen Konkretisierungen im Laufe der Kirchengeschichte rekurriert.

2.4.2 Das Motiv-Repertoire der spirituellen Übungsgeschichte

Was die biblisch-christlichen Ahnen des asketischen Athletismus anbelangt, beschränkt sich Sloterdijk auf paradigmatische Figuren des Alten und Neuen Testaments wie der kirchlichen Rezeptionsgeschichte.[35] Die mit den jeweiligen Personen verbundenen vielfältigen Motive kulminieren in der Vorstellung eines dezidierten Vertikalbezugs bzw. in „übenden“ Umsetzungen eines Engagements, das sich „am Unmöglichen orientiert“ weil „vom Übergroßen erfasst“ (700).

Bereits die „Himmelsleiter“ Jakobs[36] enthält die zentralen Aspekte der menschlichen Nach-oben-Ausrichtung (vgl. 199–202): das Über-Menschliche

---

[34] So nennt Sloterdijk eine Übung spirituell, die den Menschen zur „guten Wiederholung“ befreit, indem sie die depravierende Macht bricht, die Phrasen, Routinen und Trägheiten entwickeln, wenn sie sich zu psychischen Automatismen und mentalen Kontaminationen verfestigt haben (vgl. 640f). Die Zuschreibung von „Spiritualität“ gilt des Weiteren: Chancen (29f), Systemen (473), Faktoren (619), dem Lehrer (640), dem Habitus (461).

[35] Innerhalb der biblischen Quellen rekurriert er auf Abraham (660) und Jakob (199–202 u.ö.) sowie Jesus (206; 318–320; 339f; 431; 646; 664 u.ö.) und Paulus (383–386; 446–448; 498; 609; 663 u.ö.). Das Personenrepertoire der christlichen Kirchengeschichte lässt er mit Tertullian beginnen (320–325 u.ö.), weitergeführt zum einen in den verzweigten Strängen des Mönchtums von Antonius (399–405 u.ö.) über Benedikt (329f u.ö.) und Franz v. Assisi (135; 447; 474–478; 484–487; 659 u.ö.) bis Ignatius (487f u.ö.), zum anderen in den diversen theologischen Strömungen von Gregor v. Nyssa (384), Hieronymus (510) und Augustinus (268; 399–405; 479–483; 498 u.ö.) über Dionysios Areopagites (201f) und Gregor d. Gr. (651) bis zu Thomas v. Aquin (288f) und Thomas v. Kempen (269; 328; 407; 519).

[36] Vgl. Gen 28,10–21.

des Menschen, der als Gottes Geschöpf in Verbindung mit der transzendenten Über-Welt steht und deshalb „Vertikalkräfte“ besitzt, die ihn – Engeln als „Akrobaten“ des Überstiegs gleich – zur Transzendierung einladen. Nicht von ungefähr wird dann das Leiter-Motiv als „das mächtigste Vertikalitätssymbol der alten Welt“ (202) rezipiert.

Die Jesus-Tradition enthält in Mt 10,37 (par Lk 14,26)[37] den „locus classicus aggressiver Vertikalsprache“ (339). Die gleiche „Überforderung im nacktesten Zustand“ (646) zeigt sich auch in Aufforderungen wie Mt 5,39; Mt 10,34; Lk 14,33[38]. Die Folge der „Sezession“ (340), wie in Mk 10,28–30[39] thematisiert, erweitert in stringenter Konsequenz das Motivarsenal. Komplettiert wird es durch die Entschiedenheit des Nur-einem-Herrn-Dienens (Mk 12,17parr[40]). Der Vertikalaspekt dieses jesuanischen „Übungsbewusstseins“ liegt dabei im anvisierten Freiheitspotential: „In diesem Rahmen emergiert individualisierte Freiheit in ihrer ältesten und heftigsten Gestalt. Sie geht aus der verlegen machenden Entdeckung hervor: Es gibt eine Wahl, die alle Vorzeichen menschlichen Verhaltens verändert. Die ersten Ethiker stehen vor der Entscheidung zwischen einem Leben in den zumeist unbemerkten eisernen Ketten der unwillkürlich erworbenen Gewohnheiten und einem Dasein an der ätherischen Kette frei angenommener Disziplin.“ (641)

Die Evangelientradition schreibt diese vertikal-radikale Programmatik fort. Das Johannesevangelium (vgl. 10,30; 14,6)[41] stilisiert Jesus zu einem jener exquisiten Lehrer-Trainer, „denen die Selbstmirabilisierung, die Verwandlung in die real existierende Monstrosität, gelungen ist. Von ihnen geht die numinose Aura aus, von der die höchsten Magisterien umgeben sind. Weil auf dieser Stufe der Lehrer in seiner mirabilischen Andersheit die Lehre selbst ist, legt er eine neue Art von Autorität an den Tag – es ist nicht mehr die Gravität der Ältesten, sondern die Leuchtkraft der reinen Ausnahme, die sofort verführt, sobald sie gesehen und empfunden wird“ (431). Das nachhaltigste Vertikalpotential freilich, die „akrobatische Revolution des Christentums“ (319), wird der Passions-, Kreuzigungs- und Auferstehungsüberlieferung eingeschrieben: Dem „latent könnensgetönte(n) Übergangswort“ (318) Lk 23,46[42] folgt mit dem johannei-

---

37 *Der Vater oder Mutter mehr Liebende als mich, nicht ist meiner wert, und der Sohn oder Tochter mehr Liebende als mich, nicht ist meiner wert* (zitiert, wie alle weiteren NT-Textstellen, nach dem Münchener Neuen Testament. Studienübersetzung, hrsg. v. J. Hainz, Düsseldorf [6]2002).

38 *Ich aber sage euch: Nicht dem Bösen widerstehen! Sondern, welcher dich schlägt auf deine rechte Wange, wende ihm auch die andere zu! / Meint nicht, dass ich kam, Frieden zu werfen auf die Erde; nicht kam ich, Frieden zu werfen, sondern ein Schwert. / So also kann jeder von euch, der nicht sich trennt von all seinem Besitz, nicht sein mein Schüler.*

39 *Es begann zu sagen ihm Petros: Siehe, wir ließen alles und sind dir gefolgt. Es sagte Jesus: Amen, ich sage euch, keiner ist, der verließ Haus oder Brüder oder Schwestern oder Mutter oder Vater oder Kinder oder Äcker wegen meiner und wegen des Evangeliums, ohne dass er erhält Hundertfaches, jetzt in dieser Zeit Häuser und Brüder und Schwestern und Mütter und Kinder und Äcker unter Verfolgungen und ihm kommenden Äon ewiges Leben.*

40 *Jesus sprach zu ihnen: Das des Kaisers gebt dem Kaiser und das Gottes Gott!*

41 Ich und der Vater sind eins. / Ich bin der Weg und die Wahrheit und das Leben.

42 Vater, in deine Hände empfehle ich meinen Geist.

schen *tetélestai* (Joh 19,30) „ein vollends der Sphäre des Könnens angehöriges Wort", das wiederzugeben ist mit: Es ist geschafft! Oder gar: Am Ziel!" (319). Diese „skriptural-messianisch-athletische Leistungsfeststellung" findet als „das schlechthin Unerhörte" ihre konsequente Fortführung im *akro baínein* der Descensus-ad-inferos-Vorstellung und gipfelt im Auferstehungszeugnis, wo „die Antigravitation ihren größten Sieg (feiert): Das ist, als hätte Christus, der Erste unter den Akrobaten Gottes, ein Vertikalseil zu fassen bekommen, das ihm und den Seinen den Zugang zu einer bis dahin verschlossenen oder nur mythisch geahnten absoluten Senkrechten eröffnete".[43]

Dass ab diesem Zeitpunkt „alles Leben akrobatisch, ein Tanz auf dem Seil des Glaubens" (320) ist, lässt sich eindrücklich an Paulus, dem Apostel, erkennen: Er versklavt sich selbst an Christus (vgl. 663, mit Verweis auf Röm 6,71f) bis hin zu „einer Art von Subjektwechsel" (447, mit Verweis auf Gal 2,20), wodurch er sich als neu geschaffen empfindet (vgl. 498, mit Verweis auf Gal 5,24; 6,15), aus der Welt des Todes ausgestiegen (vgl. 609). Seine metaphorische Rhetorik vom Wettkampf in der Arena (vgl. 383, mit Verweis auf 1 Kor 9,24–27) zeigt, „dass der Apostel selbst nicht vom erreichten Ziel her spricht, sondern aus der Position eines Übenden auf halbem Weg – oder, um modern zu reden: eines Engagierten" (383). Daraus resultieren zwei vertikalitätslogische Unabdingbarkeiten: Der Glaube als „das vorauslaufende Sich-fest-machen an einem Vorbild oder einem Ideal" wie die Tat der unermüdlich „übenden" Praxis. In beiderlei Hinsicht präsentiert sich Paulus seinen Gemeinden als „Apostel": vorbildlicher Typus dessen, der auf dem Weg der und zur *imitatio Christi* ist. „Indem er Unnachahmliche nachahmt, kann der christliche Eiferer selber Objekt von Nachahmung durch Dritte werden. Auf der Position des nachahmlichen Nachahmers folgt er dem Ruf zur Vorbildlichkeit und ordnet die eigene Existenz dem Formgesetz des exemplarischen Lebens unter." (447)

Paulus präfiguriert damit die „Figur des spirituellen Trainerwesens, die für die christliche Transmission des Unmöglichen auf immer neue Generationen von Adepten verantwortlich zeichnet" (446). In der Alten Kirche entwickelt dieses „Unmöglichkeits"-Muster im Rahmen des konfessorischen Glaubenslebens der Gemeinde zwei spezielle Ausformungen: das Blut-Zeugnis des Martyriums und das Hesychia-Zeugnis des Mönchtums. In beiden Fällen dokumentiert sich die „separatistische Dynamik" (216) des Athletismus auf expressive Art: Kerker und Hinrichtung auf der einen Seite, Wüste und Abgeschiedenheit auf der anderen.

Der Unterschied des von außen aufoktroyierten Diktats zum selbst gewählten wird aus dem Blickwinkel der Christuszugehörigkeit marginal, wie Tertullians *Ad Martyros* demonstriert, „da für einen wahren Christen die Außenwelt ein viel schwererer Kerker sei. `Schaffen wir den Namen Kerker ganz

---

43 Sloterdijk verweist in diesem Zusammenhang auf Klaus Bergers interpretierendes Diktum vom „leibliche(n) Tod … als ein unwesentliches Stück in der Sequenz der Ewigkeit" und kommentiert: „… – die Menschheit hat lange warten müssen, ehe sie solche Frivolitäten hören durfte, oder soll man sagen: solche deliranten Freisprüche vom Bann der Endlichkeit? Sobald eine Doktrin wie diese in der Welt ist, hat das psychopolitische ancien régime, die normale Depression alias Realismus, es spürbar schwerer." (320)

ab, nennen wir ihn einen Ort der Zurückgezogenheit.´“ (321) Das Schreiben Tertullians an die Christen von Vienne und Lyon zeigt nach Sloterdijk „mit einer nirgendwo sonst je wieder erreichten Klarheit die Logik des christlichen Akrobatismus.[44] … Was im Sein als Diskontinuität erscheint, ist im Reich Gottes pure Kontinuität. Ist Christus auferstanden, dann ist die Welt, in der niemand auferstehen kann, widerlegt. Wenn wir hier aber niemanden auferstehen sehen, sollten wir den Schauplatz wechseln und dorthin gehen, wo geschieht, was hier nicht geschieht – hier sein ist gut, dort sein ist besser. Kein Christ, der auf sich hält, würde Tertullian zufolge in einem Circus auftreten, der weniger als das Gegenteil dessen präsentiert, was die Profanen für möglich halten“ (323).

Analog zu dieser Art Athletik verstehen sich die frühen Mönche als „Athleten Gottes“ – mit der implizierten Voraussetzung, „das Leben habe etwas an sich, zu dessen Veränderung der Einzelne eine Kompetenz besitzt – oder erwerben kann“ (220). Um das Können zu schulen und das Vollbringen zu gewährleisten, wird eine Lebensform der „Entstörung der Existenz“ gewählt – inhaltlich-sachlich „eine Design-Aufgabe, zu der ein moralisch-logisches Exerzitium gehört“, formal-strukturell „die Absetzung der anderswo Übenden von den am alten Ort Weitermachenden“ (349). Die mit dieser Vertikalorientierung verbundene Spannung hat ihren Niederschlag gefunden in den diversen monastischen Ordensregeln: Anleitungen, die dazu dienen, „sich mittels deklarierter Askesen das Übenswerte ein(zu)verleiben“, um „die vollkommene Imprägnierung des Alltags durch die Artistik“ (223) zu gewährleisten. Auf dieser Basis hat vor allem die westeuropäische Klosterkultur „zu der Kraftentfaltung an allen Kulturformen führen können, caritativ, architektonisch, administrativ, ökonomisch, intellektuell, missionarisch, wie sie zwischen dem 5. und dem 18. Jahrhundert beobachtbar ist“ (205).

---

44 Sloterdijk zitiert aus Tertullian, An die Märtyrer (in: Tertullians private und katechetische Schriften, hrg. von Heinrich Keller, München 1912, 219), wo es heißt: „Ihr seid im Begriff, Euch einem herrlichen Wettkampf zu unterziehen, wobei Preisrichter der lebendige Gott ist, Kampfherold der Heilige Geist, Siegeskranz die Belohnung mit der engelhaften Substanz der Ewigkeit, das Bürgerrecht die himmlische Herrlichkeit von Ewigkeit zu Ewigkeit. Und so hat denn Euer Oberer [Trainer und Mannschaftsführer] Jesus Christus, der Euch mit dem Hl. Geiste gesalbt und auf diesen Kampfplatz vorgeführt hat, Euch vor dem Tage des Kampfes aus dem freieren Verhalten zu einer härteren Durchübung aussondern wollen, damit Euere Kräfte in Euch gestählt würden. Denn auch die Athleten sondern sich wohl zu einer strengern Zucht ab, um in Ruhe der Vermehrung ihrer Kräfte obzuliegen. Sie enthalten sich der Wollust, der anregenderen Speisen, von jedem fröhlicheren Trunk, sie tuen sich Zwang, Qual und Mühe an. Je mehr sie sich in den Vorübungen abgemüht haben, des(t)o sicherer hoffen sie auf den Sieg. `Und dies zwar´, sagt der Apostel, `um eine vergängliche Krone zu gewinnen´, wir aber, die wir eine ewige erlangen sollen, stellen uns den Kerker als Fechterschule [Trainingshalle] vor, damit wir wohlgeübt in allen Beschwernissen in die Rennbahn des Gerichtssaales vorgeführt werden können…“ (in eckigen Klammern Sloterdijks spezifische Begriffsbildungen)

2.4.3 Die paradoxe Logik der theologisch motivierten Heroik

Die Kontinuität, die die „Übertragung des athletischen und philosophischen Asketismus auf den monastischen und ekklesialen *modus vivendi*" (205) kennzeichnet, erklärt sich Sloterdijk durch eine theologische Reflexion im Modus paradoxer Logik: Das dem Weltlich-Möglichen gegenüber Gegenteilige besteht im Unmöglichen, das als das Sichere gilt. Dabei erweist sich wiederum Tertullian als paradigmatischer Gewährsmann der Maxime „*certum est quia impossibile*" (323): „Gekreuzigt wurde Gottes Sohn: das ist keine Schande, weil es eine Schande ist; gestorben ist der Sohn Gottes: das ist glaubwürdig, weil es abgeschmackt ist. Und begraben wurde er und er stand auf: Das ist gewiss, weil es unmöglich ist."[45]

Auf dieser Überzeugung – im Laufe der Kirchengeschichte diskutiert auch unter dem Motto „credo quia absurdum" – beruht für Sloterdijk „praktisch alles, was Europäer seit zweitausend Jahren von vertikalen Dingen wissen", auch im theologischen Diskurs. So ist es letztlich „der gute Wille zum strikt Absurden", der die Theologie sozusagen zur selbstreflexiven Seilwinde der Höhenspannung macht[46] und damit eine rational-vernünftige Basis liefert für „die systematische Entwöhnung des Subjekts von den Realitätseffekten der Eisernen Zeit" (657). In dieser – datiert nach dem griechisch-römischen Mythos von der Geschichte als kontinuierlicher Verfallserscheinung – zeigt sich das Dasein deformiert durch Nahrungsmangel, existentielle Überlastung, sexuelle Triebhaftigkeit, entfremdende Herrschaftsstrukturen sowie den Tod als unfreiwilligen Schlusspunkt. Den vertikal-motivierten Heroen des christlichen Asketismus gelingt eine „ethische Unterscheidung", die die diversen Situationen von Not lebbar macht und sie damit im Kern überwindet (vgl. 658–666).

3 Bibeltheologische Erinnerungen zum „Menschenrecht der Askese"

Aus einer dezidiert christlich-theologischen Warte zeigt sich die kulturwissenschaftliche Perspektive Sloterdijks mit ihrem nietzscheanisch anmutenden, antimetaphysischen Impetus radikal auf die Immanenz beschränkt. So verwundert es nicht, dass sie aus offenbarungsorientierter Perspektivität rundweg als

---

45 Sloterdijk zitiert aus Tertullian, De carne Christi – und verallgemeinert zu einem theologischen Postulat, was sich in Tertullians Argumentationsduktus auf die Verlässlichkeit des Auferstehungszeugnisses der Apostel bezieht: Nie hätten sie von einem Phänomen, das außerhalb jeglicher Erfahrung liegt, erzählt, hätten sie es nicht wirklich erlebt.

46 Als weiteren Beleg für seine These könnte sich Sloterdijk auf Anselm v. Canterbury berufen und dessen „credo ut intelligam" als rationale Fortschreibung der Position Tertullians. Zur theologischen Position Anselms vgl. Kienzler, K., Gott ist größer. Studien zu Anselm von Canterbury, Würzburg 1997.

absurd empfunden wird[47] oder unter das Verdikt gnostisch reduktionistischer Selbstbezüglichkeit fällt[48]. Lässt man freilich Sloterdijks Position zumindest im Sinne einer Außenperspektive gelten, bekommt man in bibeltheologischer Hinsicht einen Spiegel zur Hand, in dem sich die biblisch-christliche Tradition brechen kann. Als anregend erweist sich eine derartige Bespiegelung insofern, als sie Typisches erkennen lässt – neben dem unterscheidend-speziellen Background der theologischen Axiomatik eben auch die gemeinsam-spezifische Option der „anthropotechnischen" Pragmatik.[49] Auf diesem Weg ruft Sloterdijks „asketisches" Menschenrechtsethos dann – ob gewollt oder nicht – eine zentrale Kategorie des biblischen Welt- und Selbstverständnisses in Erinnerung: Würde, Potenz und Verantwortung der Christen als „Heilige".[50]

3.1 Spezielle Konkretisierungen

Sloterdijks Rekurse auf die biblische Tradition lassen sich zunächst nahezu durchweg durch weitere Einzelbeobachtungen – beschränkt auf das Neue Testament – ergänzen und vertiefen. Dabei spezifiziert sich die Pragmatik der ethischen Unterscheidung in ihrer frühchristlichen Heroik dahingehend, dass das bedrückend Negative in konfessorischer Orientierung an entsprechenden Lehrmeistern und ihren Postulaten durch Freiwilligkeit unterlaufen wird: der Hunger durch das Fasten in Orientierung an Jesus;[51] die Alltagssorge durch Sorglosigkeit in Orientierung am Geschaffensein durch den väterlichen Schöpfergott;[52] der Geschlechtstrieb durch die Exklusivität der Orientierung am Himmelreich;[53] die Ohnmacht durch Selbstversklavung in Orientierung an den „Herrn" Jesus;[54]

47 Vgl. Rennkamp, H.-J., Überlegenstraining jenseits von Religion, in: CIG (2009) 354.

48 Vgl. Benke, Chr., Sloterdijk und die Mystik, in: GuL 79 (2006) 204–215, hier 211–214.

49 So nennt auch Koziel, B.E., „Lass dir an meiner Gnade genügen". Über die Mitte christlichen Lebens, in: GuL 84 (2011) 28–41, hier 30, Sloterdijks Anthropotechnik-Aufriss ein „für Belange des geistlichen Lebens höchst diskussionswürdige(s) Buch".

50 Zum metaphorischen Repertoire der neutestamentlich-soteriologischen Charakterisierung menschlicher Freiheit (freigekauft / ausgelöst / freigesprochen / befreit / erlöst usw.) vgl. Klauck, H.-J., Heil ohne Heilung? Zur Metaphorik und Hermeneutik der Rede von Sünde und Vergebung im Neuen Testament, in: Frankemölle, H. (Hg), Sünde und Erlösung im Neuen Testament, Freiburg 1996, 18–52.

51 Urtopos ist Jesu 40tätiges Fasten (Mt 4,2); vgl. Mk 2,20parr; Mt 6,17f; Lk 2,37; Apg 14,23; 2 Kor 6,5; 11,27.

52 Zentral verankert in der „Bergpredigt" Jesu (Mt 6,25–34); vgl. 1 Kor 7,32.

53 Mt 19,12; 1 Kor 7,7f.25f.39f.; vgl. Mk 12,25parr.

54 In der Tradition von Mk 12,17parr; vgl. Mk 10,44parr; Lk 17,7–10 sowie die Selbstbezeichnung des Paulus Röm 1,1 u.ö. wie auch seine Charakterisierung des christlichen Selbstverständnisses Röm 7,6; 1 Kor 7,22; Gal 5,13; vgl. ferner 1 Tim 6,2; 2 Tim 2,24; Jak 1,1; 1 Petr 2,16; 2 Petr 1,1; Jud 1.

der Tod durch ein sakramentales bzw. metaphorisches Streben[55], das zu einer unauslöschbaren Lebendigkeit führt.[56]

3.1.1 Gottesschöpfung und Gottesdienst – die Anthropotechnik des Rabbi Jesus

Den historischen Ausgangspunkt bildet Jesus von Nazareth. Als Kern seiner hermeneutischen und theologischen Perspektive darf die Überzeugung von Gottes guter Schöpfung sowie vom Anbruch der *basileía* Gottes gelten. In dieser gläubigen Weltsicht gründet sein biophil-euphorischer Blick auf seine Gegenwart: *Selig die Augen, die sehenden, wie ihr seht. Denn ich sage euch: Viele Propheten und Könige wollten schauen, was ihr seht...* (Lk 8,23b.24a).[57] Im Vertrauen auf die schöpfungsbedingte Güte der Welt und ihr unumkehrbares Revival im Frühling des Gottesreiches gründet auch Jesu ethischer Maßstab, sowohl hinsichtlich eines gesunden Egoismus als auch eines aufmerksamen Altruismus: *Liebe deinen Nächsten wie dich selbst* (Mk 12,31parr). Die „Vertikalspannung" ist zum Zerreißen gespannt angesichts der Begegnung und Durch-

---

55 Zentrale Zeugnisse: Röm 6,2–11; Joh 5, 24.

56 Gegenüber dieser biblisch-orthodoxen christlichen „Höhen"-Konsequenz diagnostiziert Sloterdijk (105) in Analogie zum Nachlassen der Vertikalspannung in Kultur und Gesellschaft für die aktuelle kirchliche Pastoral – auf der Basis von Nietzsches Charakterisierung des Menschen als „Seil, gespannt zwischen Tier und Übermensch": „Die Entkräftung eines solchen jenseitigen Pols zeigt sich in erster Linie darin, dass immer weniger Menschen auf das Hochseil streben. Einem egalitären und nachbarschaftsethischen Zeitgeist gemäß, begnügt man sich jetzt mit einer amateurischen, allenfalls bodenturnerischen Auslegung des Christentums." Zur grundsätzlichen Gefahr der Horizontalisierung des christlichen Anspruchs vgl. Dietrich Bonhoeffers „billige-Gnade"-Diktum: „Billige Gnade ist Predigt der Vergebung ohne Buße, ist Taufe ohne Gemeindezucht, ist Abendmahl ohne Bekenntnis der Sünden, ist Absolution ohne persönliche Beichte. Billige Gnade ist Gnade ohne Nachfolge, Gnade ohne Kreuz, Gnade ohne den lebendigen, menschgewordenen Jesus Christus." (zitiert in: Stiewe, M./Vouga, F., Die Bergpredigt und ihre Rezeption als kurze Darstellung des Christentums, Tübingen/Basel 2001, 261f). Und Bonhoeffer ergänzt: „Die Verschleuderung der billigen Gnade wird der Welt zum Überdruss" (ebd. 270).

57 Zum „weisheitlichen" Hintergrund expliziert Klaus Kühlwein (Chaosmeister Jesus. Die Bergpredigt, Stuttgart 1999, 27f): „Nichts lag Jesus ferner, als seinen Blick nach oben zu richten und allein Heil im jenseitigen Himmel anzupreisen. Das Leben hier und jetzt, verschmolzen mit Gott hier und jetzt, das war Jesu Welt... Dieser ist glücklich zu preisen, jener auch, ein anderer vielleicht unglücklich – solches Loben oder Bedauern ist in der Weisheitsliteratur des Alten Testaments öfters zu finden. Und es meint genau das, was Gratulation beabsichtigt, nämlich einen Menschen für Situationen, in denen er sich befindet, für Eigenschaften oder Erfolge zu beglückwünschen. Das gilt ganz aktuell, ganz lebensnah. Theologisches Schnörkeldenken, das abwechselnd abstrakt und theoretisch über Gott und die Welt nachsinnt, ist der alttestamentlichen Weisheit fern. Der weise Mensch sieht vor seinen Augen, wen und was er preist oder bedauert. Für jedermann sind die Gründe ersichtlich. Es bedarf daher eigentlich keiner großen Argumentation, nur eines gezielten Hinweises, die Augen zu öffnen, wie der Weise es getan hat."

dringung von Transzendenz und Immanenz: *Nahe gekommen ist das Königtum Gottes* (Mk 1,15par) bzw. *Denn siehe, das Königtum Gottes ist unter euch* (Lk 17,21b; vgl. Lk 11,20). Zentraler Akt der lebensweltlichen Orientierung ist eine Um-Orientierung im Bisherigen, die *metánoia: Kehrt um!* (ebd. u.ö.; vgl. Lk 15,7.10.32) Zentraler Fokus der spirituellen Orientierung bleibt Gott: *Das erste ist: Höre, Israel, der Herr unser Gott ist einziger Herr, und du sollt lieben den Herrn, deinen Gott, aus deinem ganzen Herzen und aus deiner ganzen Seele und aus deiner ganzen Einsicht und aus deiner ganzen Kraft.* (Mk 12,29f.parr). Verantwortung und Verantwortlichkeit fokussieren exklusiv auf Gott und seine Königsherrschaft: *Vater, geheiligt werde dein Name! Es komme dein Königtum.* (Lk 11,2par).[58] Als prophetischer Vermittler und Katalysator fungiert Jesus in der Rolle des *Meister/Rabbi*-Lehrers (Lk 5,5; 17,13 uö.), wodurch seine Person zum zweiten Orientierungsmaßstab neben der Gottesherrschaft avanciert: *wegen meiner* (Mk 10,29par u.ö.). Mit seiner Radikalisierung des alttestamentlich-jüdischen Vorstellung von der Tora – basierend auf seinem präsentisch-soteriologischen Gottesverständnis und Selbstbild – unterstreicht er den „asketischen“ Aspekt des Gesetzes als Weg zu Gott und damit zum Leben, was den normierenden Initialimpuls bildet für ein waches „Üben“ (vgl. Mk 13,33–37parr; Mt 24,37–25,13par). Dieses wiederum ist verortet im Gebet: *Wachet und betet* (Mk 14,34–38par), und zwar in Zurückgezogenheit (vgl. Mt 6,6; ferner Mk 1,35parr.45par).

3.1.2 Gottescharisma und Himmelsbürgerschaft – die paulinische Anthropotechnik

Paulus von Tarsus greift den jesuanischen Initialimpuls aus der Perspektive einer apokalyptisch-eschatologischen Weltanschauung auf. Dabei erhält die soteriologische Dimension der Biographie Jesu ein deutliches Achtergewicht insofern, als Kreuzesereignis und Auferweckungserfahrung zu den maßgeblichen Theologumena werden: Die Kreuzigung Jesu stellt einen Heilsakt Gottes dar, der als *Loskauf* (Röm 3,24) bzw. als *Sühnopfer* (Röm 3,25) zu verstehen ist, aus dem die *Neuheit des Lebens* (Röm 6,4) und *des Geistes* (Röm 7,6) resultieren. Die damit komplementäre Neuheit der Welt dokumentiert sich als „Nicht-*dieser*-Aion-Welt“ in der Auferweckung Jesu, die mit dem *Erstling der Entschlafenen* (1 Kor 15,20) den neuen Äon markiert, die Neuschöpfung der Welt vor Augen führt.

Als „gerettet“ aus der Gewaltherrschaft jeglicher Art von Herrscher dieses Aions (1 Kor 2,8) darf sich verstehen, wer dieses euangélion annimmt, d.h. wenn du bekennst in deinem Mund als Herrn Jesus und glaubst in deinem Herzen, dass Gott ihn erweckte aus Toten (Röm 10,9). In anthropologischer Hin-

58 Zum „Vaterunser“ als „coelestis doctrinae compendium“ (Cyprian von Karthago), seine jesuanische, theologische und pastorale Verortung vgl. Stimpfle, A. (Hg.), Pater Noster – oder mit sieben Bitten auf in den Himmel?, Münster 2010.

sicht meint diese „Rettung“ ein pneumatisches Reset der sarkischen conditio humana: Wenn einer in Christos ist, ist er neue Schöpfung (2 Kor 5,17). Dies führt im Rahmen der theo-kosmischen Vorstellung von Christus als Himmlisch-Erhöhten in antiker Polis-Metaphorik zu der Überzeugung: Unsere Bürgerschaft ist in den Himmeln (Phil 3,20a). Von daher kann Paulus die Christusgläubigen schlichtweg als Heilige ansprechen.[59] Das augenfällige „vertikale“ Konstitutivum menschlichen Selbstverständnisses dokumentiert und verifiziert sich in den charísmata, den Geistesgaben (vgl. 1 Kor 12–14). Diese geben Anteil an der Potenz des Gottesgeistes und verliehen den Glaubensneophyten ein „Charisma“, das sie zu Virtuosen einer alles Irdische über-steigenden Kraft macht.

Handelt es sich bei den Charismen des Geistes auch um eine explizite Ausformung der Orientierung „nach oben“, die „Vertikalität“ erweist sich dem irdischen Dasein basal implementiert: Der von der Macht der Sünde versklavte Mensch (Röm 6,6) ist (wieder) frei (Röm 6,18.22). Freiheit ist dabei in absolutem Sinne gemeint: Zur Freiheit uns Christos befreite! (Gal 5,1) – weshalb das Individuum nach der Maxime leben darf: Alles ist mir erlaubt! (1 Kor 6,12; 10,23), und weshalb für jede materielle Angelegenheit gilt: Alles ist rein! (Röm 14,20b). Freilich: Diese Faktizität himmlischer Anarchie bzw. pneumatischer Anthropologie steht unter dem eschatologischen Vorbehalt des „schon – noch nicht ganz“. Denn zum einen ist das soteriologische ein für allemal (Röm 6,10) in diesem Aion (Röm 12,2; 1 Kor 1,20 u.ö) verortet. Und zum anderen speist sich seine präsentische Wirklichkeit aus dem futurischen Pendant der Parusiehoffnung: aus dem [Himmel] auch als Retter wir erwarten den Herrn Jesus Christus (Phil 3,20b). Von daher sind Rettung und Freiheit nicht nur geschenkte Gabe. Im Vollzug des heilsdramatischen Prozesses sind sie auch zu verantwortende Aufgabe: gefangen nehmend jeden Gedanken in den Gehorsam des Christos (2 Kor 10,5b) und mit Furcht und Zittern bewirkt euer eigene Rettung (Phil 2,12).

Die Würde der Glaubenden besteht somit in einer uneingeschränkten Freiheit, die als Freiheit konkretisiert werden muss – wozu ein Trainieren und Üben wie das der Athleten in den Sportkampfstätten nötig ist (vgl. 1 Kor 9,24–27; Phil 3,14). Und so kann die Einheit von indikativischer Zusage und imperativischem Anspruch für die „Askese“ letztlich tatsächlich „Verzicht“ bedeuten: nicht alles baut auf (1 Kor 10,23b), nicht alles nützt (1 Kor 6,12a; 10,23b). Die wahren Athleten Gottes demonstrieren die Absolutheit ihrer Freiheit, indem sie in ethischer Verantwortung dem Bruder gegenüber auf die Freiheit, die ihnen zusteht, verzichten. Jegliche egoistische Selbstmächtigkeit wird so unterlaufen. Als Handlungsmaxime gilt: … durch die Demut einander haltend für überragender als sich selbst, nicht auf das Seine ein jeder achtend, sondern jegliche auch auf das der anderen (Phil 2,3f).[60] Der „Zug nach oben“ wird gleichsam

[59] Vgl. Röm 1,7; 1 Kor 1,2; 2 Kor 1,1; Eph 1,1; Phil 1,1 u.ö.; zum Phänomen des „Heiligen“ im biblischen Schrifttum vgl. Scoralick, R./Radl, W., Art. „Heilig“, in: NBL II (1995) Sp. 86–89.

[60] Auf der Hand liegt die Parallele zur „Egalisierung“ der „Vertikalität“ im *basileía*-Ethos des Jesus von Nazareth, wo sich der *Erste* und *Größte* zum *Diener aller*, zum *Letzten* macht (vgl. Mk 9,35parr).

horizontalisiert, die transzendenz-orientierte „Vertikalität“ sozusagen immanentisiert. Sakrale Würde verifiziert sich in säkularer Verantwortung.

Bezeichnenderweise gilt diese dialektische Verschränkung der Athletik nicht nur im Verhältnis des gläubigen Individuums zur Gruppe der Gleichgesinnten. Paulus will letztlich das lebensweltliche Dasein eines Christenmenschen in Gänze von dieser paradox-komplementären Asketik geprägt wissen, und zwar nach der Maxime: ...dass auch die Frauen Habende wie nicht Habende seien und die Weinenden wie nicht Weinende und die sich Freuenden wie nicht sich Freuende und die Kaufenden wie nicht Besitzende und die Gebrauchenden die Welt wie nicht Verbrauchende... (1 Kor 7,29b-31a). Wer nicht Bürger der himmlischen Polis ist, wird die mit hos mé umschriebene „als-ob“-Konfiguration im Sinne von nekrophiler Weltverachtung wahrnehmen, als genuß- und lustfeindliche, misanthrope Flucht aus der Wirklichkeit. Als Vertreter der Weisheit der Welt kann er gar nicht anders, erlebt er doch die Christusbotschaft als Ärgernis bzw. Torheit und erkennt darin das Törichte / das Schwache Gottes (1 Kor 1,18–25). Der Himmelsbürger hingegen deutet das wie-nicht-Motto als Anleitung für den erfolgreichen „Ausstieg aus der Faktizität“ – „als ob“ nicht im Sinne einer Schein-Existenz, sondern einer inneren Distanz, die von Unabhängigkeit zeugt. Als Befreiter lebt der Christ in einer Autonomie, die sich lebenspraktisch als personale Autarkie – im ursprünglichen und damit wahrsten Sinn des Wortes – präsentiert und bewährt. Von daher lautet die anthropotechnische Maxime des Psychopraktikers Paulus: Ich will aber, dass ihr sorglos seid (1 Kor 7,32) – weshalb seine Soteriologie den Begriff „Angst“ nicht kennt, umso mehr dagegen die Optionen Freude (vgl. Phil 3,1; 4,4 u.ö.), Freiheit (vgl. Röm 8,21; 2 Kor 3,17) und Friede (vgl. Röm 5,1; 1 Kor 7,15).

Die Ignoranz der Outsider quittiert der „Seiltänzer“ Paulus mit paradoxer Ironie (1 Kor 1,18–25) oder dualistischer Polemik (Röm 1,18–3,20). Auf ignorante Tendenzen der Insider kann er mit schulmeisterlicher (1 Kor 4,21: mit einem Stock soll ich kommen zu euch) oder mütterlicher (1 Kor 3,2: Milch gab ich euch zu trinken, nicht [feste] Speise) Pädagogik reagieren. Letztlich aber empfiehlt auch er für die An-„Spannung“ der vertikalen Orientierung das Gebet: Nichts sorgt, sondern in allem sollen durch das Gebet und die Bitte mit Danksagung eure Forderungen kundgetan werden bei Gott (Phil 4,6). Als „athletisches“ Tun erweist sich diese Art praktischer Transzendentalität insofern, als es sich durch Konstanz auszeichnet (1 Thess 5,17: unablässig betet; Röm 12,12: im Gebet Ausharrende) und bei aller Gemeinschaftlichkeit offensichtlich auch den Rückzug kennt ins individuelle Privatissimum vor Gott (vgl. 1 Kor 7,5).

Wie letztere Art von Selbstüberschreitung hin zu Gott gestaltet sein könnte, lässt sich begründet vermuten von der paulinischen Gebetssemantik her: Denn wir wissen nicht, was und wie wir beten sollen (Röm 8,26b), gesteht Paulus. Wir wissen es nicht wegen unserer Schwachheit (ebd.). Diese beruht auf unserer nachhaltigen Verwobenheit in diesen Aion, die nur gelöst werden kann durch den göttlichen Geist, in dem wir schreien abba, Vater (Röm 8,15). Weil aber zwischen Mensch und Gott qua definitionem eine Distanz bleibt, ist es letztlich der Gottesgeist selbst, der spricht, wenn wir beten: der Geist selbst tritt ein durch unsagbare Seufzer (Röm 8,26c). Indem also die Distanz von Unten-Oben trotz der pneumatischen Verbundenheit bestehen bleibt, bleibt auch die Vertikaldynamik erhalten. Die mit der bipolaren Spannung verbundene Transzendentalität macht sich auf sprachlicher Ebene bemerkbar: Unsagbare Seufzer sagt der Beter! Was damit gemeint ist, könnte sich klären von der Erfahrung des Paulus her, wonach er bis (in den) dritten Himmel entrückt wurde, hinein ins Paradies, wo er unsagbare Worte hörte (2 Kor 12,2–4) – offensichtlich eine Art himmlische Metasprache, eine Artikulation der Verständigung, die sich der menschlichen Begrifflichkeit entzieht. Von daher dürfte mit den unsagbaren Seufzern, in denen der Gottesgeist durch uns spricht, eine Kommunikationsform gemeint sein, die jenseits der menschlichen Sphäre und damit außerhalb der menschlichen Sprache liegt. Gleichzeitig scheint es sich um eine Kontaktform zu handeln, die auch noch das menschliche Empfinden und Wollen übersteigt: der, der die Herzen durchforscht, weiß, was das Sinnen des Geistes, weil gemäß Gott er eintritt für die Heiligen (Röm 8,27).

Im geistgewirkten Beten kommt folglich eine Gottgemäßheit ins Spiel, durch die menschliches Unten und göttliches Oben sich ausnivellieren. Der Mensch überschreitet sich selbst und eine face-to-face-Begegnung mit Gott wird möglich – freilich allein durch den Geist Gottes. Er ist als Anzahlung … in unsere Herzen (gegeben) (2 Kor 1,22; vgl. Gal 4,6). Die Gebets-„Askese“ ist folglich eine Herzensangelegenheit. Nicht gemeint ist damit allerdings, dass sich christliche Athletik in Romantik oder Spiritistik vergeistigt. Wenn Paulus darauf hinweist, dass ein Tempel Gottes ihr seid, indem dass der Geist Gottes in euch wohnt (1 Kor 3,16), definiert er die Christusgläubigen als ein leibhaftes Gotteshaus aus Fleisch und Blut, Wille und Verstand, Herz und Geist. So wird Beten zu einem ganzheitlichen Akt: Ich ermahne euch nun, Brüder, durch die Erbarmungen Gottes eure Leiber bereitzustellen als lebendiges heiliges Opfer, Gott wohlgefällig, ein vernünftiger Gottesdienst (Röm 12,1). Der „Ausstieg aus der Faktizität“ endet von daher nicht als Weltflucht, sondern vollzieht sich existenzhaft. Der „Zug nach oben“ zeigt sich horizontal verstrebt, anthropologisch wie soziologisch. Die Vertikalität lebt in konfessorischer Spannung und ethischer Anspannung.

3.1.3 Gottesherrschaft und Vollkommenheit – die matthäische Anthropotechnik

Matthäus rezipiert die jesuanische Verankerung der Vertikalität in der durch ihn selber anbrechenden Gottesherrschaft vor allem in der Fokussierung auf Jesus als den authentischen Lehrer der mosaischen „Gerechtigkeit“. Was seine Persönlichkeit angeht wie ein „zweiter Mose“ gekennzeichnet[61], fungiert Jesus als gro-

61 Der Prolog der sogenannten „Kindheitsgeschichten“ präludiert in Mt 2,13–21 das Mose-Modell im Motiv des „verfolgten Gotteskindes“; vgl. Luz, U., Das Evangelium nach Matthäus (Mt 1–7), Zürich u.a. ^{4}1997, 127; in tabellarischer Zusammenstellung zuletzt: WUB 58 (2010) 42f. Der „biographische“ Hauptteil demonstriert den Offenbarer des göttlichen Gesetzes im Charakteristikum der Rede (5–7: „Bergpredigt“; 10, 5–42: „Aus-

ßer Redner mit dem Ziel der schrift- d.h. offenbarungsgemäßen Orthopraxie.[62] Paradigmatisch führt dies Matthäus in der sogenannten Bergpredigt vor Augen, und zwar in formaler, semantischer wie pragmatischer Hinsicht.

Ob zentrisch um das Vaterunser (6,9–15) gruppiert[63] oder linear angeordnet nach der rhetorischer Maßgabe des auf „Belehrung“ zielenden genus deliberativum[64] – als inhaltlicher Mittelpunkt bzw. thematische porpositio (oder questio) erweist sich der Anspruch der *besseren Gerechtigkeit* (5,20). Sie gründet darin, *vollkommen wie euer himmlischer Vater* (5,48) zu sein. Die Ungeheuerlichkeit dieser Vertikalität, ihr überfordernder Tenor, wird augenfällig vom argumentativen Kontext her. Es zeigt sich nämlich, dass der abschließende Imperativ für sämtliche Handlungsbereiche der alltäglichen Praxis gilt: Orientiert an der Reihung des Dekalogs geht es um das Schwören (5,33–37) und die Nächstenliebe (5,43f), Ehebruch und Ehescheidung (5,27–32), Aggression (5,21f) und Vergeltung (5,38–41). Darüber hinaus normiert der steile Anspruch aber auch gesetzlich nicht deklarierte Verhaltensweisen, allen voran den unangemessenen Blick auf andere (7,1–5: Verurteilung) oder sich selbst (7,21–23: Selbsttäuschung) oder das Dasein überhaupt (6,25–34: Sorge). Schließlich betrifft die Maßgabe radikaler Authentizität auch die Zentren der Frömmigkeitspraxis, das Gebet (6,5f; 7,7–11) und das Fasten (6,16–18).

Den strikten „Zug nach oben“ unterstreicht die Kontinuität einer kontrastierenden Semantik, die der Vollkommenheit die Heuchelei gegenüberstellt.[65] Beide Arten des Verhaltens sind Ausdruck einer analogen Haltung, die wiederum aus der entsprechenden Bezogenheit auf Gott resultiert: Eins mit ihm, leben aus ihm generiert ein Leben aus sich selbst, wobei dieses Selbst konstituiert wird durch die Authentizität des Eins-sein-mit-sich. Vollkommenheit besteht so gesehen in der „Kongruenz von Innen und Außen“[66]. Axiomatische Voraussetzung dieser biopsychosozialen Symmetrie menschlicher Existenz ist ein zweifach verortetes Gottbekenntnis: Gottes Schöpfung, an der der Mensch als Geschöpf Teil hat, war und ist gut. Und Gott tritt in einer dämonisierten Welt seine Herrschaft an als weiser, d.h. gerechter und barmherziger König. Wer in diesem Sinne „Schüler“ ist (5,1), erhält den paränetischen Anspruch der „Vollkommenheit“ als Faktizität zugesprochen (5,3–12). Dieser konstituierende Zuspruch wiederholt sich in charakterisierenden Metaphorisierungen: normierend in den Lebensaxiomen *Salz* und *Licht* (5,13–16), verdichtend in den Komplementaritäten

---

sendungsrede“; 13: „Gleichnisrede“; 18: „Gemeinderegel“; 23–25: „Gerichtsrede“). Der Epilog prolongiert die Kategorie der Gesetzesgelehrigkeit in der Bestallung der „Schüler“ als repräsentierende „Lehrer“ des Gebotenen (28,19f).

62 Alleiniger Maßstab im „Gericht“ ist die konkrete Tat, die sich am Gottesgebot orientiert (25,31–46).

63 Vgl. u.a. Luz (Anm. 61) 178–420; Stiewe/Vouga, Bergpredigt (Anm. 56).

64 Vgl. v.a. Zeilinger, F., Zwischen Himmel und Erde. Ein Kommentar zur „Bergpredigt“ Matthäus 5–7, Stuttgart 2002; Vahrenhorst, M., Die Bergpredigt als Weisung zur Vollkommenheit. Noch ein Versuch, die Struktur und das Thema der Bergpredigt zu finden, in: Lehnert, V.A./Rüsen-Weinhold, U. (Hg.), Logos – Logik – Lyrik. Engagierte exegetische Studien zum biblischen Reden Gottes (FS K. Haacker), Leipzig 2007, 115–136.

65 Vgl. Vahrenhorst, Bergpredigt (Anm.64) 128.

66 Vgl. Vahrenhorst, Bergpredigt (Anm. 64) 121.

Schatz/Herz, *Leib/Licht* sowie *Herr/Dienst* (6.21.22f.24), appellierend in der Dualität *engem//breitem Tor – Weg des Verderbens//des Lebens* (7,13f.), plausibilisierend in der Dualität *Haus auf Felsen//auf Sand* (7,24–27).

Die Korrespondenz von Zuspruch und Anspruch, Norm und Konsequenz rahmt die „Belehrung“ und konturiert ihren Gedankengang. „Weisheitliche Merksprüche“[67] wirken dabei wie mnemotechnische Sprossen, die auf dem Weg „nach oben“ der Sedimentierung dienen. Ziel der didaktischen Mühen ist letztlich das *reine Herz* (5,8a). Was diese Zentralkategorie der biblisch-anthropologischen Semantik[68] meint, lässt sich matthäisch erschließen aus dem religionspsychologisch affizierten Konnotat *die Armen im Geiste* (5,3a) und der religionssoziologisch orientierten Kennzeichnung *die Sanften* (5,5a): Syntaktisch liegt jeweils ein Haupt- und Nebensatz vor, deren Inhalt jeweils in einem Zuspruch mit anschließender Zusage besteht. Zugesagt wird jeweils eine unmittelbare Gottesbegegnung, metaphorisch zum Ausdruck gebracht mit *ihrer ist das Königtum der Himmel* (5,3b), *sie werden erben die Erde*[69] (5,5b) und *sie werden Gott schauen* (5,8b). Die zugesprochene Voraussetzung besteht in einer radikalen Offenheit (*arm dem Geiste nach*), die auf jegliche Selbstmächtigkeit verzichten kann (*sanft*), indem der Mensch im Bewusstsein seiner göttlichen Herkunft und Bezogenheit lebt (*reines Herz*). Die entsprechende „Gottes-Kongruenz“ konkretisiert sich in der stimmigen Haltung einer kongruenten Ganzheitlichkeit[70] und zeigt sich im vollkommenen Verhalten.

Der „asketische“ Akt ist dabei ein zweifacher. Zum einen verlangt der Anspruch der Vollkommenheit ein konstantes „Üben“ in konkreter Umsetzung. Da diese nie vollständig zu leisten ist, lebt der vertikale Schub der Vollkommenheit entscheidend von einer maßlosen Vergebungsbereitschaft[71], die wiederum im Vertrauen auf Gottes Barmherzigkeit gründet. Zum anderen hat natürlich auch der Zuspruch der Vollkommenheit ein konstantes „Üben“ nötig. Die Gutheit der protologischen Geschöpf-Mäßigkeit wie der eschatologischen Basileia-Zugehörigkeit ist in ihrer exorbitanten Unmöglichkeit ständigem Zweifel ausgesetzt. Um immer wieder zu der entsprechenden Zuversicht durchzudringen und

---

67 Zur rhetorischen Figur der Gnome als „allgemeiner Weisheitsspruch“ und ihrer funktionalen Verwendung als „Merkspruch“ vgl. Zeilinger, Himmel (Anm. 64), 22–24.

68 Näheres unter Punkt 3.2.2!

69 Intertextueller Bezugspunkt ist das biblische Motiv der „Land“-Verheißung (Abraham; Exodus; Exil). In Aussicht gestellt wird ein Ort der Freiheit, selbstbestimmt und authentisch insofern, als das Volk Israel uneingeschränkt in der Weisung Gottes leben kann – somit da sein in der Atmosphäre göttlicher Präsenz.

70 Papst Benedikt XVI (Jesus von Nazareth. Erster Teil: Von der Taufe im Jordan bis zur Verklärung, Freiburg 22007, 123) spricht in diesem Zusammenhang vom Zusammenwirken der „Kräfte der menschlichen Existenz“ im Sinne einer „Ganzheit von Leib und Geist“ und verweist auf das Votum des Theophil von Antiochia (um 180): „Zeige mir den Menschen in dir!“ Bernhard Lang (Jesus der Hund. Leben und Lehre eines jüdischen Kynikers, München 2010, 161) zitiert im Kontext der Frage nach der vollkommenen Einfachheit Gregor von Nazianz (ca. 280–374), der die kynische Vollkommenheit des Diogenes in jenem selbst verortet: „`Nicht Gott und nicht Hoffnung haben die strenge Regel gestiftet – er selbst tat´s.´“

71 Vgl. innerhalb der „Gemeinderegel“ neben dem siebzigmal sieben (18,21f) die Gleichnisse vom verirrten Schaf (18,10–14) und vom Schalksknecht (18, 23–35).

die hingabebereite Selbstgewissheit zu festigen, gilt als immerwährende Maxime: *Wachet und betet, damit ihr nicht hineinkommt in Versuchung* (26,41). Unter Gebet versteht Matthäus dabei ein *In-seine-(hinterste)-Kammer-gehen* (6,6) – eine Zurückgezogenheit, die sich dem *Im-Verborgenen-Sehenden* öffnet.[72]

3.1.4 Gottesweisheit und Wahrhaftigkeit – die jakobeische Anthropotechnik

Eine matthäus-analoge Vertikalität dokumentiert der Jakobusbrief – von Martin Luther bekanntlich als „strohene Epistel“ abgetan, weil ein explizites „was Christum treibet“ fehle.[73] Dabei demonstriert die Frohbotschaft des Jakobus den christlichen „Zug nach oben“ in kaum zu überbietender Klarheit insofern, als er auf die orthopraktische Konsequenz des Glaubens als tragender Verifikation der Christusfrömmigkeit fokussiert. Er erweist sich dadurch geradezu als biblisch-christliches Paradebeispiel für Sloterdijks Konzeption von „Vertikalität“ und „Askese“. In ethischer wie spiritueller Hinsicht konstituiert sich christliches Selbstverständnis als Prozess ständiger „Übung“: *Vollkommenheit* ist Gabe (*Gesetz*; 1,25), Aufgabe (*am Zügel zu führen den ganzen Leib*; 3,2) und Ziel (*fehllos, in nichts zurückbleibend*; 1,4). Möglich ist sie durch die Gabe der Gottesweisheit (1,5; 5,13–17), die sich als *sanfte* Lebensweisheit im konkreten Tun verwirklicht (3,13–18). Vermittelt ist sie durch das *Wort der Wahrheit*, durch das Gott den Glaubenden *gebar* (1,18), der wiederum als „Aus-der-Wahrheit-Geborener“ diese Wahrheit im konkreten Tun als Wahrhaftigkeit realisieren muss (3,14; 5,19). Und wieder bildet das unermüdliche Gebet (1,5f; 5,13–18) die dem Tun komplementäre Seilwinde für die Spannung des „nach oben führenden Seils“.

---

72 Über Potenzial und Sprengkraft der „Vertikalität“ der Bergpredigt gibt die kirchliche Rezeptionsgeschichte eindrücklich Auskunft. Vgl. Stiewe/Vouga, Bergpredigt (Anm. 56), 3–29; Theißen, G./Merz, A., Der historische Jesus. Ein Lehrbuch, Göttingen 21997, 313–317; Barth, G./Aukrust, T., Art. „Bergpredigt I.II“, in: TRE 5 (1993) 618–626, hier 611–615.618–622. Chronologisch aufgelistet diagnostiziert Kühlwein, Chaosmeister (Anm. 57), 19, eine Vielfalt von – sich jeweils überlagernden – Auslegungsmodellen: 1. altkirchliche Perfektionsethik; 2. scholastische Zwei-Stufen-Ethik; 3. lutherische Zwei-Reiche-Ethik; 4. protestantisch-orthodoxe Unerfüllbarkeitsethik; 5. liberal-protestantische Gesinnungsethik; 6. apokalyptisch-eschatologische Interimsethik; 7. katholische Zielgebotsethik.

73 Vgl. Luthers Vorreden zur Bibel, hrsg. v. H. Bornkamm, Göttingen ³1989, 215–218.

3.1.5 Gotteserkenntnis und Lebensfülle – die johanneische Anthropotechnik

Das Johannesevangelium rezipiert den Jesusimpuls im Modus der weisheitlichen Theologie des Frühjudentums. Deren markante Raum-Zeit-Konstellationen – räumliche Dualität (oben – unten; drinnen – draußen) gepaart mit zeitlicher Unität (präsentische Aktualität des futurisch Kommenden) – führt zu einer „Vertikalität" sondergleichen, sowohl in werkstruktureller Hinsicht wie auch hinsichtlich der Christologie, Erzähltechnik, Terminologie, Anthropologie und letztlich auch Pragmatik.

Mit einem signifikanten „Zug nach oben" erweist sich bereits der Rahmen des Werkes konturiert: Der Prolog verortet nicht nur den fleischgewordenen christologischen Protagonisten im himmlisch-göttlichen Oben (1,1–4), sondern auch dessen menschliche Schülerschaft (1,13). Der Epilog endet mit dem hyperbolischen Schlusssatz, dass – wollte man alles aufschreiben, was Jesus getan hat – *die Welt nicht fassen könnte die zu schreibenden Bücher* (21,25c). Dem Werkinhalt wird damit expressis verbis eine vernachlässigbare Vorläufigkeit attestiert angesichts der Unermesslichkeit des Themas. Gleichzeitig jedoch verifiziert der Epilog den Autor dieser scheinbar rudimentären Tradition als authentischen Mittler der literarisch objektivierten Christus-Wahrheit: Er, der von Jesus *Geliebte* (13,23; 19,26; 21,7.20), *bleibt* (21,22f) und *wahr ist sein Zeugnis* (21,24c). Verlässlich ist diese bleibende Wahrheit wegen ihrer Verortung im Oben, worauf im Erzählduktus des Werkes der Motivzusammenhang hinweist, in dem der *Geliebte* mit dem *von oben gekommenen* Protagonisten (3,31 u.ö.) steht: Er *liegt ... im Schoß von Jesus* (13,23) wie Jesus *im Schoß des Vaters* (1,18b), als welcher dieser den von niemandem je gesehenen Gott *auslegte* (*exēgēsato*) (1,18c). Besagte Gottes-„Exegese" liegt in Form und Inhalt des Werkganzen vor – *Herrlichkeit ... voll Gnade und Wahrheit* (1,14c) – und bildet gleichzeitig doch nur eine reduzierte Form gegenüber dem offensichtlich maßlosen *anderes vieles* (21,25a). Das Versprechen eines unerschöpflichen Mehr über ein *Leben in Fülle* (10,10c) hinaus ist Tenor des gesamten Textkorpus.

Im Rahmen des frühchristlichen Messianismus zeigt sich diese Verheißung personalisiert im Gottgesandten (1,14; 3,16f. u.ö.), der als der *christós* (1,41; 4,25f.u.ö.) Gottes *Namen offenbart* (17,6), indem er *die Worte Gottes redet* (8,55c; 14,24; 17,14) und *die Werke Gottes vollbringt* (4,34; 5,36; 10,25.37; 17,4). In solch exquisiter Funktion agiert er wie Gottes Stellvertreter auf Erden (5,19–21; 14,10). Folgerichtig kennzeichnet er seine authentische Identität mit dem theophoren *ich bin* (6,20; 18,6).

Erzählstrategisch objektiviert sich das transzendente Mehr im Abstieg-Aufstieg-Schema, sei es in der kosmisch-mythischen Vorstellung vom *Licht*, das auf die Erde kommt (1,4.9; 8,12; 9,5; 12,46), sei es in der gesandtenchristologischen Vorstellung von Sendung (4,34; 6,29 u.ö.) und Rückkehr (13,1: *hinübergehen*). Beide Konzepte agieren im dualen Duktus des Oben-Unten. Bei aller Prozesshaftigkeit verläuft dabei die Entwicklung auf der Schiene einer diametralen Diastase und einer entschiedenen Opposition: Im Rahmen der ersteren stehen sich Finsternis und Erhellung, Blindsein und Sehenkönnen, Ignoranz und

Erkenntnis, Ohnmacht und Mündigkeit gegenüber (1,4f.10; 9,5.39–41; 11,9f; 14,7.17; 15,14f.18; 16,3; 17,3.25). Die zweitere Dimension dient dazu, in der Frage der Herkunft jegliche Auffassung, die nicht davon ausgeht, dass der beauftragte Offenbarer *von oben* kommt (3,31; 8,23) bzw. *aus Gott* stammt (1,1f), als Verständnis- und Erkenntnislosigkeit zu desavouieren (vgl. 7,41f; 8,14f). Komplementär dazu wird die Frage des Kreuzestodes, bar jeglichen frühchristlich-soteriologischen Gehalts, als *hinübergehen* (13,1; vgl. 16,28: *wieder verlassen*) verstanden – in konsequenter Fortführung des Gedankens von Sendungsauftrag und Auftragserfüllung (4,34; 17,4; vgl. 19,30: *tetélestai*).

Den oppositionellen Lokalitäten und dem jeweiligen „Überstieg“ entspricht eine durchgehend dual gekennzeichnete Seins- bzw. Wesenshaftigkeit: Der himmlische Gott-Gesandte agiert zwar *in der Welt*, ist aber nicht *aus/von der Welt* (8,23; 17,14). Das Gleiche gilt auch für seine Schüler, die als wirkliche Schüler (vgl. 13,35; 14,21.23f) wie ihr himmlischer Meister *aus Gott* sind (8,47; 15,19; 17,14). Die jeweilige Herkunft präjudiziert das Wesen und kennzeichnet das Sein. Die holistische Gesetzmäßigkeit des strengen Gegenüber von Gott und Welt dokumentiert sich im terminologischen Gewebe markanter Gegensatzpaare (*Licht-Finsternis*; *Liebe-Hass*; *Leben-Tod* usw.).

Der Strenge der kosmologischen wie anthropologischen Dualität entspricht auf der soteriologischen Ebene der harte Gegensatz der *krísis*. Das transzendente Oben will mit seinen innerweltlichen Aktivitäten eine *Scheidung* herbeiführen zwischen oben und unten, innen und außen – und zwar mitten in der Welt, hier und jetzt: Wer *erkennt*, hat *das ewige Leben* (17,3). Wer *glaubt*, ... *hinübergegangen ist er aus dem Tod ins Leben* (5,24c). Conditio sine qua non solcher präsentischen Eschatologie ist das Wort des Offenbarers – wie es im Wort des *geliebten Jüngers* in authentischer Form begegnet. Dieses verlangt ein Wahrnehmen, das *hört* (5,24a u.ö.) und *bewahrt* (8,51f; 14,15.21.23f; 15,10.20; 17,6). Und es verlangt eine Offenheit und eine Diszipliniertheit und eine Konsequenz, welche *tun* (3,21; 13,15.17; 14,12; 15,14) und *lieben* (13,34; 14,21.23f) und insofern *bleiben* lassen (1,38f; 6,56; 8,31; 15,4–10; 21,22f) bzw. eine *Bleibe* (14,2.23c) verschaffen. Vorraussetzung ist der personale Kontakt mit dem Christus-*lógos*, der in eine amalgamhafte Verbundenheit mündet. Von daher avanciert im Johannesevangelium das mystische *in mir sein* (vgl. v.a. 14,10–20) zum pragmatischen Zentralmotiv.

Die *Bleibe*, die dieses *In-sein* bietet, hat freilich nichts mit statischem Quietismus zu tun. So wie das Offenbarer-Wort in seiner Unermesslichkeit (vgl. 21,25) des *paráklētos* bedarf, des *Beistandes*, der *einweisen wird in die ganze Wahrheit* (16,7.13), so bewirkt dieses Offenbarer-Wort schon in seiner Vorläufigkeit eine unerschöpfliche Fülle im Glaubenden: *Flüsse werden aus seinem Leib fließen von lebendigem Wasser* (7,38). Man kommt an kein Ende mit der Größe, Potenz und Dynamik des „nach oben“, das in ein „nach innen“ gewendet ist: hinein in den Text, in das Wort, in den Christus-Offenbarer, in Gott – hin zum *ich bin*. Diesem unendlichen Überstieg dient das ganze Erlösungsdrama der johanneischen Jesus-„Biographie“. Ihr Impetus und ihre Wirkabsicht sind mystagogischer Natur. Mit einem steilen Einstieg lädt sie ein auf den Weg, wenn sie den Schülern am Anfang *Größeres als dieses* verheißt (2,50c; vgl.

14,12). Gemeint ist nichts Anderes als die kontemplativ-mystische Verbundenheit mit Gott und seinem *lógos*-Repräsentanten – eine Himmelsleiter-Erfahrung (2,51): Der *Himmel geöffnet* und Kontakt mit Gott für *den Sohn des Menschen*, der von sich sagen kann: „Ich bin!“.

3.2 Axiome der biblisch-christlichen Anthropotechnik

Bei allen Unterschieden in Terminologie, Bildvorstellung und Weltanschauung präsentiert die neutestamentlich-christliche Tradition in „anthropotechnischer“ Hinsicht ein gemeinsames Konstitutivum: Einen „Zug nach oben“, der in theozentrischer Orientierung gründet und eine „Askese“ zumutet, die auf anthropozentrische Kompetenz vertraut. Aus der Spannung beider Pole lebt die biblische „Vertikalspannung“. Im „Namens“geheimnis Gottes und in der menschlichen „Herzens“konstitution und im übenden „Weg“-Prozess hat sie ihre axiomatischen Verstehensvoraussetzungen.

3.2.1 Der göttliche Name

Der biblische Gott hat wie die Götter der anderen Religionen natürlich einen *Namen*.[74] Als Repräsentanz Gottes (vgl. Dtn 12,11; Ez 36,20f) bringt er auch das Wesen und die Identität Gottes zum Ausdruck (vgl. Gen 32,28–30). Gerade hinsichtlich dieses semantisch-onomatischen Zusammenhangs dokumentieren die biblischen Zeugnisse aber ein eigenartiges Paradox: Gott hat zwar einen Namen, aber dieser Name ist unsagbar, nicht aussprechbar. Nur als indirekte Benennung kommt er den Menschen über die Lippen (vgl. Jes 6,3: *Herr*) – eine Scheu, die sich mit der Heiligkeit Gottes, aber auch mit der magisch-sakramentalen Potenz des Namens[75] erklären lässt. Als solche situiert sie sich auch in der „10-Worte“-Reihe im Verbot des „Missbrauchs“ des Gottesnamens an vorderster Stelle (Ex 20,7). Eine andere Dimension kommt ins Spiel, wenn Gott, gefragt nach seinem Namen, entweder keine Auskunft gibt (Gen 32,30b: *Was fragst du mich nach meinem Namen?*) oder mit der Umschreibung antwortet: *Ich bin der ich bin!* (Ex 3,14). Die Bedeutungsoffenheit dieser Aussage wird ins Kryptische gesteigert durch die grammatikalische Polyvalenz der hebräischen Wendung *ey^{e}he ašer ey^{e}he*. Analog zur Verschriftlichung des Gottesnamens im piktogrammartigen Konsonantenkürzel *JHWH* changiert einerseits der temporale Gehalt zwischen Präsens und Futur und oszilliert andererseits der semantische Gehalt zwischen

---

74 Zum Ganzen vgl. neben den einschlägigen Lexikonartikeln Dalferth, I.U./Stöllger, Ph., Gott nennen. Gottes Namen und Gott als Name, Tübingen 2008; Ebach, J., Gottes Name(n) oder: Wie die Bibel von Gott spricht, in: BiKi 65 (2010) 62–67.

75 Vgl. Stimpfle, A., „Was fragst du mich nach meinem Namen?“. Der Name Gottes in der Tradition der Bibel, in: ders. Das Herzensgebet. Seine Wurzeln – seine Anfänge, Wennigsen 2007, 5–23, hier 9–11.

„sein“ und „werden“, so das Tetragramm wohl vom Stamm *hjh* bzw. *hwh* herzuleiten ist. Als Kennzeichnung Gottes wäre dann ein dynamisches „Sein“ intendiert, das „sich erweist“, indem es in Erscheinung tritt. Wird dieser Gott nicht epiphan, bleibt er ein Geheimnis. Als solches entzieht sich Gott allen sprachlichen Kategorisierungen. Wer er wirklich ist, lässt sich auf dem Weg rationaler Reflexion nicht erkennen, nur in der Begegnung mit ihm wahrnehmen. Aufgrund solch konstitutiver Erfahrungsfokussierung steht jede Namensgebung in Gefahr, zum unangebrachten Vorgriff zu werden. Gottes Name muss letztlich „namenlos“ bleiben.[76]

Die Jakob-Jabbok-Geschichte (Gen 32,23–32) expliziert dieses theologische Essential narrativ: Nach einem nachtlangen Ringen mit einem Unbekannten heißt es von Jakob: *Die Sonne strahlte ihm auf*[77], obwohl er verletzt aus dem Kampf ging. Dass ihm die Sonne sozusagen neu aufging, rührt davon her, dass er Gott gesehen hat, und zwar *von Angesicht zu Angesicht. Penuel* nennt er deshalb den Ort – *Gottesgesicht.* Auch sein eigener neuer Name zeugt von seiner Erfahrung: *Israel – der, der mit Gott gerungen hat.* Als solcher ist Jakob-Israel somatisch gezeichnet; er hinkt von nun an. Eine körperliche Einschränkung, die ihn dauerhaft erinnert an sein menschliches Behindert-Sein, freilich auch an die vertikale Potenz seins Menschseins. Obwohl Jakob-Israel den Namen Gottes nicht in Erfahrung bringen konnte, kennt er ihn jetzt – auch wenn er seinen Namen nicht weiß.

In der Tradition dieser Vorstellung vom Wesen Gottes als überweltliche Erhabenheit, die im Überstieg zwar erfahrbar, begrifflich aber nicht zu fassen ist, steht auch Jesus von Nazareth. In seinem Vater-unser-Gebet (Mt 6, 9–13; Lk 11,2–4) geht es in streng theozentrischer Fokussierung an erster Stelle um Gott.[78] Alles gründet in ihm, seiner Größe, Macht und Herrlichkeit. Ihm gegenüber wirkt der Mensch wie ein bedürftiges und verführbares Wesen, ohnmächtig und dabei doch schuldverstrickt. Gerade die Einsicht in dieses Verhältnis und die bewusste Anerkennung dieser Beziehung entgrenzt den Menschen und macht ihn zum Partner Gottes. Nicht von ungefähr steht in der Reihe der Bitten an erster Stelle der Name Gottes. Seine Heiligung ist Ausgangspunkt alles Weiteren, um das gebeten wird: das Königtum Gottes und der Wille Gottes, das nötige Brot und die Schuldvergebung, die Bewahrung und Rettung vor Versuchung und dem Bösen. Zugrunde liegt eine Frömmigkeit, die Gott Gott sein lässt – ein „Geheimnis“, unerforschlich und unerschöpflich und doch erfahrbar als das Bergende, Tragende, Kraftspendende. Fromm ist, wer sich auf dieses Paradox einlässt – in der Überzeugung, dass er in der Hingabe an dieses Mysterium

---

76 Wie streng die damit verbundene „Unaussprechlichkeit“ Gottes gedacht wird, zeigt der Umgang mit dem Kürzel *JHWH*, das an sich ja schon kryptisch ist: Um nicht ausgesprochen werden zu müssen, wird es ersetzt durch Begriffe *adonaj* („Herr“), *elohim* („Götter-Gott“) oder einfach *haschem* („Name“). In der Zeit Jesu ist es gänzlich verboten, das Tetragramm in den Mund zu nehmen. Lediglich am Versöhnungstag darf es allein vom Hohenpriester ausgesprochen werden.

77 So in der Übersetzung nach Buber/Rosenzweig (Die Schrift. Die fünf Bücher der Weisung, Darmstadt [12]1997).

78 Zum Ganzen vgl. Stimpfle, A., Geheiligt werde dein Name. Vom „Zauber“ des Gottesnamens, in: ders., Pater (Anm. 58), 31–54.

das Heilsame entdeckt, Heil findet im unbenennbar Heiligen, im namenlosen Namen Gottes.

In diesem Verstehenskontext muss auch die neutestamentliche „Vater"-Kennzeichnung verortet werden. Sie ist der Ausdruck für die Beziehung zum nicht erkennbaren, wohl aber wahrnehmbaren Gott. Der *Name, der über jedem Namen ist* (Phil 2,9), die Namenlosigkeit Gottes, führt nicht zur Sprachlosigkeit – wohl aber zum Schweigen vor dem gegenweltlich Vollkommenen, dem schlichtweg Heiligen. Mag es auch viele Mächte und Gewalten und Götter geben (vgl. Röm 8,38; 1 Kor 2,8; 15,24), entscheidend für wirkliche Transzendenz ist der Kontakt mit dem einzig-wahren (vgl. 1 Kor 8,4–6). Dessen Heiligkeit sondert nicht einfach ab und degradiert, sie lädt vielmehr ein und lässt teilhaben und macht *heilig* (Röm 1,7 u.ö.).

Das „Seil nach oben" ist sozusagen von oben her gespannt. Zu „üben" gilt auf dem unteren Pol vor allem Anderen die Heiligung des Gottes-Namens. Welche „Athletik" dazu gefordert ist, führt der „Ringer" Jakob vor Augen: Trotz der Warnung des Fremden beim Anbruch der Morgenröte – die Bitte, ihn gehen zu lassen, ist eine Warnung, denn würde Jakob Gott im Licht des Tages sehen, müsste er sterben (vgl. Ex 33,20–23; 1 Kön 19,9–13a; Jes 6,1–5) – ringt Jakob weiter, setzt todesmutig alles aufs Spiel. Und gerade dieses radikale Engagement ist es, was ihn verändert: Aus *Jakob*, dem listigen „Lebenerschleicher", wird *Israel*, der „Gott-Gesegnete". Als solcher braucht er den Namen Gottes nicht zu kennen. Er weiß jetzt und deshalb *ging ihm die Sonne auf.* Denn *er (der Name) ist wunderbar* (Ri 13,17).[79]

3.2.2 Das menschliche Herz

Wenn Gott *Gott ist und nicht Mensch* (Hos 11,9), ist seine radikale Überweltlichkeit innerhalb der irdischen Welt nicht wahrnehmbar – es sei denn, es gäbe ein analoges Sensorium auf Seiten des irdisch-weltlichen Menschen. Nach Vorstellung der biblischen Anthropologie ist es das menschliche *Herz* [80], das als

[79] Die christliche Kirchen- und Theologiegeschichte rezipiert das „Geheimnis" Gottes in unterschiedlicher Intensität. Für die mystische Tradition vgl. Ruh, K., Geschichte der abendländischen Mystik. 5 Bde. München 1990–1999; Gosebrink, H., Das Geheimnis schauen. Grundkurs christliche Mystik. Kösel, München 2007; Wendel, S., Christliche Mystik. Eine Einführung, Regensburg ²2011. Für die Tradition der theologia negativa vgl. Nientied, M., Reden ohne Wissen. Apophatik bei Dionysius Areopagita, Moses Maimonides und Emmanuel Levinas, Regensburg 2010; Pöpperl, Ch., Auf der Schwelle. Ästhetik des Erhabenen und negative Theologie: Pseudo-Dionysius Areopagita, Immanuel Kant und Jean-Francois Lyotard, Würzburg 2007; Westerkamp, D., Via negativa. Sprache und Methode der negativen Theologie, München 2006.

[80] Aus der reichhaltigen Literatur sei verwiesen auf Brunner, H., Das hörende Herz. Kleine Geschichte zur Religions- und Geistesgeschichte Ägyptens, Freiburg 1988; Schroer, S./Staubli, Th., Die Körpersymbolik der Bibel, Gütersloh ²2005; Müller, I., Das hörende Herz. Weisheit in der hebräischen Bibel, Stuttgart 2006; Krüger, Th., Das menschliche Herz und die Weisung Gottes. Studien zur alttestamentlichen Anthropologie und Ethik,

entsprechendes Kontaktorgan[81] fungiert. Mit ihm verfügt der Mensch in seiner immanenten Profanität über den unteren Pol, an dem das „Seil nach oben“ zur transzendenten Sakralität Gottes festgemacht ist.

Offensichtlich beeinflusst vom Kenntnisstand der Anatomie des alten Ägypten und seiner theologischen Anthropologie agiert in den alttestamentlichen Zeugnissen das Herz als Zentralorgan der menschlichen Existenz. Wie differenziert die einzelnen Schriften des Alten Testaments sich diesbezüglich auch äußern mögen[82], common sense ist, dass im Herz sämtliche Aktivitäten des Menschen verortet sind, die physisch-sinnlichen, kongnitiv-geistigen, voluntativ-ethischen, metaphysisch-geistlichen. Die moderne Metapher vom „denkenden Herz“ wirkt für das biblische Menschenbild tautologisch: Es ist das Herz, das *denkt* (Ps 27,8) und *versteht* (Dtn 29,3), das *summt* (Ps 45,2 / Buber) und *tönt* (Ps 19,15 / Buber), das *dichtet* (Ps 45,2 / Luther) und *spricht* (Ps 14,1). Es empfindet sämtliche Gefühlslagen, sei es Freude und Trauer, Mut und Verzagen, Gelassenheit und Zorn, Ruhe und Übermut oder sexuelle Begierde und liebevolle Zuneigung. Als Kern des Menschen und Mitte der menschlichen Person kommt ihm auch die schöpfungsgemäße Fähigkeit zu, mit Gott in Beziehung zu treten. Es fungiert als Ort und Medium des Kontaktes zu Gott,[83] stellt sozusagen das „Gottesorgan“ des Menschen dar.

Diese grundsätzliche Gegebenheit[84] wird durch die Kontingenz des Weltlichen freilich überlagert, findet sich depraviert durch die vielfältigen Mechanismen der Umpolung der „Vertikalspannung“.[85] Deshalb ist dem Menschen seine

Zürich 2009; ders., Das „Herz“ in der alttestamentlichen Anthropologie, in: Wagner, A. (Hg.), Anthropologische Aufbrüche, Göttingen 2009, 103–118.

81 Vgl. Stimpfle, A., „Die Weisen haben ihre Zunge im Herzen“. Das menschliche Herz in der Tradition der Bibel, in: ders. Herzensgebet (Anm. 75), 25–42.

82 Vgl. Müller, Herz (Anm. 80), 31; Krüger, Herz (Anm. 80), 97f.

83 Für die altägyptische Tradition wird immer wieder auf die „Lehre des Ani“ verwiesen, wo Ahnung des Heiligen und Offenheit für die Transzendenz als fundamentales Existenzial des menschlichen Dasein im menschlichen Herzen verortet wird: Durch das Herz sprechen die Götter zu den Menschen. Und durch das Herz hört der Mensch die Götter. Und er kann die Götter erreichen, wenn er mit einem liebenden Herz betet. (Den Text bietet: Quack, J.F., Die Lehre des Ani. Ein neuägyptischer Weisheitstext in seinem kulturellen Umfeld, Göttingen 1994.) Die ägyptisch-israelitische Verbundenheit kommt deutlich zum Ausdruck in der etymologischen Verwandtschaft zwischen dem hebräischen *leb* und dem ägyptischen *jib*.

84 *Wenn ihr mich mit all eurem Herzen sucht, will ich mich von euch finden lassen* (Jer 29,13f; vgl. Dtn 4,29); *Dir spricht mein Herz nach: 'Suchet mein Antlitz!` – dein Antlitz suche ich, Du!* (Ps 27,8). *Es seien diese Reden, dich ich heuttags dir gebiete, auf deinem Herzen ...* (Dtn, 6,6). *...sehr nah ist dir das Wort, in deinem Mund und in deinem Herzen* (Dtn 30,14). *Ich gebe meine Weisung in ihr Inneres, auf ihr Herz will ich sie schreiben, so werde ich ihnen zum Gott* (Jer 31,33). Zitiert wird nach der Buber/Rosenzweig-Übersetzung!

85 Das Herz erweist sich als *süchtig* (Jer 9,13; 13,10); *verwirrt durch Wein* (Hos 4,11), *Weib* (Jiob 31,9), *Konsum* (Ps 62,11), *Gewinnmaximierung* (Jer 22,17; Ez 33,31), *Verlockung* (Jiob 31,7), *Korruption* (Koh 7,7), *Selbstbetrug* (Jes 44,20); *übersättigt* (Jes 9,8), *verfettet* (Jes 6,10), *hart* (Ex 7,13.22; 68,15; 9,35), *steinern* (Ez 11,19; 36,26), *verstockt* (Ex 7,14; 14,4), *böse* (Ps 28,3; 41,7; Jes 32,6). Es ist voller *Hybris* (Hos 13,6; Jes 14,13), *Hochmut*

Herz-Mitte häufig nicht vollkommen zugänglich: *Sie erkennen nicht, sie unterscheiden nicht; denn verklebt sind ihre Augen gegens Sehen, ihre Herzen gegens Begreifen* (Jes 44,18). Allein Gott besitzt den vollständigen Einblick[86] und verfügt über den uneingeschränkten Zugang. Mit diesem darf der Mensch auch grundsätzlich rechnen,[87] in der Sehnsucht nach einem ein für allemal gesundeten Herz, der Hoffnung auf eine „herzliche" Beständigkeit, der Erwartung einer lebendigen Herzens-Reinheit.[88] Verlangt wird vom Menschen als Reaktion eine Hinkehr zu Gott,[89] eine Konsequenz, die verbunden ist mit dem verlockenden Versprechen von *Wollust* und *Wonne* (Jer 15,16). Entsprechend befreiend wirkt sich die Erfahrung des herzens-offenen Gottes aus: *Fest ist mein Herz, Gott, fest ist mein Herz. Ich will Dir singen und spielen* (Ps 108,2).

Es ist diese Option, an der dann die ersten Christen anknüpfen, waren sie doch davon überzeugt, dass die prophetische Verheißung eines *reinen Herzens* in Erfüllung gegangen ist – und zwar mit dem „Geistträger" Jesus (vgl. Lk 4,18–21). Als solcher besitzt dieser ein *sanftes und demütiges Herz,* und wer *von ihm lernt*, wird *Ruhe finden für seine Seele* (Mt 11,29). Und so sind dic Glaubcndcn, auf die der pfingstliche Gottes-Geist ausgegossen ist (vgl. Apg 2), *Beschnittene des Herzens, im Geist, nicht im Buchstaben* (Röm 2,29), denn *die Liebe Gottes ist ausgegossen in (ihre) Herzen* (Röm 5,5).

Die „Vertikalspannung" lebt davon und wird dadurch gewährleistet, dass der *Herzenskenner aller* (Apg 1,24) für die Spannung des „Seils nach oben" zuständig ist: *Weil ihr aber Söhne seid, schickte Gott in unsere Herzen den Geist seines Sohnes...* (Gal 4,6). Dieser ist es, der für den schwächelnden Menschen die Initiative ergreift: *...denn, was wir beten sollen, wie man muss, wissen wir nicht, sondern der Geist selbst tritt ein durch unsagbare Seufzer; der Durchforschende*

(Spr 16,5), *Selbstüberschätzung* (Dtn 8,14.17; Jes 9,8), *Eifer für Nichtiges* (Spr 12,11), *Freude am Törichten* (Spr 15,21), *Versuchung Gottes* (Ps 78,18).

86 *...der Mensch sieht in die Augen. ER aber sieht in das Herz* (1 Sam 16,7). *Gruftreich und Verlorenheit sind IHM gegenwärtig, wie gar die Herzen der Menschenkinder* (Spr 15,11). *... würde Gott dies nicht erforschen? Er kennt ja die Heimlichkeiten des Herzens* (Ps 44,22). *- denn einzig du selber weißt um das Herz aller Menschensöhne -* (1 Kön 8,39).

87 *Nah ist ER denen gebrochenen Herzens* (Ps 34,19). *Mein Herz dreht sich in mir um, mitsammen wallen meine Mitleiden auf. Ich will nicht tun nach dem Flammen meines Zorns ..., denn Gott bin ich und nicht Mann, der Heilige drinnen in dir* (Hos 11,8). *Darum werde einst ich sie locken, ich lasse sie gehen in die Wüste, da rede ich ihr zu Herzen* (Hos 2,16).

88 *... gesandt, zu verbinden die gebrochenen Herzens* (Jes 61,1). *Ich gebe ihnen ein einiges Herz, einen neuen Geist gebe in ihre Brust ich, das Steinherz räume ich aus ihrem Fleisch, ich gebe ihnen ein Fleischherz* (Ez 11,19). *Ich gebe euch ein neues Herz, einen neuen Geist gebe ich euch in das Innere, das Herz von Stein schaffe ich aus eurem Fleisch weg, ich gebe euch ein Herz von Fleisch* (Ez 36,26).

89 *Zerreißt euer Herz, nimmermehr eure Gewänder, und kehrt um zu IHM eurem Gott!* (Joel 2,13). *Beschneidet euch IHM: tut die Vorhäute weg eures Herzens (Jer 4,4). Liebe denn IHN deinen Gott mit ganzem Herzen* (Dtn 6,5). *Ein reines Herz schaffe mir, Gott (Ps 51,12). ... dass er stark beistehe denen, deren Herz befriedet ist zu ihm hin (2 Chr 16,9). ... so gib deinem Diener ein hörendes Herz* (1 Kön 3,9). *... da gebe ich dir ein weises und unterscheidendes Herz* (1 Kön 3,12).

aber die Herzen weiß, was das Sinnen des Geistes ... (Röm 8,26f). Die zirkulare Bewegung des Himmelsleiter-Prinzips also, in der Transzendenz in Immanenz den Selbst-Überstieg des Immanenten protegiert.[90]

3.2.3 Der konfessorische Weg

Das Geheimnis Gottes und das Herz des Menschen bilden bei aller Kompatibilität, was ihre hermeneutische Komplementarität und spirituelle Disposition anbelangt, eine unauflösbare Dualität. Auch wenn sich das Mysterium im „Gottesorgan“ öffnet, bleibt seine epiphane Fülle rudimentär, kontingent, vorläufig: *Denn wir sehen jetzt durch einen Spiegel im Rätsel, dann aber Angesicht zu Angesicht; jetzt erkenne ich stückweise, dann aber werde ich ganz erkennen, gleichwie ich ganz erkannt wurde* (1 Kor 13,12). Die gleiche Partialität gilt konsequenterweise für die Transferleistung auf der horizontalen Ebene, wenn es darum geht, die erfahrene Vollkommenheit alltagstauglich umzusetzen in vollkommener Hingabe.

Die biblische Tradition veranschaulicht diese konstitutive und „spannende“ Zweipoligkeit mit Hilfe der *Weg*-Terminologie, sei es in metaphorischer Semantik[91], sei es in narrativer Pragmatik[92]. Zum Ausdruck gebracht wird jeweils die Dimension des Durativen, Prozesshaften und Entscheidungsträchtigen der konfessorischen Haltung und Praxis. Innerhalb des neutestamentlichen Schrifttums taucht diese Kategorisierung sogar in absolutem Verständnis auf, wenn sie als *der Weg* verwendet wird zur Charakterisierung der christlichen Botschaft und Lebensweise.[93]

Dabei dokumentiert die lange Heils-Geschichte des biblischen Gott-Mensch-Verhältnisses vielerlei Tendenzen, dem „Zug nach oben“ die Spannung zu nehmen, auch und gerade durch eine theologisch begründete Immanentisierung bzw. Säkularisierung des Transzendenten: Eine theokratische

---

90 Zur vielfältigen Wirkungsgeschichte des Motivs „Herz“ als theologische Kategorie vgl. Eckholt, M., Herzensbildung. Theologische Anmerkungen zur Einübung diakonischer Spiritualität, in: Krankendienst 81 (2008) 171–178 (mit einschlägigen Literaturangaben!).

91 Die syntagmatischen Verbindungen sind zahllos, vgl. *Weg des Herrn* (Ex 18,19) und *Weg der Welt* (1 Kön 2,2); *Weg der Gerechten* (Ps 1,1) und *Weg der Sünder* (Ps 1,6); *guter Weg* (1 Sam 12,23) und *krummer Weg* (Ri 5,6); *Weg des Lebens* (Spr 2,19), *Weg der Wahrheit* (Ps 119,30), *Weg des Herzens* (Jes 57,17). *Bereitet dem Herrn den Weg* (Jes 40,3; vgl Mt 3,3). *...weit der Weg, der zur Verdammnis führt / gedrängt der Weg, der ins Leben führt* (Mt 7,13). *...einen köstlicheren Weg zeigen* (1 Kor 12,31). *Ich bin der Weg* (Joh 14,6).

92 Neben dem „Weg“-Typos in den Abraham-, Jakob- und Israel-Erzählungen vgl. im Neuen Testament Lk 24,13–35 (Emmaus), Apg 8,26–40 (Philippus), Apg 9,3–9.17.27 (Paulus).

93 Als Paradebeispiel gilt Apg 9,2: *die von dem „Weg“ sind* (vgl. Apg 18,25f; 19,9.23; 22,4; 24,14.22). In der kirchlichen Tradition reicht der „Weg“-Topos von der „Zwei-Wege-Lehre“ der Didache über das Selbstverständnis von Kirche als „peregrinans“ und den Christ als „homo viator“ bis zur Herzensgebet-Praxis von „Via Cordis“.

Tempelpriesterschaft verpräsentiert Gott im *fanum* des Heiligtums; eine wortfokussierte Kognitionstheologie spiritualisiert die verkopfte Gottesbotschaft; ein esoterischer Geist-Enthusiasmus sakramentalisiert das Erhabene in gegenständlicher Heiligkeit; eine humanistische Menschenfreundlichkeit ersetzt Religion durch Altruismus. In Reaktion auf die Gefahr der Profanisierung und Säkularisierung durch derartige Einpoligkeiten rekurriert die religionskritisch-monotheistische Überzeugung, sei sie weisheitlicher oder prophetischer oder eschatologischer Provenienz, auf das jeweilige transzendentale Pendant. In Erinnerung gerufen wird dadurch, dass die Gott-Mensch-Distanz zwar überbrückbar, aber nicht auflösbar ist. So bleibt die „Vertikalspannung" aufrechterhalten und „zügig".[94]

4 Zum Menschenrechtspotential der „asketisch"-anthropotechnischen Seite von Religion

In der Diskussion um die geschichtliche Herleitung der Vorstellung von allgemeinen Menschrechten bringt Hans Joas als Alternative den Gedanken der „Sakralität, Heiligkeit" ins Spiel: „Ich schlage vor, den Glauben an die Menschenrechte und die universale Menschenwürde als das Ergebnis eines Sakralisierungsprozesses zu betrachten, in dem jedes einzelne menschliche Wesen in immer stärker motivierender und sensibilisierender Weise als heilig angesehen und dieses Verständnis institutionalisiert wird."[95] Die dabei zugrunde gelegte Konnotation von „heilig" als „subjektiv evident und gefühlsmäßig intensiv"[96] dient als soziologische Beschreibungskategorie für das anvisierte Ziel einer „kulturelle(n) Transformation". Aus kulturwissenschaftlicher Perspektive erhält dieses Anliegen in der sloterdijkschen Vorstellung vom Menschen als „übendem" Wesen Ergänzung in strategischer und Unterstützung in pragmatischer Hinsicht.[97] Die bibeltheologische Tradition kann mit ihrem konfessorisch moti-

---

94 Die mystisch-kontemplativen Formen dieser Art von „Askese"-Rezeption sind vielfältig und konstant, wenn auch in der Regel abseits des Mainstreams. Zum Anspruch der „Weg"-Dimension in „Exerzitien" vgl. paradigmatisch Jalics, F., Kontemplative Exerzitien. Eine Einführung in die kontemplative Lebenshaltung und in das Jesusgebet, Würzburg [5]1998, 40: „Wollen Sie sich jedoch auf kontemplative Exerzitien einlassen, zeige ich Ihnen den Weg dahin. Es ist ein langer, steiler und harter Weg, der Ihre kostbare Zeit in Anspruch nimmt. Es ist ein Weg durch schöne Landschaften, aber auch durch die Wüste. Ich werde Ihnen Schritt für Schritt Aufgaben geben, die oft mühsam werden. Sie werden sich häufig fragen, warum Sie sich überhaupt auf diesen Weg eingelassen haben. In solchen Augenblicken werden Sie einfach durchhalten müssen, ohne auf das `Warum?´ einzugehen. Sinnfragen kommen, das ist natürlich, und ich kann Ihnen den Sinn dieser Schritte nicht vorher begründen. Sie folgen einer Anleitung, und ich bin auf Ihr Vertrauen angewiesen."

95 Joas, Mensch (Anm. 5), 49.

96 Ebd. 50.

97 Zu den damit verbundenen „spirituelle(n) Chancen, die uns noch immer als die höheren und höchsten Möglichkeiten des Menschen faszinieren" vgl. Sloterdijk, Leben (Anm. 1),

vierten Inhalt in zweierlei Hinsicht katalysatorisch wirken: Die Überzeugung von der Gottebenbildlichkeit des Menschen – sei es auf Basis der schöpfungstheologischen Weisheit oder der auferstehungstheologischen Apokalyptik – erkennt den Menschen als heiligmäßiges Wesen und anerkennt ihn in dieser Seinskonstitution als sakrosankt. Dieser theologisch-anthropologischen Zuschreibung von Würde korrespondiert auf der pastoral-frömmigkeitspraktischen Ebene das Postulat der „Askese“, das in Gestalt von mystischer Spiritualität und charismatischer Orthopraxie Vollkommenheit anstrebt. Solche selbstverantwortliche Dimension, von der her Wahrheit als Wahrhaftigkeit verstanden wird, besitzen alle sogenannten großen Weltreligionen. Als gemeinsame Erinnerung stellt sie ein „gefährliches“ Potential dar für jegliche Art von autistisch-egoistisch anmutenden Lebensmaximen.[98] Ihr kontrafaktisches Programm von Heiligkeit im Werden, Sakralität in Verantwortung und Transzendierung als Befreiung von „Mächten und Gewalten“[99] beinhaltet ein Potential, das als integrative Kompetenz – sei sie inklusivistisch oder pluralistisch gedacht – die Menschenrechtsvorstellungen produktiv modellieren kann.

Literaturauswahl

Baranzke, H., Menschenwürde und Menschenrechte. Vom Anspruch der Freiheit in Recht, Ethik und Theologie, in: dies., Handeln verantworten. Grundlegungen – Kriterien – Kompetenzen, Freiburg 2010, 47–95.

Benke, Ch., Sloterdijk und die Mystik, in: GuL 79 (2006) 204–215.

Ceming, K., Religionen und Menschenrechte. Menschenrechte im Spannungsfeld religiöser Überzeugungen und Praktiken, München 2010.

Dalferth, I.U./Stöllger, Ph., Gott nennen. Gottes Namen und Gott als Name, Tübingen 2008.

Eckholt, M., Herzensbildung. Theologische Anmerkungen zur Einübung diakonischer Spiritualität, in: Krankendienst 81 (2008) 171–178.

Ernst, G./Sellmaier, St. (Hg.), Universelle Menschenrechte und partikulare Moral, Stuttgart 2010.

Hilpert, K., Art. Menschenrechte in: LThK 7 (2006) Sp. 120–127.

Höffe, O., Die Menschenrechte in der Kirche, in: HCE III (1982) 236–255.

Joas, H., „Der Mensch muss uns heilig sein“, in: DIE ZEIT 52 (2010).

Kammasch, T. / Schwarz, St., Art. Menschenrechte, in: NP 15/1 (2001) Sp. 383–391.

Kilian, R., Ich bringe Leben in euch, Stuttgart 1975.

29f. Aus der Perspektive einer „materialistischen Dialektik“ vgl. Badiou, A., Logiken der Welten. Das Sein und das Ereignis 2, Zürich-Berlin 2010, 606: „Zu beginnen oder wieder zu beginnen, für eine Idee zu leben, ist, weil es möglich ist, der einzige Imperativ.“

98 Tausendsechshundert Jahre vor der postmodernen Performance-Authentizität rät die Antologia Palatina X 72 (Beckby, H. (Hg.), Anthologia Graeca. Griechisch/deutsch, 4 Bde., München ^{2}1965ff): „Die Welt ist eine Bühne und das Leben ein Spielzeug: Verkleide dich und spiel deine Rolle, doch verbanne jeden ernsthaften Gedanken, sonst droht dir das Herz zu zerbrechen.“

99 Den Zusammenhang reflektiert instruktiv Wendel, S., Gott in mir, außer mir, über mir. Zum Verständnis christlicher Mystik, in: GuL 84 (2011) 15–27.

Petit, J.-C., Das Heilige in einer vom Menschen konstruierten Welt, in: Endres, M./Zaborowski, H. (Hg.), Phänomenologie der Religion. Zugänge und Grundfragen, München 2004, 339–351.

Rennkamp, H.-J., Überlegenstraining jenseits von Religion, in: CIG (2009).

Saladin, P., Die Rechtsgeltung von Menschenrechten als Beispiel für die Rechtserheblichkeit ethischer Kriterien, in: HCE III (1982) 197–220.

Sloterdijk, P., Du musst dein Leben ändern. Über Anthropotechnik, Frankfurt a.M. 2009.

Tödt, H.E., Menschenrechte – Grundrechte, in: Böckle, F. u.a. (Hg.), Christlicher Glaube in moderner Gesellschaft, Teilband 27, Freiburg u.a. 1982, 5–57.

Wetzer und Welte's Kirchenlexikon von 1897 (Bd. 10, Freiburg, 2. Aufl., Sp. 849).

Zeilinger, F., Zwischen Himmel und Erde. Ein Kommentar zur „Bergpredigt" Matthäus 5–7, Stuttgart 2002.

Autorenverzeichnis

Prof. Dr. Friedrich Johannsen

Geb. 1944 in Schüttdorf (D), Studium der evangelischen Theologie, Pädagogik und Politik. 1. und 2. theol. Examen und Lehramt an Gymnasien. Promotion (1979), Habilitation (1986). Professor für Evangelische Theologie und Religionspädagogik an der Leibniz Universität Hannover (1989). Arbeitsschwerpunkt: Biblische Theologie in der Religionspädagogik. Zahlreiche Veröffentlichungen zur Didaktik.

Prof. Dr. Dr. Harry Noormann

Prof. für Ev. Theologie und Religionspädagogik am Institut für Theologie und Religionswissenschaft, Philosophische Fakultät der Leibniz Universität Hannover, Vorsitzender der Arbeitsgruppe Interkulturelle Bildung und Entwicklung-spädagogik. Forschungs- und Lehrschwerpunkte: Gedächtnis und Erinnerung in der Migrationsgesellschaft, Transformationsprozesse Kultur und Religion, Didaktik des Ökumenischen und interkulturellen Lernens.

PD Dr. Wolfgang Vögele

Jahrgang 1962, studierte Evangelische Theologie, von 1997–2003 Studienleiter für Rechtspolitik und Sozialethik an der Evangelischen Akademie Loccum, von 2003–2005 Direktor der Evangelischen Akademie Berlin. Seit 1999: Privatdozent für Sozialethik und Systematische Theologie an der Uni Heidelberg und der Humboldt Uni Berlin sowie seit 2006: Pfarrer an der Christuskirche Karlsruhe.

Moussa Al Hassan Diaw

Doktorand, Dozent und Mitarbeiter an der Universität Osnabrück. Dazu ist er Referent in der Lehrerfortbildung an der Pädagogischen Hochschule des Bundes in Oberösterreich und der Diözese Linz und dessen Katholischen Bildungswerkes KBW. Er lehrte zudem an der SIAK – Sicherheitsakademie der Polizei, HUAK – Heeresunteroffiziersakademie und an der Deutschen Polizeihochschule Münster. Sein Forschungsgebiet ist religiöser und politischer Extremismus, Migration und Identität und Postcolonial Studies. Er ist ehrenamtlich als Core-Team-Member der Muslim Jewish Conference tätig.

Pater Superior Philip Riabykh (Dr. rer. pol. / Dr. theol.)

Studium der Politikwissenschaft und Orthodoxen Theologie, 2005 Dr. rer. pol. und 2010 Dr. theol., 2005 ordiniert zum Priester, stellvertretender Leiter des Außenamts des Moskauer Patriarchats, zuständig für den Dialog der Kirchen mit staatlichen und nichtstaatlichen Organisationen. Seit März 2011 Repräsentant des Moskauer Patriarchats beim Europarat und Direktor der Gemeinde „All Saints“ in Straßburg.

Prof. Dr. Micha Brumlik

Universitätsprofessor am Institut für Allgemeine Erziehungswissenschaften der Johann Wolfgang Goethe-Universität Frankfurt am Main; studierte Pädagogik und Philosophie, nach seinem Studium Assistenzprofessor in Hamburg, von 1981 bis 2000 lehrte er Erziehungswissenschaft an der Universität Heidelberg; von 2000–2005 Direktor des Fritz Bauer Instituts in Frankfurt am Main.

Prof. Dr. Wenchao Li

Jahrgang 1957, Studium der Germanistik, Philosophie, Linguistik und Politologie in Xi´an, Peking, Heidelberg und Berlin. Seit 2007 Leiter der Leibniz-Edition Potsdam der Berlin-Brandenburgischen Akademie der Wissenschaften und verantwortlich für die Edition der Politischen Schriften Leibnizens als Reihe IV der Akademieausgabe *Gottfried Wilhelm Leibniz: Sämtliche Schriften und Briefe*. Ab Juli 2010 gleichzeitig Inhaber der Leibniz-Stiftungsprofessur der Leibniz Universität Hannover, seit November 2011 Schriftführer der Gottfried-Wilhelm-Leibniz-Gesellschaft. Zu seinen Lehr- und Forschungsschwerpunkten zählen Europäische Philosophie des 17. und 18. Jahrhunderts, insbesondere Leben, Werk, Denken und Schriften Leibnizens; asiatische Philosophie, insbesondere die des Buddhismus; sino-europäischer Kulturaustausch im 17. Jahrhundert; Technikphilosophie und Technikethik

Prof. Dr. Dr. Peter Antes

Professor für Religionswissenschaft an der Leibniz Universität Hannover; studierte Religionswissenschaft, katholische Theologie und Orientalistik, von 1988 bis 1993 Vorsitzender der „Deutschen Vereinigung für Religionsgeschichte“, von 1993 bis 1997 stellvertretender Vorsitzender; von 1995 bis 2000 Vizepräsident der „International Association fort he History of Religions“, danach bis 2005 ihr Präsident; Mitglied im Kuratorium der Eugen-Biser-Stiftung.

Prof. Dr. Dr. h.c. Ulrich Körtner

Ordinarius für Systematische Theologie an der Evangelisch-Theologischen Fakultät der Universität Wien; studierte Evangelische Theologie, nach dem Studium Gemeindepfarrer in Bielefeld, von 1990 bis 1992 Studienleiter der Evangelischen Akademie Iserlohn, Wissenschaftler des Jahres 2001, 2010 Verleihung der Ehrendoktorwürde des Institut Protestant de Théologie/Faculté libre de Théologie Protestante de Paris; Institutsvorstand des Instituts für Systematische Theologie der Universität Wien.

Prof. Dr. Alois Stimpfle

Professor für Biblische Theologie mit dem Schwerpunkt Neues Testament an der Leibniz Universität Hannover; studierte katholische Theologie und Germanistik, nach dem Studium wissenschaftlicher Mitarbeiter, später wissenschaftlicher Assistent und Oberassistent an der Universität Augsburg, erhielt 1988 der Wissenschaftspreis der Freunde der Universität Augsburg; seit 2001 Gestalttherapeut.

Kohlhammer

Band 1
2009. 283 Seiten mit 51 Abb. Kart.
€ 22,–
ISBN 978-3-17-020029-6

Band 2
2013. 288 Seiten mit 51 Abb. Kart.
€ 29,90
ISBN 978-3-17-020031-9

Harry Noormann (Hrsg.)

Arbeitsbuch Religion und Geschichte

Das Christentum im interkulturellen Gedächtnis

Religionen haben ein Elephantengedächtnis (J. B. Metz). Es wird sogleich wachgerufen, wo sich Menschen unterschiedlichster religiöser und weltanschaulicher Herkunft in Schulen und anderen Bildungsstätten begegnen. Nicht selten bestimmen versatzstückhaftes Wissen und Vorurteile die Wahrnehmung, nicht zuletzt auch bei Christen, die ihre Kenntnis über die nationale und eigenkonfessionelle Geschichte des Christentums als universalen Beurteilungsmaßstab beziehen. Solch nationalem Tunnelblick christlicher Gedächtniskultur wollen die AutorInnen dieses Arbeitsbuchs entgegentreten, indem sie die vorwiegend klassischen Themen der Christentumsgeschichte mit den Sichtweisen und Deutungen „der Anderen" ins Gespräch bringen.

Prof. Dr. Harry Noormann lehrt Evangelische Theologie/Religionspädagogik an der Universität Hannover.

W. Kohlhammer GmbH · 70549 Stuttgart
Tel. 0711/7863 - 7280 · Fax 0711/7863 - 8430